基金项目:国家重点研发计划(编号:2022YFC3005200)
National Key R&D Program of China(grant number:2022YFC3005200)

市域快线快慢车运行组织理论与实践

廖景 蔡涵哲 滕靖 徐行方 郑翔 编著

同济大学出版社·上海
TONGJI UNIVERSITY PRESS·SHANGHAI

内 容 提 要

本书以广州市域快线18号线和22号线为研究对象,开展了快慢车模式下线路通过能力计算方法、列车开行方案优化、列车开行方案评价方法以及列车运行图分析方法的研究。本书的主要内容包括:快慢车模式发展概况、市域快线快慢车运营组织概述、快慢车模式下线路通过能力影响因素、快慢车模式下线路通过能力计算方法、快慢车模式下列车开行方案优化、快慢车模式下列车开行方案评价、快慢车模式下列车运行图分析方法、广州市域快线18号线和22号线快慢车运营组织。本书可供轨道交通专业人员、大专院校师生参考使用,也可供关注市域快线快慢车运行组织的人士阅读。

图书在版编目(CIP)数据

市域快线快慢车运行组织理论与实践 / 廖景等编著. -- 上海:同济大学出版社,2024.5
ISBN 978-7-5765-0783-6

Ⅰ.①市… Ⅱ.①廖… Ⅲ.①城市铁路—行车组织 Ⅳ.①U239.5

中国国家版本馆 CIP 数据核字(2024)第070838号

市域快线快慢车运行组织理论与实践

Theory and Practice of the Organization of Fast and Slow Trains Operation of Urban Rapid Rail Transit

廖 景 蔡涵哲 滕 靖 徐行方 郑 翔 编著

责任编辑	陆克丽霞
责任校对	徐春莲
封面设计	潘向蓁

出版发行	同济大学出版社 www.tongjipress.com.cn
	(地址:上海市四平路1239号 邮编:200092 电话:021-65985622)
经 销	全国各地新华书店
排版制作	南京月叶图文制作有限公司
印 刷	上海安枫印务有限公司
开 本	787mm×1092mm 1/16
印 张	15.75
字 数	335 000
版 次	2024年5月第1版
印 次	2024年5月第1次印刷
书 号	ISBN 978-7-5765-0783-6
定 价	150.00元

版权所有 侵权必究 印装问题 负责调换

本书编委会

主　编

廖　景　蔡涵哲　滕　靖　徐行方　郑　翔

主编单位

广州地铁设计研究院股份有限公司

参编人员

吴　嘉　潘　洋　李晨林　鲁　玉　曹崇阁　刘　薇
王　辉　李金洋　黄子函　阮　莹　彭　磊　宋嘉雯
李　平　吴殿华　袁　江　王晓潮　邓澄远　姬　霖
王仲林　姜美利　王超宇　王孝明　李　跃　华炜欣
刘延晨　张志亚　刘文武　罗　亮　侯西蒙　王海鑫
韦永美

前言

随着我国城镇化进程的不断加快,许多大城市出现了一定规模的市郊或市域客流。这部分客流迫切需要直达、快捷的公交服务,因而连接城市中心区和卫星城镇的市域快速轨道交通(简称"市域快线")应运而生。由于市域快线客流具有时空分布不均的特点,传统的站站停模式不能很好地满足市域快线客流多元化的出行需求,因此有必要探索市域快线快慢车组织模式,以提升市域快线的服务水平。目前,关于快慢车模式下线路通过能力计算、开行方案优化与评价以及列车运行图分析等方面都缺乏深入的研究。本书针对市域快线快慢车及高速越行运营组织相关问题所开展的理论研究,对于完善市域快线快慢车运营组织理论、为轨道交通的线网规划以及实际运输组织提供决策建议等均具有重要的理论意义和现实意义。

本书以广州市域快线18号线和22号线为研究对象,开展了快慢车模式下线路通过能力计算方法、列车开行方案优化、列车开行方案评价方法以及列车运行图分析方法的研究,主要包括以下内容:

(1) 基于扣除系数法和计算机模拟法研究了快慢车模式下线路通过能力的计算方法,并利用这两种方法分别对广州市域快线18号线和22号线的线路通过能力进行分析计算,着重研究了越行次数、快慢车比例、车站类型等要素对线路通过能力的影响机理。

(2) 系统分析了市域快线快慢车模式的影响因素,针对市域快线客流特征和时效性需求,量化分析停站方案、快慢车比例、列车交路以及多交路模式下的快慢车开行方案。

(3) 对快慢车模式下开行方案的综合性能进行评估,从乘客和企业两个层面设计了开行方案评价指标体系,采用组合赋权方法确定评价指标的综合权重,并根据关联度和优度描述各方案的优劣程度。

(4) 针对快慢车模式下列车多种类、多旅速、多停站方案以及多越行组合的特点,从静态指标和动态指标两方面对列车运行图的各项性能进行了深入的研究。

研究结果表明:增加快车的越行次数以及组织快车成组运行能够有效提高线路通过能力;越行站位置、快车停站地点与时间也都会对线路通过能力造成影响,其变化规律会随着不同组合情形而发生相应变化。针对广州市域快线18号线和22号线,本书给出了在不同的快慢车开行比例和越行次数条件下的线路通过能力及越行站建议方案,并且分析总结了线路通过能力随快慢车开行比例、越行位置等因素变化的机理。根据快慢车开行方案的优化结果，本书给出了广州市域快线18号线的两种停站方案及22号线的一种停站方案，计算了不同条件下两线的列车开行对数、快慢车开行比例及车底运用数等，并提出了22号线采用站站停独立交路模式的建议。另外，从快慢车模式下列车开行方案评价及运行图性能分析角度，分别给出了广州市域快线18号线和22号线在不同时期、不同条件下的推荐运行方案。

本书由广州地铁设计研究院股份有限公司和同济大学交通运输工程学院联合撰写，可供轨道交通专业人员、大专院校师生学习与参考，也可供关注市域快线快慢车运行组织的人士阅读。由于我国针对市域快线快慢车运行组织的理论研究与实践刚刚起步，且其涵盖内容广泛，加之受编著者专业水平所限，书中不妥之处在所难免，敬请广大读者批评指正。

编著者

2023年11月20日

目录

前言

1 快慢车模式发展概况 ··· 001
   1.1 快慢车模式概述 ··· 003
      1.1.1 快慢车模式的发展背景 ··· 003
      1.1.2 快慢车模式的概念 ··· 004
      1.1.3 快慢车的开行条件 ··· 005
   1.2 国外典型线路快慢车模式发展现状 ······································· 005
      1.2.1 日本筑波快线 ··· 005
      1.2.2 巴黎 RER 线 ··· 007
      1.2.3 纽约市域铁路 ··· 008
   1.3 国内典型线路快慢车模式发展现状 ······································· 008
      1.3.1 上海轨道交通 16 号线 ··· 008
      1.3.2 广州轨道交通 14 号线 ··· 012

2 市域快线快慢车运营组织概述 ··· 015
   2.1 快慢车模式下的线路通过能力 ·· 017
      2.1.1 快慢车模式下的线路通过能力特点 ··································· 017
      2.1.2 快慢车模式下的线路通过能力表示方法 ······························· 019
      2.1.3 快慢车模式下的线路通过能力计算原则 ······························· 020
   2.2 快慢车模式下的列车开行方案 ·· 021
      2.2.1 列车停站方案 ··· 021
      2.2.2 列车编组方案 ··· 023
      2.2.3 列车交路方案 ··· 024
      2.2.4 列车开行对数及比例 ··· 026
   2.3 快慢车模式下的列车运行图 ·· 027
      2.3.1 列车运行图概述 ·· 027
      2.3.2 快慢车列车运行图的特点 ·· 028

2.3.3 快慢车列车运行图要素 ………………………………………………… 029

3 快慢车模式下的线路通过能力影响因素 ………………………………… 031
3.1 运输需求 ………………………………………………………………… 033
3.2 设施设备 ………………………………………………………………… 033
  3.2.1 线路条件 ……………………………………………………………… 033
  3.2.2 越行站设置 …………………………………………………………… 035
  3.2.3 列车性能 ……………………………………………………………… 037
3.3 行车组织 ………………………………………………………………… 038
  3.3.1 追踪列车间隔时间 …………………………………………………… 038
  3.3.2 快慢车比例 …………………………………………………………… 039
  3.3.3 越行方式 ……………………………………………………………… 040
  3.3.4 停站时间 ……………………………………………………………… 041
  3.3.5 快车停站比例 ………………………………………………………… 041
  3.3.6 快车追踪比例 ………………………………………………………… 042
  3.3.7 折返能力 ……………………………………………………………… 043

4 快慢车模式下的线路通过能力计算方法 ………………………………… 045
4.1 线路通过能力计算方法的研究意义 …………………………………… 047
4.2 各种线路通过能力计算方法的适应性分析 …………………………… 047
  4.2.1 扣除系数法 …………………………………………………………… 048
  4.2.2 平均最小列车间隔时间法 …………………………………………… 049
  4.2.3 直接计算法 …………………………………………………………… 049
  4.2.4 计算机模拟法 ………………………………………………………… 050
4.3 基于扣除系数的线路通过能力计算方法 ……………………………… 050
  4.3.1 理想情况下快车扣除系数取值 ……………………………………… 050
  4.3.2 非理想情况下快车扣除系数取值 …………………………………… 058
  4.3.3 停站扣除系数取值 …………………………………………………… 062
  4.3.4 基于扣除系数的通过能力计算方法 ………………………………… 063
4.4 基于计算机模拟的线路通过能力计算方法 …………………………… 066
  4.4.1 模型建立 ……………………………………………………………… 066
  4.4.2 模型求解 ……………………………………………………………… 069

5 快慢车模式下的列车开行方案优化 ……………………………………… 075
5.1 基于系统聚类的市域快线车站等级划分 ……………………………… 077

5.1.1　系统聚类法简析 …………………………………………… 077
　　　5.1.2　基于系统聚类的车站等级划分方法 ………………………… 078
　5.2　基于多目标决策的列车交路方案比选 …………………………………… 079
　　　5.2.1　列车交路方案选择的条件 …………………………………… 079
　　　5.2.2　交路方案比选方法 …………………………………………… 080
　　　5.2.3　列车开行对数与快慢车比例计算 …………………………… 082
　5.3　客流 OD 分类与乘客选择行为模型 ……………………………………… 083
　　　5.3.1　市域快线客流 OD 分类 ……………………………………… 083
　　　5.3.2　基于多项 Logit 模型的乘客选择行为 ……………………… 084
　5.4　市域快线快慢车开行方案多目标优化模型 ……………………………… 085
　　　5.4.1　模型假设 ……………………………………………………… 086
　　　5.4.2　模型变量与参数说明 ………………………………………… 086
　　　5.4.3　市域快线快慢车开行方案的乘客效益优化 ………………… 087
　　　5.4.4　兼顾企业效益的快慢车开行方案优化 ……………………… 090
　　　5.4.5　模型描述 ……………………………………………………… 091
　5.5　基于隐枚举法的模型求解 ………………………………………………… 092
　　　5.5.1　算法描述 ……………………………………………………… 092
　　　5.5.2　模型求解步骤 ………………………………………………… 093
　5.6　基于 TOPSIS 法的市域快线快慢车开行方案评价 ……………………… 095
　　　5.6.1　基于 Vague 集的 TOPSIS 法概述 …………………………… 095
　　　5.6.2　基于 TOPSIS 法的快慢车开行方案评价 …………………… 097

6　快慢车模式下的列车开行方案评价 …………………………………………… 099
　6.1　评价思路 …………………………………………………………………… 101
　6.2　快慢车模式下的乘客乘车选择行为 ……………………………………… 102
　　　6.2.1　乘客出行成本模型 …………………………………………… 102
　　　6.2.2　乘客路径选择模型 …………………………………………… 106
　6.3　快慢车模式下的开行方案评价指标体系构建 …………………………… 107
　　　6.3.1　设计评价指标体系 …………………………………………… 107
　　　6.3.2　指标辨识与计算方法 ………………………………………… 107
　6.4　开行方案评价模型 ………………………………………………………… 110

7　快慢车模式下的列车运行图分析方法 ………………………………………… 115
　7.1　快慢车模式下的列车运行图静态指标分析 ……………………………… 117
　　　7.1.1　企业生产效率 ………………………………………………… 117

		7.1.2 乘客服务质量 ……………………………………………… 118
	7.2	快慢车模式下的列车运行图动态指标分析 ……………………… 119
		7.2.1 列车运行计划与离散事件动态系统 ………………………… 119
		7.2.2 max-plus 方法基础理论 …………………………………… 120
		7.2.3 基于 max-plus 的市域快线快慢车运行图分析 …………… 121
		7.2.4 动态性能分析 ……………………………………………… 129

8	广州市域快线 18 号线和 22 号线快慢车运营组织 ……………… 133	
	8.1 两线客流特征分析 …………………………………………… 135	
		8.1.1 两线线路概况 ……………………………………………… 135
		8.1.2 站点客流集散量分布 ……………………………………… 137
		8.1.3 断面客流分析与计算 ……………………………………… 138
		8.1.4 运距分布 …………………………………………………… 140
		8.1.5 客流特征总结 ……………………………………………… 141
	8.2 通过能力计算 ………………………………………………… 144	
		8.2.1 18 号线通过能力计算 ……………………………………… 144
		8.2.2 22 号线通过能力计算 ……………………………………… 172
	8.3 列车开行方案优化 …………………………………………… 182	
		8.3.1 18 号线列车开行方案优化 ………………………………… 182
		8.3.2 22 号线列车开行方案优化 ………………………………… 192
		8.3.3 两线交路模式及选择 ……………………………………… 197
	8.4 列车开行方案评价 …………………………………………… 201	
		8.4.1 18 号线列车开行方案评价 ………………………………… 201
		8.4.2 22 号线列车开行方案评价 ………………………………… 206
	8.5 列车运行图分析 ……………………………………………… 209	
		8.5.1 18 号线列车运行图分析 …………………………………… 209
		8.5.2 22 号线列车运行图分析 …………………………………… 221

9	总结与展望 …………………………………………………………… 233
	9.1 总结 ……………………………………………………………… 235
	9.2 展望 ……………………………………………………………… 237

参考文献 …………………………………………………………………… 239

1 快慢车模式发展概况

随着我国城镇化进程的加快、市域快线的发展以及乘客高质量出行需求的产生,快慢车模式已成为一种备受关注的运输组织模式。本章对快慢车模式作了相应的概述,包括快慢车的发展背景、概念和开行条件,并对国内外典型线路的快慢车模式发展现状进行了梳理和分析。

1.1 快慢车模式概述

1.1.1 快慢车模式的发展背景

快慢车模式的发展背景主要有以下三点,分别为城镇化进程加快、市域快线的发展趋势以及乘客多元化和高质量的出行需求。

1. 城镇化进程加快

随着城市周边郊区的被认可度不断增加、基础设施的加快建设以及职能的不断完善,大城市周边渐渐形成了一定规模的卫星城镇,且有的已发展成为城市副中心。目前,以中心城区为核心的现代多中心城市正在逐渐替代原来的单中心城市。随之而来的是城市中心与周边城镇(包含卫星城、新城、组团等)之间,甚至是大城市与周边经济发达的区域城市群之间,出行需求逐步增多,逐渐形成一定规模的市郊或市域客流。这些客流有着明显的潮汐特征,出行目的主要以通勤、通学居多,迫切需要长运距、快速、节能环保的绿色公共交通,以满足这种高强度、强时效、高频次、多样化的交通需求。

2. 市域快线的发展趋势

随着我国城市化进程的不断推进,中心城区的发展已接近饱和,大量工业企业外迁,中心城区与郊区之间的客流量日益增多。把城市中心与周边城镇紧密连接起来的超长线路应按照市域快线模式来修建。合理发展市域快线是解决城市中心与周边城镇之间出行需求的有效办法,也是缓解城市中心居民过度集中、改善居住条件、发展周边城镇、节约投资的重要举措。

国家发展改革委、住房城乡建设部、交通运输部、国家铁路局、中国铁路总公司联合发布的《关于促进市域(郊)铁路发展的指导意见》提出:"至 2020 年,京津冀、长江三角洲、珠江三角洲、长江中游、成渝等经济发达地区的超大、特大城市及具备条件的大城市,市域(郊)铁路骨干线路基本形成,构建核心区至周边主要区域的 1 小时通勤圈;其余城市群和城镇化地区具备条件的城市启动市域(郊)铁路规划建设工作。"该《指导意见》还以附件形式给出了"市域(郊)铁路第一批示范项目表"。可见,我国未来将会有一大批城市提出修建或改建市域铁路的要求,包括有关既有铁路相应的改建与运营方案,等待有关部门的审批。

3. 乘客多元化和高质量的出行需求

随着长距离乘客出行比例的逐渐增多,也产生了多元化、高质量的出行需求。传统的站站停方案已无法满足长距离乘客快速便捷的出行需求,这给线路的运输组织带来了新的挑战。与站站停方案不同的是,市域快线快慢车是一种在开行传统站站停列车(简称

"慢车")的基础上再开行一定比例的非站站停列车(简称"快车")的运营模式,快慢车模式不仅可以有效地解决城市交通拥堵问题,满足乘客差异性的需求,而且可以降低企业成本,提高运输质量和乘客服务水平。

1.1.2 快慢车模式的概念

市域快线上客流时空分布的不均衡性、乘客中长距离出行比例的增加以及乘客多元化的出行需求导致了传统站站停方案的不适应性。为了解决这种不适应性,通过在开行传统站站停列车的基础上再开行一定比例的非站站停列车,而非站站停列车又可以分为直达列车和大站停列车,这样就出现了快慢车模式。在快慢车模式下,快车的旅行速度较高,运输组织较为灵活,能够为长距离乘客提供更高质量的服务,而慢车可以服务所有车站,能够满足沿途小站的客流需求(图 1-1)。

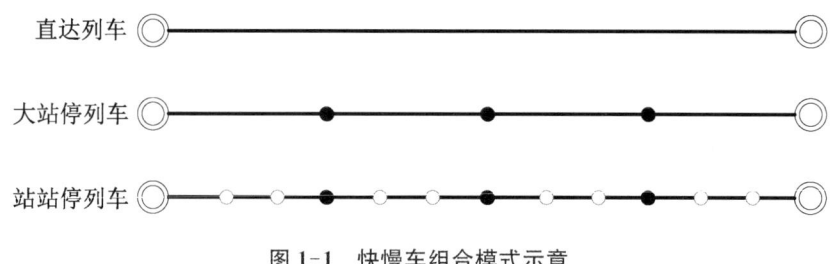

图 1-1 快慢车组合模式示意

快慢车模式能够较好地解决时间和空间上客流分布的不均衡性,且与站站停模式在服务对象、客流特征、旅行速度等方面都有一定的区别,两种模式对比如表 1-1 所列。

表 1-1 站站停模式与快慢车模式对比

模式	线路特征	服务对象	客流特征	发车间隔	时刻表	编组辆数	发车密度	旅速
站站停	以地下线路为主	以市区或组团内乘客为主	客流大,负荷强度高,高峰小时断面客流大,各站客流量分布较均衡,平均运距短	按一定发车间隔发车	不需要	相同	高峰小时发车密度大	相同
快慢车	线路较长,地上线路居多	市域外围组团与中心城之间的客流	客流负荷强度相对不高,非高峰时段客流较小,各站客流量分布不均衡,平均运距长,长距离客流比例大	部分列车按规律等间隔发车,部分列车发车规律性不强	需要	可以不同	高峰小时密度较大,非高峰小时密度较小	不同

1.1.3 快慢车的开行条件

开行快慢车的确有一定的优势,但也需要具备一定的条件,主要包括:客流、车站设施、发车间隔、通过能力等。

(1) 客流。客流条件是确定能否开行快慢车最关键的因素。一般而言,某条线路开行快慢车应具备客流空间分布不均衡且部分车站客流量明显小于其他车站的特征,这两个条件缺一不可。如果某条线路各站的客流量差异不大,则不适合快慢车模式。同时,客流平均运距较远,主要客流为呈潮汐式特征的通勤客流。

(2) 车站设施。由于快车的旅行速度较高,在某些情况下需要越行慢车,因此部分车站应配备到发线或越行线以供慢车待避。同时,由于快慢车模式下乘客出行具有选择性,车站应配备相应的客服系统与引导设施,使得乘客能选择适合的列车乘坐。

(3) 发车间隔。当采用快慢车模式时,列车的发车间隔不应过大。根据经验,为保证一定的服务水平,快慢车高峰时段发车间隔不宜大于 10 min。

(4) 通过能力。开行快慢车应满足线路通过能力要求,不同的快慢车开行方案所能达到的线路通过能力是不同的。线路通过能力与越行站设置位置、快慢车开行比例等因素有着密切关系。

1.2 国外典型线路快慢车模式发展现状

1.2.1 日本筑波快线

日本筑波快线是一条连接日本东京秋叶原站与筑波市筑波站之间的近郊通勤交通线,从东京秋叶原站引出,沿途经过东京都、埼玉县、千叶县、筑波市等经济发达的区县,最终到达筑波市筑波站,线路总里程为 58.3 km,共计 20 座车站,列车限速 130 km/h。

日本筑波快线采用快慢车这种运输组织模式,共开行快速、通勤快速、区间快速和普通四种列车。其中,速度最快的快速列车除首末站之外中间只停靠 7 站,单向全程旅行时间为 45 min;仅在早高峰时段开行的通勤快速列车比快速列车多停靠 4 站,单向全程旅行时间为 49 min;区间快速列车一共停靠 14 站,单向全程旅行时间为 52 min;普通的站站停列车单向全程旅行时间比其他几类列车都要长,达到 57 min。通过对比四种列车的旅行时间可以发现,开行快慢车模式后快车可以有效缩短乘客在途时间。日本筑波快线各类列车停站方案如图 1-2 所示。

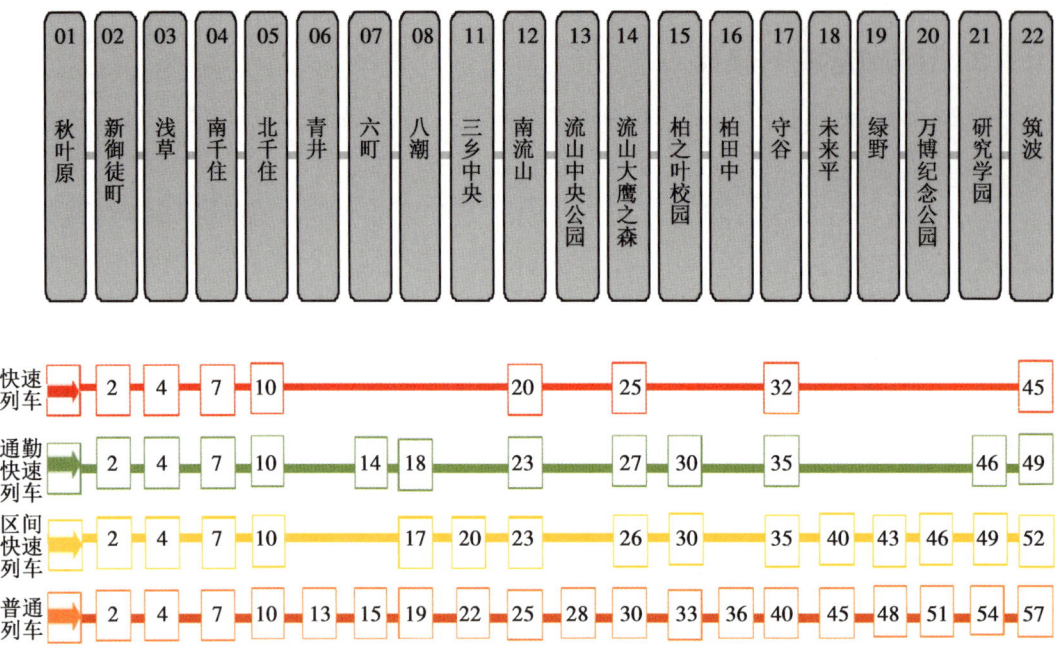

图 1-2 日本筑波快线各类列车停站方案

在车站配线方面,八潮站、流山大鹰之森站和守谷站是 3 座设置了越行线的越行站,筑波快线采用站前折返形式。另外,将八潮站作为小交路的折返站且设有站后交叉渡线以供折返作业使用,守谷站也作为小交路的折返站且设有站后交叉渡线以便于列车折返。筑波快线全线车站配线示意如图 1-3 所示。

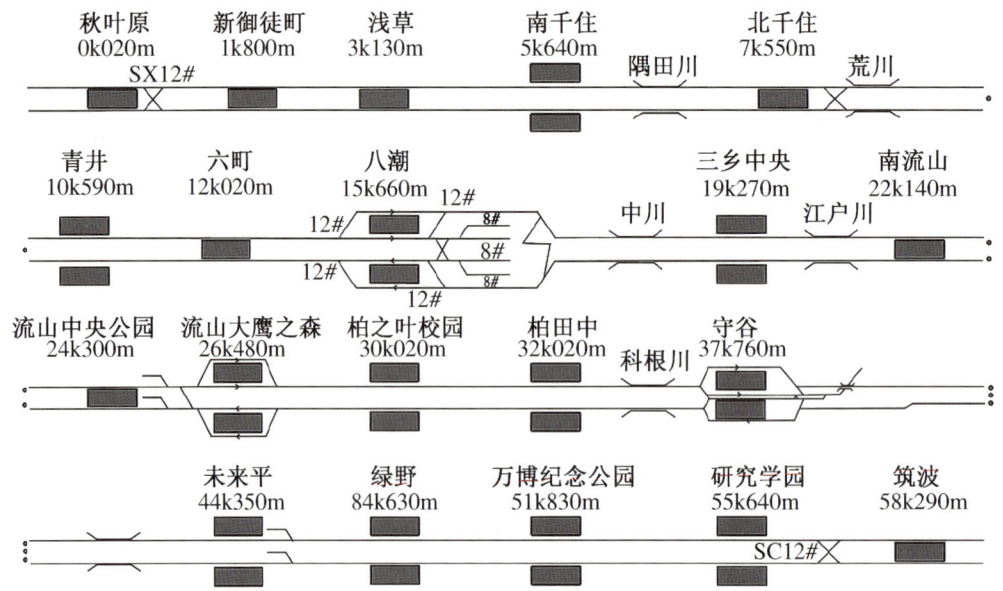

图 1-3 日本筑波快线车站配线示意

1.2.2 巴黎 RER 线

巴黎的市域铁路 RER 线由 RER-A/B/C/D/E 这 5 条线路组成,主要服务于巴黎市区 40~50 km 范围内的通勤和通学客流,此外还为往返机场的乘客提供服务。RER 线的主要特点是经市区由地下穿城而过,在主要站点(如重要的火车站等)与地铁进行换乘。RER 线全长 616.0 km,共有 258 座车站,其中 33 座车站位于巴黎市区,76.5 km 线路位于地下,除南部及东南部线路以外,RER 线极少延伸至远郊路段,其线路示意如图 1-4 所示。

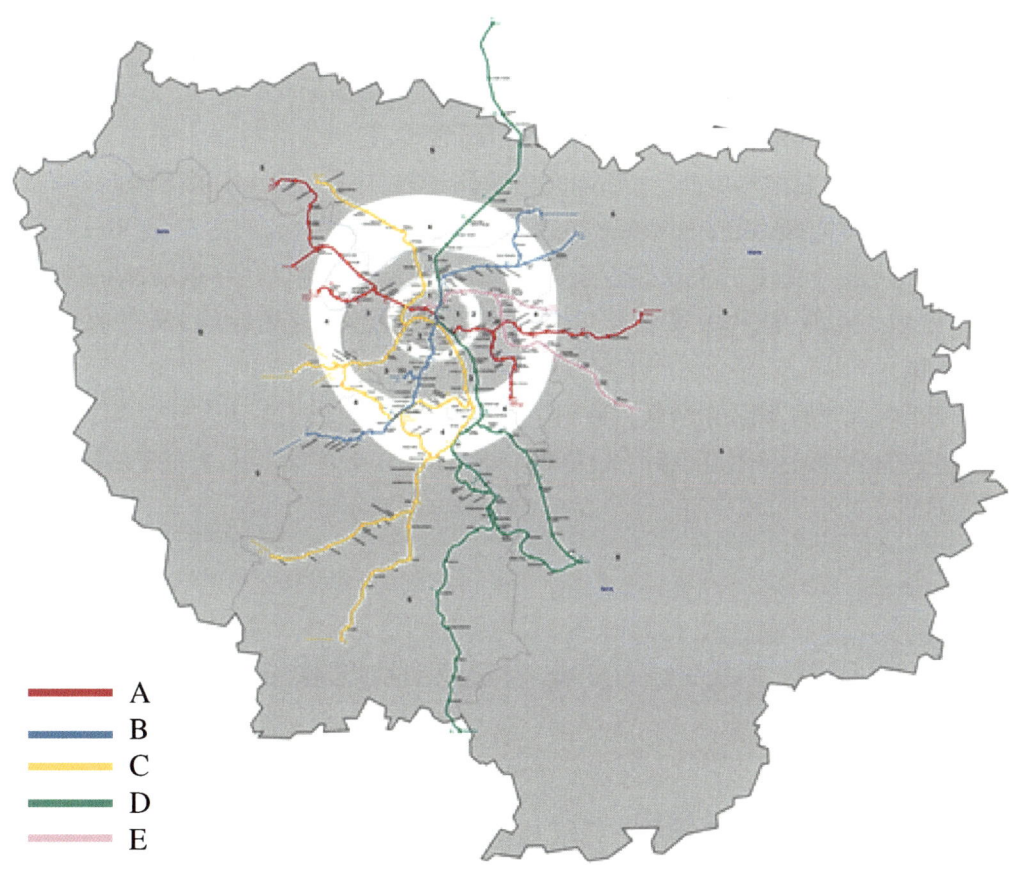

A
B
C
D
E

图 1-4　巴黎市域铁路 RER 线线路示意

从总体布局来看,RER 线从郊区进入中心城区后没有终止,而是在地铁下方修建新线,分别沿东西和南北两个方向贯穿巴黎市区,在市区的停站较少,主要通过若干换乘枢纽与地铁系统接驳。RER 线共有 5 条主线,22 条支线,全线布设 258 座车站,站间距约为 2~3 km,符合市域铁路一般站间距的标准。

在运营模式方面,RER 线采用了站站停和大站停组合的方式,即同一线路上,在站站停运营模式的基础上,还采用了大站停模式,既为长距离出行乘客节约了时间,又满足了近郊或小站乘客的出行需求。与此同时,由巴黎公交公司(RATP)经营的 RER-B 线列车和由法国国营铁路公司(SNCF)经营的 RER-D 线列车共线运营;在郊区,RER 线列车还与 Transilien 线列车及货运列车共线运营。

1.2.3 纽约市域铁路

纽约市域铁路主要包括长岛铁路、大都会北方铁路和新泽西铁路。其中,长岛铁路主要为长岛居民提供铁路运输服务,以位于曼哈顿的宾夕法尼亚车站为总站向东延伸,是北美地区最古老、最繁忙的市域铁路之一,其线路示意如图 1-5 所示。大都会北方铁路是美国第二大市域铁路,主要为纽约上州与康涅狄格州的居民提供往返纽约的通勤服务,终点分别为纽约中央火车站、宾州站和霍博肯站,其线路示意如图 1-6 所示。

纽约市域铁路总体呈"主线+支线"的布局形式,其中长岛铁路 1 条主线+10 条支线覆盖全岛,依照地形展开;大都会北方铁路通过 4 条主线+5 条支线向外辐射。在站间距及速度方面,纽约市域铁路在远郊路段的站间距较大,可达 5~6 km;在近郊路段的站间距缩小为 1~3 km;靠近及进入市区后,为了快速到达终点站,站间距加大甚至不设站。此外,纽约市域铁路采用美国联邦铁路管理局标准,最高速度可达 160 km/h。

在运营模式方面,纽约市域铁路采用了大小交路、快慢车混跑、开行跨站停列车等多样化的运营方式,同时向长岛、纽约北部郊区和新泽西 3 个方向辐射,实现了城市中心与主要卫星城及对外交通枢纽间的便捷联系,满足乘客便捷换乘的需求。

1.3 国内典型线路快慢车模式发展现状

1.3.1 上海轨道交通 16 号线

上海轨道交通 16 号线北起龙阳路站,南至滴水湖站,全长 58.96 km,其中地下线长度为 13.74 km,高架线长度为 45.22 km,共设 13 座车站,是一条市域通勤线路。其车辆采用最大时速为 120 km 的 A 型车,极大地缩短了南汇新城与中心城区的时空距离,将南汇新城与中心城区快速联系起来,为解决上海市东南地区的居民出行问题提供了一条重要的交通干线。

16 号线由上海磁浮交通发展有限公司运营,采用快慢车的运营组织方式,但早高峰往市区方向暂不开行大站车。16 号线往市区龙阳路站方向强化 6 节编组列车大容量优

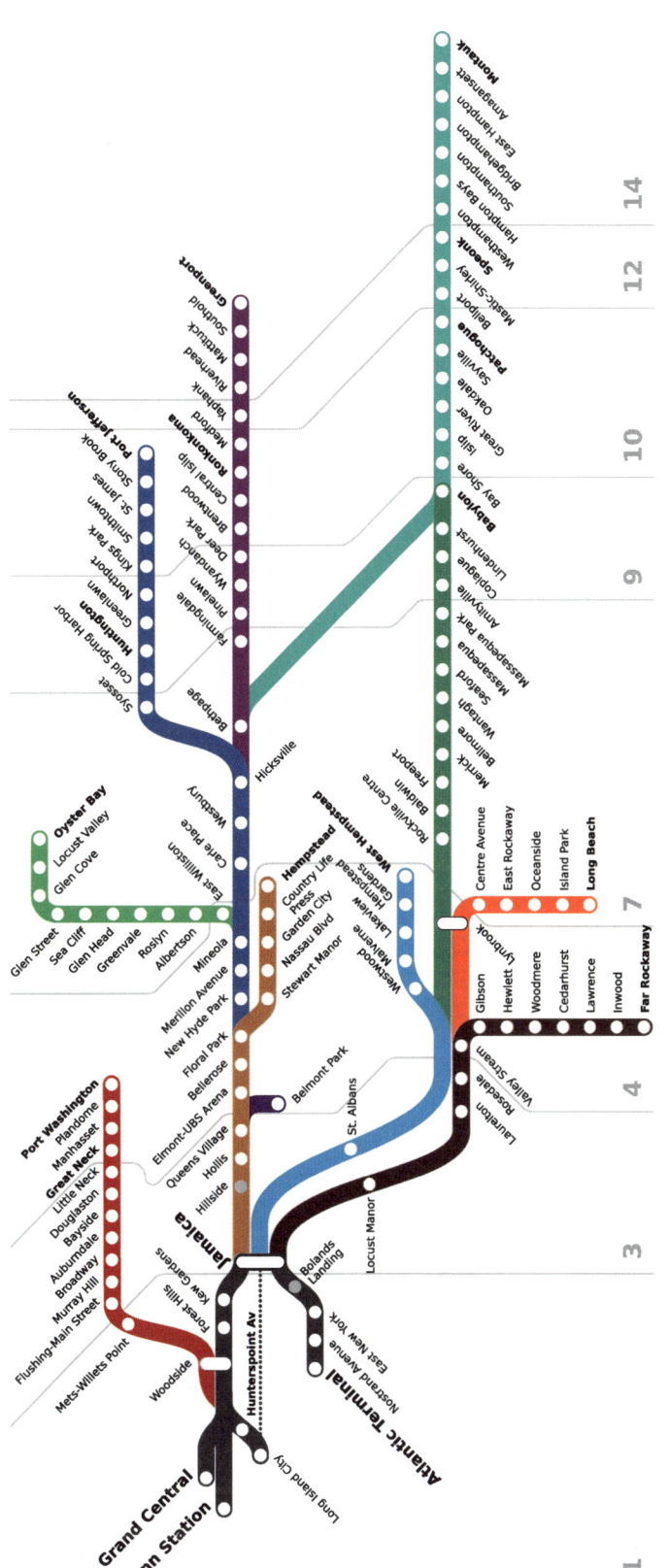

图1-5 长岛铁路线路示意

(资料来源:https://commons.wikimedia.org/wiki/File:LIRR_schematic.svg。)

1 快慢车模式发展概况

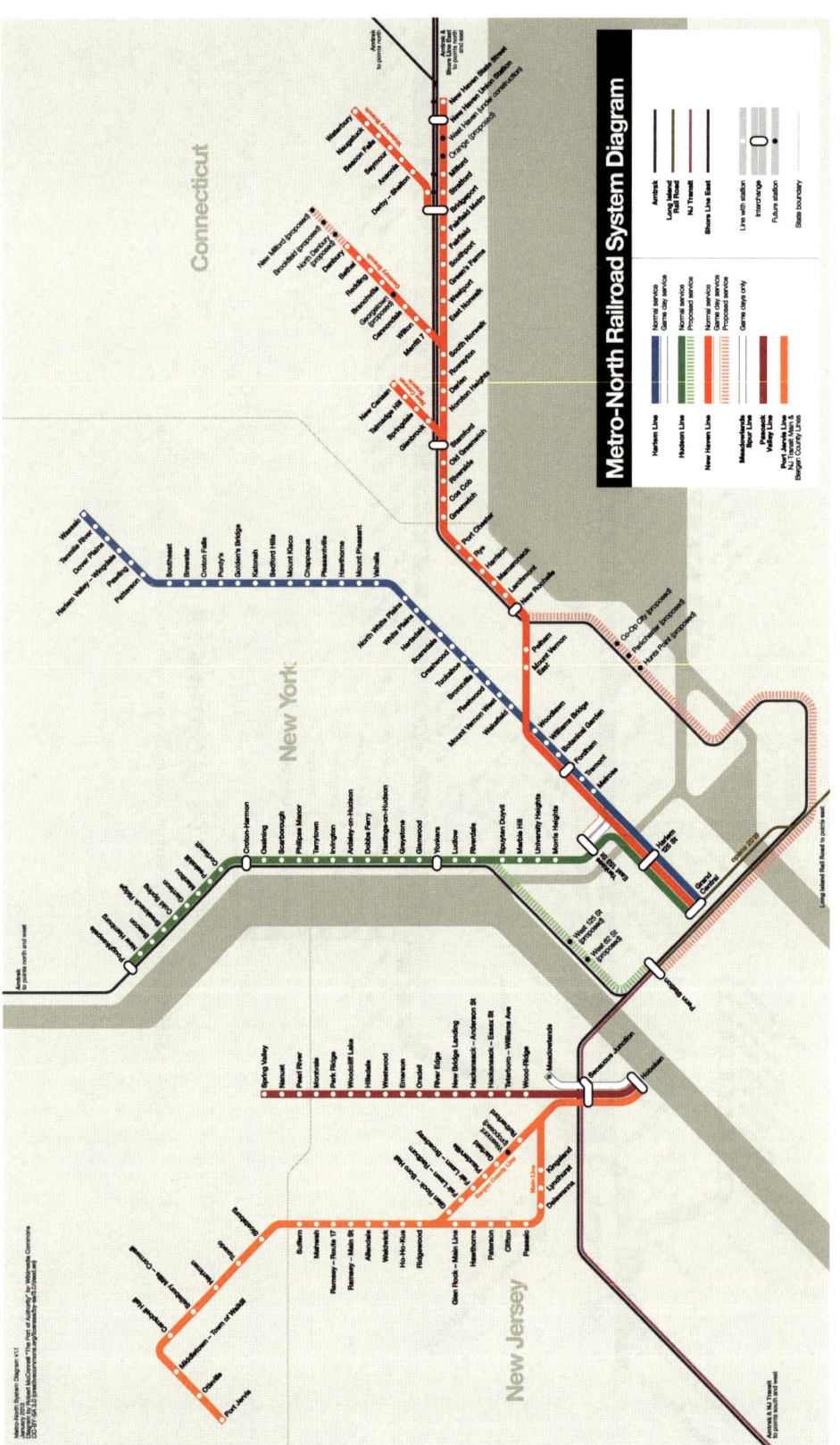

图 1-6 大都会北方铁路线路示意

(资料来源:https://commons.wikimedia.org/wiki/File:Metro-North_Railroad_Map.svg.)

势,优化 3 节、6 节编组混跑方式,但大站车仅开行 3 节编组列车,其线路示意如图 1-7 所示。

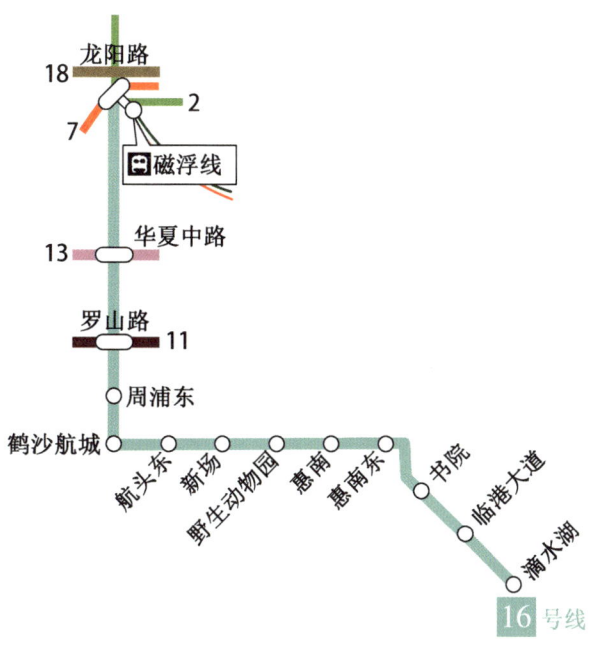

图 1-7 上海轨道交通 16 号线线路示意

(注:图中长条形标注均为换乘站点,附注数字为换乘线路简称缩写。)

根据上海轨道交通 16 号线客流的实际情况,目前线路上运行两种类型的列车。第一类是跨站停的快车,该类快车除了首末站需要停站外,中间还要停靠惠南站、新场站和罗山路站,单向全程旅行时间大约为 44 min;第二类是普通的站站停慢车,该类列车单向全程旅行时间大约为 1 h。16 号线的快慢车停站方案如图 1-8 所示。

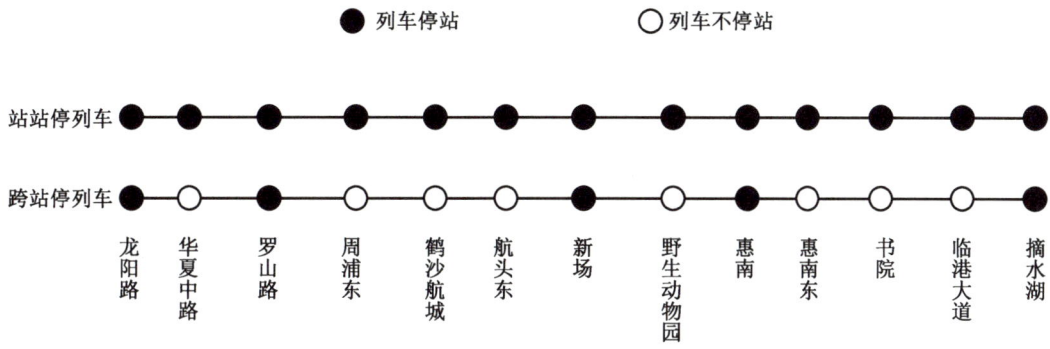

图 1-8 上海轨道交通 16 号线快慢车停站方案

在车站配线方面,为保证线路能有充足的通过能力以及满足快车越行慢车的需求,在罗山路站采用了"单岛四线"布局形式;在航头东站、野生动物园站和惠南东站这3个站采用了"双岛四线"布局形式,以使车站具备同台换乘功能;在临港大道站采用"一岛一侧"布局形式且设有停车线;此外采用站前折返形式来解决可能出现的列车到发间隔不均衡的问题。16号线的车站配线示意如图1-9所示。

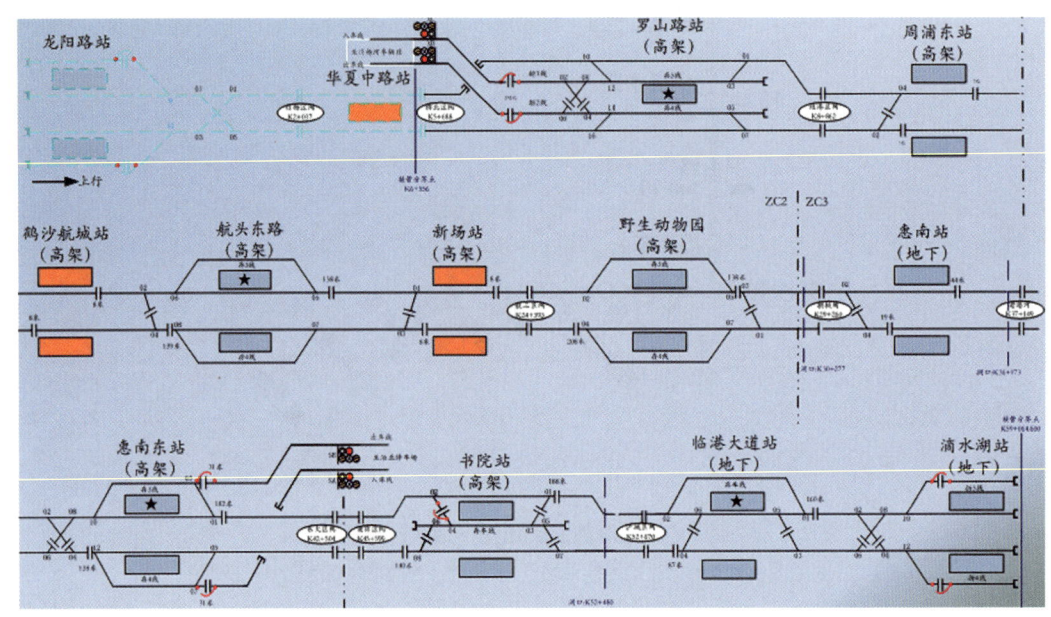

图1-9 上海轨道交通16号线车站配线示意

1.3.2 广州轨道交通14号线

广州轨道交通14号线起于广州火车站,向北依次经过广州市越秀区、白云区和从化区(太平镇、中心城区),知识城支线从新和站引出,经中新广州知识城至黄埔区镇龙镇。14号线一期工程(嘉禾望岗—街口)线路全长约54 km,设13座车站,平均站间距为4.4 km;知识城支线(新和—镇龙)线路全长约22 km,设7座车站(不含新和站),平均站间距为3.0 km。14号线及知识城支线的线路示意如图1-10所示。

14号线功能定位为服务于从化区与中心区的快速联系,实现了从从化中心区至广州中心组团1 h的时空目标需求;同时兼顾白云区、从化区沿线组团的发展引导功能。支线功能定位为服务于知识城与中心城区的快速联系,同时兼顾知识城组团间的发展引导功能。

14号线采用6节编组B型车,列车最高速度为120 km/h。其运营模式采用"快车+站站停慢车"的组合模式(图1-11),主线共13座车站,其中快车停靠4座车站、越行9座车站,可节省时间约10 min。初期主线与支线贯通运营,并预留出支线独立运营的条件。

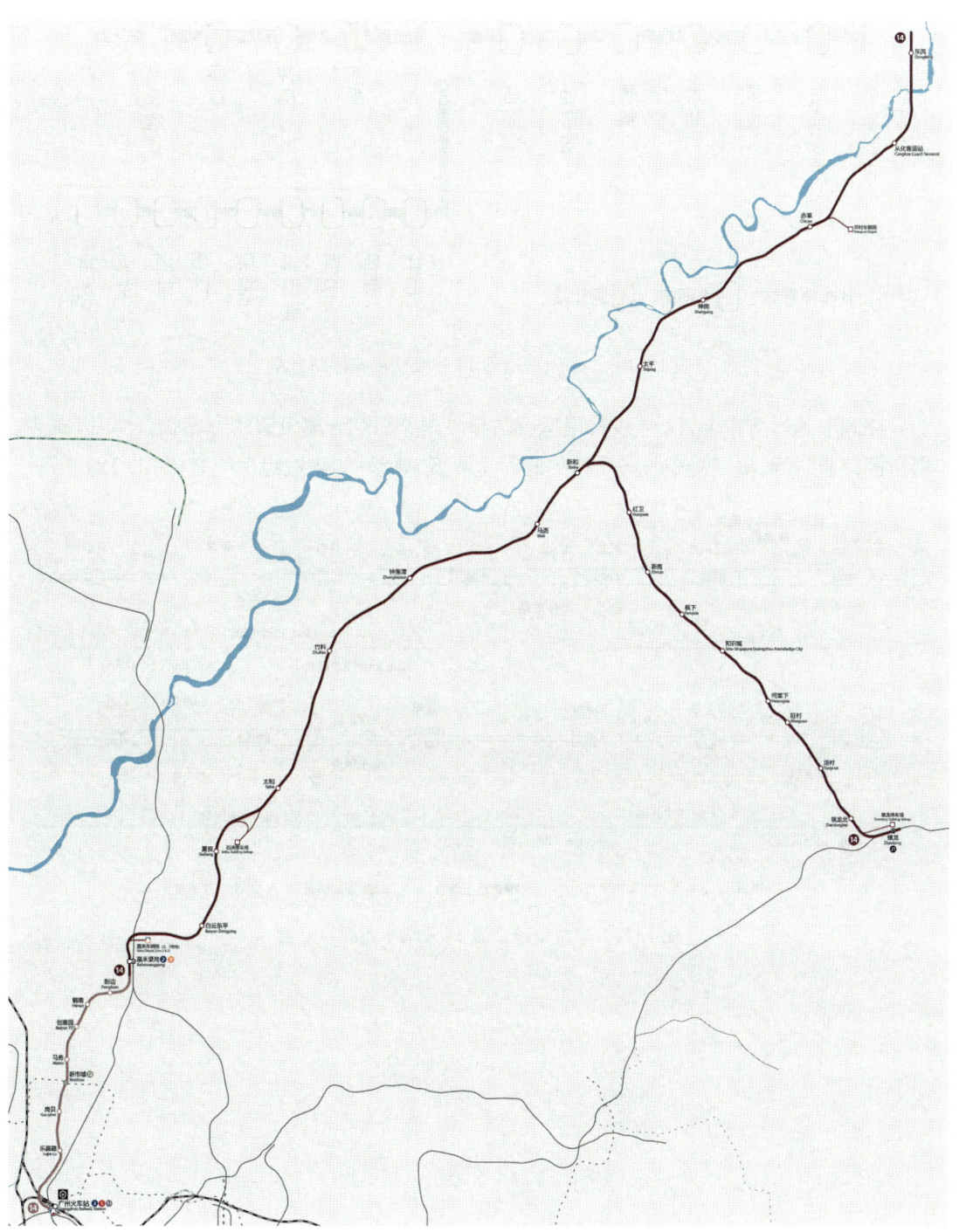

图 1-10 广州轨道交通 14 号线及知识城支线线路示意

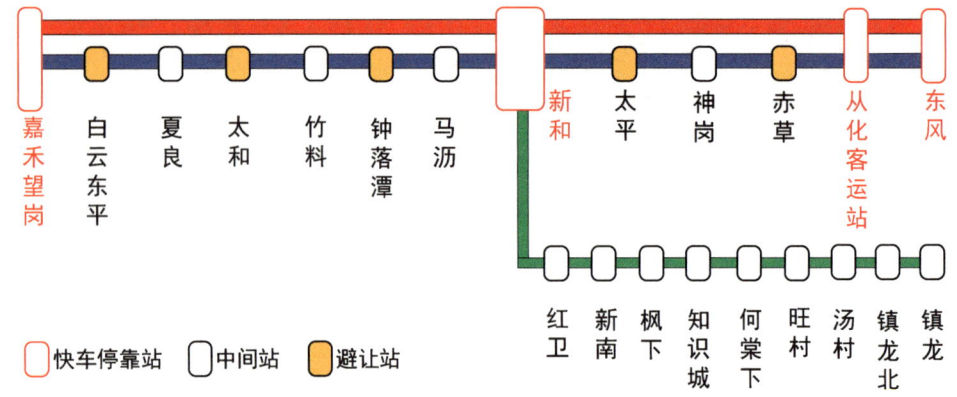

图 1-11　广州轨道交通 14 号线快慢车停站方案

在列车越行方式上,14 号线采用越行站与快车停靠站分离设置的方案,这样可以减少慢车的待避时间,提高慢车服务质量的同时也降低越行站的运输组织难度(图 1-12)。

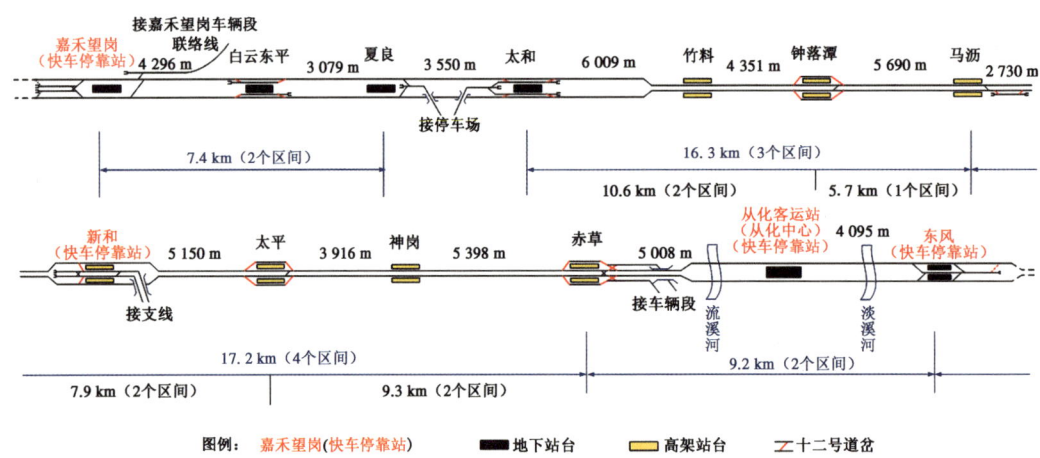

图 1-12　广州轨道交通 14 号线车站配线示意

2 市域快线快慢车运营组织概述

市域快线快慢车运营组织与传统城市轨道交通、既有铁路和高速铁路存在一定的差异,要想高效且高质量地组织快慢车运行,需明确快慢车模式运营组织的各项要素。本章从线路通过能力、列车开行方案、列车运行图三个方面对市域快线快慢车运营组织进行系统梳理和阐述。

2.1 快慢车模式下的线路通过能力

2.1.1 快慢车模式下的线路通过能力特点

传统城市轨道交通通过能力的概念是：在采用一定的列车类型、信号设备和行车组织方法条件下，城市轨道交通线路的各项固定设备在单位时间内(通常是高峰小时)所能通过的最大列车数。这一定义强调了城市轨道交通通过能力的计算时段通常为高峰小时。

我国既有铁路通过能力的概念是：在采用一定类型的机车车辆和一定的行车组织方法条件下，铁路区段的各种固定设备，在单位时间内所能通过的最大列车数。其中，固定设备包括区间、车站、机务整备设备等。通过能力的取值受到最薄弱部分的限制。

目前，高速铁路通过能力的主流概念是：在一定的列车类型、行车组织方法和客流需求条件下，高速铁路客流区段内的固定设备在给定时间内通过的最大列车数。相较于既有铁路，高速铁路的通过能力概念更加强调客流需求和客流区段，体现了能力与需求相互匹配的思想。

对于快慢车模式下的市域快线通过能力相关问题的研究，必须考虑其与其他轨道交通(铁路)在运输组织模式上的不同，从本质上把握快慢车模式下市域快线通过能力的计算特点，从而寻求科学合理的线路通过能力计算方法。

1. 相较于传统城市轨道交通

传统的城市轨道交通(以地铁制式为代表)采用的是平行运行图，开行的都是站站停列车，列车运行模式单一。而市域快线采用的是非平行运行图，线路上运行着站站停和非站站停两种类型的列车，列车之间存在越行。因此，传统的城市轨道交通线路通过能力计算方法已不再适用于市域快线。

2. 相较于既有铁路

采用快慢车模式的市域快线与既有铁路在通过能力计算上的差异主要有以下4点：

(1) 服务对象不同。市域快线主要服务于乘客，既有铁路则主要承担货物运输，在既有铁路上能够较为灵活地安排货物列车的停站和避让，而旅客对快速性和准确性的要求较高，因此不能随意安排旅客列车的停站和越行，例如越行站一般设置在小站、越行次数不能过多等。一般而言，快车越行次数越多就越能充分利用线路通过能力，但为了保证慢车的服务质量，快车的越行次数不宜过多。

(2) 基本列车不同。由于线路上运行的列车种类不同，在计算线路通过能力时就需要采用标准列车，标准列车即为基本列车。既有铁路采用的基本列车为普通货物列车，而快慢车模式下市域快线采用的基本列车为站站停慢车，这便导致线路通过能力的计算标准不同。

(3) 时间价值差异。既有铁路通过能力计算一般以"列/d"为单位,而采用快慢车模式的市域快线在全天不同时段具有显著的客流差异,因此以某一时间段为单位计算线路通过能力更具有意义。

(4) 技术差异。这里的技术差异主要包括设备及运输组织的差异。设备方面包括车辆类型、车站配线、列控系统、牵引供电等,运输组织方面包括追踪列车间隔时间、停站时间、行车规则等。

3. 相较于高速铁路

采用快慢车模式的市域快线与高速铁路在通过能力计算上的差异主要有以下4点:

(1) 基本列车不同。高速铁路的基本列车为高速不停站列车,而快慢车模式下市域快线的基本列车为站站停慢车,这会使得非基本列车停站产生的影响有所不同。若后行列车为高速不停站列车,则前车停站可能会对其造成影响(之前按照最小间隔时间铺画),运行线需要后移,如图2-1(a)所示;若后行列车为站站停慢车,则前车停站对后续列车可能不会造成影响,如图2-1(b)所示。

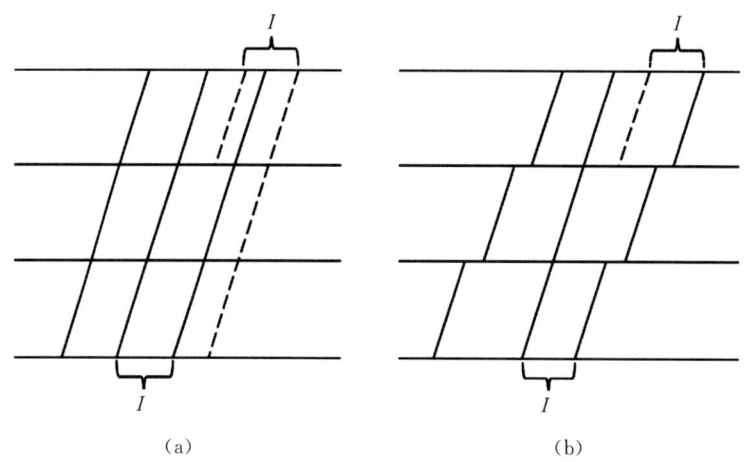

图 2-1　前车停站对后行不同类型基本列车的影响

(2) 区间运行时分的区别。高速铁路采用的是多种速度等级列车共线运行的运输组织模式,在同一区间不同等级列车的运行时分不同。但快慢车模式下快车和慢车在同一区间的运行时分往往相同,这使得站间距、区间运行速度差等影响高铁通过能力的因素在快慢车模式中不再起作用,快慢车的旅行时间差更多的是由停站时间引起,因此停站时间对通过能力的影响较大。

与此同时,列车停站对通过能力影响的侧重点也有所不同。在高速铁路中,基本列车为高速不停站列车,中速列车并非站站停,需要考虑停站(包括停站次数和停站时间)、速差对高速列车的影响,由于速差和停站时间相对固定,则更多地需要考虑停站次数对线路通过能力的影响。而对于采用快慢车模式的市域快线而言,其基本列车为站站停列车,在不考虑快车停站的条件下,快慢车旅行时间差只与慢车的停站时间及起停附加时分有关。

(3) 对冗余时间的要求不同。由于高铁列车具有固定车次和固定时间,为了满足列车正点率的要求,以及受跨线列车的影响,列车间需要设置一定的冗余时间。而在快慢车模式下,乘客随到随乘,通常无跨线列车,对冗余时间的要求没有高铁高,因此更易实现运行图的紧密铺画。

(4) 市域快线快慢列车开行的规律性要求高。由于市域快线主要服务于通勤客流,乘客对候车时间、在车时间等的要求更高,为了更好地满足乘客便捷准确的出行需求,通常需要固定快慢车开行比例、列车停站方案、列车发车间隔等,从而规律性地组织列车运行。

2.1.2 快慢车模式下的线路通过能力表示方法

在研究快慢车模式下线路通过能力的计算方法之前,需要先明确快慢车模式下线路通过能力应如何表示,若跳过此问题直接研究通过能力计算方法,而未能结合快慢车模式下运输组织的特点,则难以对实际运营管理起到有效的指导作用。因此,快慢车模式下的线路通过能力表示方法是研究其计算方法的基础。

前文分别给出了传统城市轨道交通、既有铁路和高速铁路通过能力的定义,总结起来目前关于通过能力的表示方法主要有两种:第一种是在既有铁路上使用的概念,即以区段内开行的列车列数或对数来表示通过能力;第二种是高速铁路通过能力定义中客流区段的概念,传统城市轨道交通通过能力的定义中虽未明确客流区段,但在计算时已将整条线路视为一个客流区段。通过能力的这两种表示方法各有其优点,第一种方法的优点在于能够简便、直接地反映通过能力,计算结果易于使用,第二种方法则是考虑了高速铁路服务对象与既有铁路的不同,将通过能力与客流需求相结合,为实际运营管理工作提供了有效指导。对于快慢车模式下的线路通过能力表示方法,应在吸纳了以上两种方法优点的基础上,充分结合市域快线的运输组织特点来综合确定。

下面从 4 个方面考虑快慢车模式下的线路通过能力表示方法:

(1) 客流区段的选取。既有铁路以区段为单位描述通过能力主要是由于既有铁路机车受到牵引范围的限制,而高速铁路采用动车组列车,线路不同区段的客流需求有所不同,因此采用客流区段来描述通过能力可以更好地反映出通过能力与客流需求之间的匹配性。对于采用快慢车模式的市域快线而言,线路一般连接城市中心与郊区,主要服务通勤客流,且其线路长度远远小于高速铁路的线路长度,因此可以将整条市域快线视为一个大客流区段。

(2) 计算时段的确定。既有铁路和高速铁路的通过能力计算都是以全天为计算单位,对于市域快线而言,一天内不同时段的客流需求差异明显,有高峰与平峰之分,若以全天为单位来计算通过能力则难以体现出客流时段性差异较为明显的特点。因此,将高峰小时作为市域快线通过能力的计算单位更合适,这与城市轨道交通的计算时段相同。

(3) 一定的快慢车开行比例。对于采用快慢车模式的市域快线而言,通过能力由快车和慢车的数量构成,涉及二者的比例关系。考虑到均衡发车的要求,市域快线上列车一般以周期性运行,每个周期内采用相同的快慢车比例,开行快车会对通过能力造成一定的损失,若不规定一定的开行比例,通过能力最大的方案即为市域快线上全部开行慢车或全部开行快车,此时通过能力计算也就失去了意义,因此计算线路通过能力应基于一定的快慢车开行比例。

(4) 兼顾服务质量。高速铁路的列车开行应保证一定的服务质量,例如停站次数不宜过多等。对于全程距离较短的市域快线而言,追求高效便捷的列车服务质量则更为重要。例如,增加慢车的待避次数虽能提高线路通过能力,但大大增加了慢车的旅行时间。因此,在计算线路通过能力时需同时兼顾服务质量。

结合以上分析,合理的快慢车模式下的线路通过能力定义如下：在一定的列车类型、线路条件、行车组织方法、开行比例条件下,兼顾一定的服务质量,市域快线整个客流区段的固定设备在高峰小时所能通过的最多快慢车列车总数。

2.1.3　快慢车模式下的线路通过能力计算原则

在计算快慢车模式下的线路通过能力时,为了使通过能力计算结果能够更好地指导线路的前期规划设计和后期实际运输组织工作,应遵循以下 4 点原则：

(1) 适应性。快慢车模式下的线路通过能力计算方法应与快慢车运输组织模式的特点相适应,具体体现在时段性、运输服务质量、对不同线路的适应性三个方面。对于时段性,由于已经明确了快慢车模式下线路通过能力的表达应为高峰小时所能通过的最大列车数,因此线路通过能力的计算应能适应高峰时段的列车开行特点。对于运输服务质量,快慢车模式下通过能力的影响因素众多,但在计算时必须兼顾列车的运输服务质量,例如慢车待避次数不宜过多等。对于不同线路,快慢车模式下的线路通过能力计算方法应能适应各条线路的设施配置和运输组织方式。

(2) 动态性。一个合适的快慢车模式下的线路通过能力计算方法不仅能结合运输组织特点,还能随着不同线路运输组织方式的变化而变化。随着我国市域轨道交通的发展以及客流量、乘客出行特征的不断变化,市域快线的运输组织方式也相应地发生了变化,如越行次数、越行位置、停站比例等,线路通过能力计算过程应能体现出这种动态性。除此之外,市域快线的运输组织方式还具有时间上的动态性,高峰与非高峰时段客流量差异巨大,导致不同时段快慢车开行比例会有所不同,因此在计算通过能力时应考虑到这一点。

(3) 实用性。一个合适的快慢车模式下的线路通过能力计算方法应当力求直观、简单、实用。通过能力作为线路设计与运输组织过程中的一项重要参数,其计算方法应具有实用性,以便于线路设计人员及运输管理人员使用,同时还应能较好地反映出不同因素对通过能力的影响,从而为相关人员做决策提供依据。

(4) 准确性。快慢车模式下的线路通过能力计算方法需要在满足适应性、动态性和实用性的同时,尽可能客观准确地反映通过能力的大小。通过能力的计算结果会直接影响线路运力资源的配置以及调度指挥等方面的选择,如果计算结果不够准确,可能会导致线路通过能力与客流需求不匹配的情况发生。

2.2 快慢车模式下的列车开行方案

2.2.1 列车停站方案

列车停站方案主要包括两个内容:开行几种不同停站类型的列车、每种停站类型列车的停靠站点。对于快慢车模式,列车停站方案主要有 4 种:站站停、大站停、区段停和交错停。

1. 站站停方案

站站停方案是指线路上运行的所有列车均在沿线所有车站停站,以满足任意车站间乘客的出行需要,如图 2-2 所示。

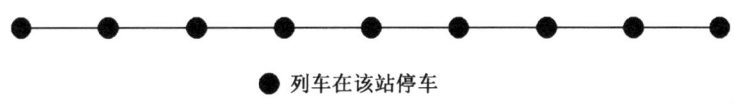

图 2-2 站站停方案示意

站站停方案的优点在于运输组织简单、发车密度高、运能大、有利于短途旅客的出行。其缺点是列车停站次数多,由停站带来的在站停留时间和起停车附加时分使得列车旅行时间大大增加,从而降低了列车旅行速度,同时对于客流量较小的车站,列车停站的必要性相对较小。

该方案的适用条件如下:客流量较大,发车密度高,长距离出行乘客占比较小,全线各站客流分布较为均衡。

2. 大站停方案

大站停方案是指快车只在客流量较大的车站停车,在客流量较小的车站不停站通过,从而提高列车的旅行速度,如图 2-3 所示。

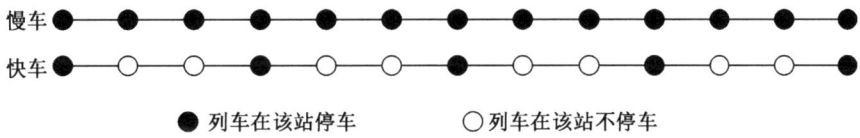

图 2-3 大站停方案示意

大站停方案的优点是通过减少列车停站次数来提高快车的旅行速度,这对于长距离出行乘客而言能够缩短在途时间,从而提升列车服务水平。其缺点是由于快车在某些站不停站通过,导致部分乘客的候车时间和换乘次数会有所增加,同时也会给线路通过能力、运输组织工作带来影响。

该方案的适用条件如下:①客流方面,沿线各站的上下车客流量具有较大的不均衡性;②发车间隔方面,快慢车的发车间隔不能差异过大,以保证乘客的候车时间不会太长;③车站配线方面,由于会有列车越行的情况,因此沿线车站应根据不同情况设置配线以供慢车待避;④客运组织方面,由于停站列车的变化,以及快慢车之间换乘的存在,故需要做好车站客运组织工作。

3. 区段停方案

区段停方案一般在大小交路情况下使用,大交路列车不停车通过小交路区段内的各个车站,而在小交路区段外站站停,小交路列车则在小交路区段内站站停,如图2-4所示。也就是说,开行区段停列车,需要将轨道交通线路划分为两个或两个以上区段,每个区段由不同的列车服务,每列车在其服务区段的终端折返,中间折返站也为乘客换乘站。

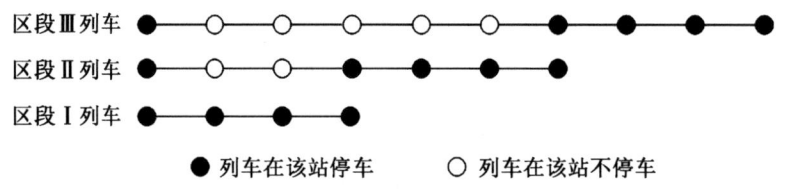

图 2-4 区段停方案示意

区段停方案的优点在于将中长距离出行乘客按区段划分,中长距离乘客可根据出行目的地选择合适的快车,该方案通过减少列车停站数来缩短列车旅行时间,从而提高乘客服务水平。其缺点在于小区段的通过列车降低了客流量较高的断面(以下简称高断面)客流区段的服务频率,增加了乘客的候车时间,也增加了不同区段间乘客的换乘次数;同时,部分中间站需配备折返线,导致建设成本增加。

该方案主要适用于长距离出行乘客占比较大的市域快线,其客流组成一般为往返于郊区与中心城区的通勤客流,快车在客流较小的车站可不停站通过,从而缩短了列车旅行时间。同时,在相邻区段衔接站应配备折返线,衔接站存在大量换乘客流,车站应做好相应的客运组织工作。

4. 交错停方案

交错停方案实际上是站站停与大站停两种停站方案的结合,确保沿线各站均有列车停靠,满足沿途乘客的出行需求,不同的列车在线路的不同车站停车,实现了列车服务的全面性,如图2-5所示。

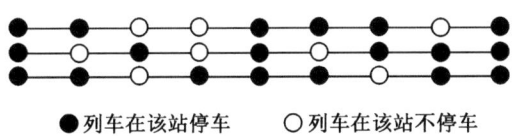

图 2-5 交错停方案示意

交错停方案的优点在于每趟列车均选择在线路中某些车站不停站通过,整体上提高了列车的旅行速度,缩短了乘客的出行时间,既满足了大站间的客流需求,又保证了大站与小站之间的客流交互;同时,列车采用不同的停站方案有利于充分利用列车运行图上的时间,从而提高线路通过能力。但该方案的缺点在于列车停站规律不清晰,部分车站的发车间隔增大,导致乘客候车时间增加,以及某些 OD 对间的客流必须进行换乘等。

该方案主要适用于列车运行区段较长,且列车密度较大的线路。由于大多数中间站均需要办理列车通过作业和停站作业,因此,须增设车站配线以供列车越行。同时,由于该方案提高了各站的运输组织难度,故应加强乘客的乘车引导工作,以免乘客误乘或错乘。

2.2.2 列车编组方案

列车编组方案不仅是开行方案的重要组成部分,也是快慢车模式下市域快线设计过程中的重要内容。合理的列车编组方案不仅能够提高服务水平,还能对相关设施配置起指导作用,从而降低运营成本。因此,明确列车编组方案的影响因素,对于快慢车模式下的运输组织具有重要的指导意义。列车编组方案主要受以下五方面因素的影响。

(1) 客流特征。轨道交通的根本目的在于更好地满足乘客的出行需求,因此列车编组方案应围绕线路的客流特征来制订。换言之,客流特征是影响列车编组方案最重要的因素。一般,大编组列车主要适用于客流量较大的线路,以提供较大的运能;小编组列车主要适用于客流量较小的线路,在不浪费运能的同时保证必要的列车发车间隔,减少乘客的候车时间。当然,同一线路客流量在时间上的分布是不均衡的,高峰时段小编组列车难以满足客流需求,易造成站车拥挤,平峰时段采用大编组列车则会造成运能浪费,或者乘客的候车时间延长。

(2) 车辆选型。不同车型有不同的定员标准,这会影响列车编组辆数的确定,对于定员数较小的车辆,可通过增加编组辆数的方式来满足客流需要,而定员数较大的车辆则可减少编组辆数,这有利于减少站台、环控设备等相关设施的投资。同时,不同车辆在尺寸结构、车辆性能等方面存在一定的差异,因此需要结合实际情况考虑车型选择。

(3) 基础设施。由于列车最小追踪间隔时间受线路平纵断面、折返站配线、信号设备等基础设施的影响,而列车行车密度又与列车编组辆数以及车辆选型密切相关,因此在制订列车编组方案时需要综合考虑相关基础设施的影响。

（4）社会经济效益。列车编组方案的确定应充分结合社会经济效益,小编组列车一般采用较小的发车间隔来保证较高的发车频率,可以有效减少平峰时段的乘客候车时间,提高列车上座率,列车运能也可以得到充分利用;大编组列车一般采用较低的发车频率,这会增加乘客的候车时间,平峰时段列车满载率较低,一定程度上降低了运营效益。因此,在确定列车编组方案时,应充分考虑不同时段的客流特性,对大编组方案、小编组方案或可变编组方案进行灵活制订,在保证乘客服务水平的同时尽可能地提高社会经济效益。

（5）服务水平。开行快慢车的首要目的是提高乘客服务水平,因此列车编组方案的制订也应以服务乘客为目标,从减少乘客候车时间、提高乘车舒适度等方面进行综合考虑。只有提升乘客服务水平,才能更好地发挥快慢车的优势,吸引更多客流,从而创造更大的社会经济效益。

2.2.3 列车交路方案

列车交路方案规定了列车的运行区段及折返车站,当市域快线上断面客流量分布不均衡且线路较长时,合理地确定交路方案可以减少运能浪费,提高车辆的运用效率,满足大多数乘客的出行需求,是运输组织中常用的既能充分利用资源又能降低运输成本的一种方法。列车交路方案主要包括单一交路、大小交路、衔接交路、交错交路、Y形交路和组合交路这6种形式。

1. 单一交路

单一交路是最为常用的一种交路,指列车从线路起点站出发运行至终点站,再由终点站折返的一种交路形式(图2-6)。

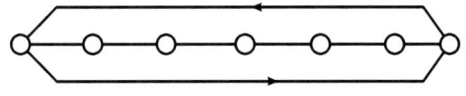

图2-6 列车单一交路示意

单一交路的主要优点是运输组织简单,不要求线路中间站具备折返条件,乘客不易误乘和错乘;另外,当发生运营故障时,便于对列车进行运行调整。其缺点为模式单一,当沿线断面客流量差别较大时,容易造成运能不足或浪费,从而影响运输能力的有效利用。

单一交路适用于全线断面客流量分布较为均衡,是目前轨道交通比较常用的交路形式。

2. 大小交路

大小交路是指列车有长短不一的运行区段,其中长交路(大交路)列车与前述单一交路相同,列车在起终点站之间运行,而短交路(小交路)列车的运行区段嵌套于长交路列车并在线路中间站折返的一种交路形式。不同交路的列车会在部分区段共线运行,线路至少具备一个中间折返站,根据小交路是否与大交路共用起点站可分为如图2-7所示的两种形式。

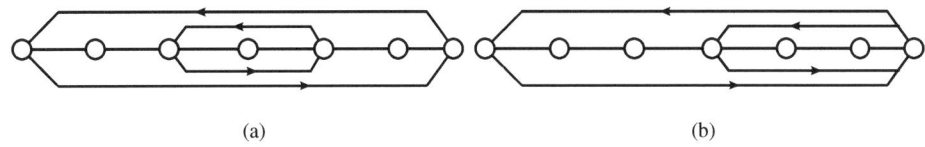

图 2-7 列车大小交路示意

大小交路的优点是能够很好地适应沿线客流量的大小差异,相较于单一交路,能够节省车底数量及减少运能浪费。其缺点是小交路列车需要在线路中间折返,需具备折返线的条件;同时对行车组织及客运组织能力要求较高,运输组织较为复杂;长距离出行乘客的候车时间较长,或者会增加乘客的换乘次数,降低长距离出行乘客的服务水平。

大小交路适用于客流分布不均衡、交路重叠区段客流量较大的情况。一般来说,长交路主要服务于郊区客流,短交路主要服务于市区客流,采用大小交路可以更加有效地利用列车运能及适应客流需求,从而提高运营效益。

3. 衔接交路

衔接交路是指两个交路上的列车在线路的不同区段运行,不同交路对应的运行区段互不重叠,列车在同一折返站折返的一种交路形式(图 2-8)。

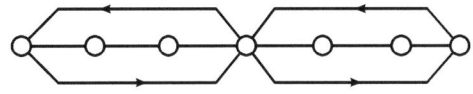

图 2-8 列车衔接交路示意

衔接交路的优点在于列车在两个区段的运行互不影响,可采用不同的列车间隔时间、列车编组辆数,甚至可采用不同的线路技术标准,能较好地解决两端向心聚集客流的问题,以及区段间客流差异大的问题。因此,衔接交路适用于里程较长的连接市中心与郊区的市域线路。市中心客流量较大区段可以增大列车发车密度,而郊区组团客流量较小的则可适当降低发车密度,避免运能浪费;两个交路可分别运营,运营调整更为灵活。

其缺点是两个交路的列车在线路中间共用折返站,这对于折返站的车站配线以及折返站的运输组织都提出了较高的要求;同时,在两个交路之间出行的乘客需要换乘,从而增加了出行时间,一定程度上降低了乘客服务水平。

4. 交错交路

交错交路也可称为"嵌套交路",是指列车运行区段存在部分重叠的交路形式,如图 2-9 所示。交错交路要求线路具备两个及以上中间折返站,适用于线路里程较长、交路重叠区间客流集中而两端客流稀疏的情况。常见于连接两个郊区,并跨越市中心的市域线路。

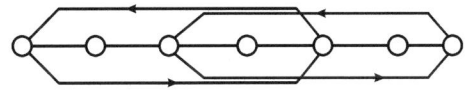

图 2-9 列车交错交路示意

与大小交路相比,交错交路同样能够很好地适应市区与郊区之间客流量的大小差异,尤其是市区客流较为集中的情况,且由于交错区段可长可短,因此具有更加广泛的适用性。其缺点在于共线段运输组织相对复杂,列车发车间隔受到两个区段列车对数的影响,同时易导致乘客误乘。

交错交路适用于市区客流量远高于郊区的情况,且重叠区段列车发车频率高于非重叠区段,从而满足大量市区乘客的出行需求。

5. Y形交路

Y形交路是一种带支线的交路,即在原有交路的基础上延伸出支路,拓宽沿线横向的服务区域(图2-10),例如上海轨道交通10号线、11号线。其优点是进一步增大了轨道交通的服务范围;缺点是增大了Y形交路分岔站的运输组织难度,除了需要重点考虑共线段能力紧张问题外,车站应通过语音提醒、电子屏显示等措施做好乘客换乘的客运组织,避免乘客错乘列车。由于与主线贯通,支线的列车间隔时间要大于主线。因此,支线一般服务于客流量较小的方向。

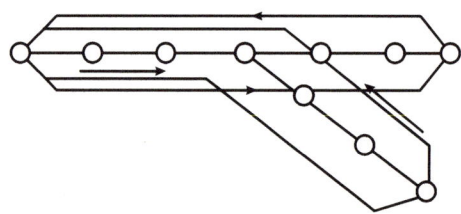

图2-10 列车Y形交路示意

6. 组合交路

在实际运输组织过程中,根据客流需要以及车站配线等情况,可以灵活采用上述几种基本的列车交路形式,也可以采用几种交路形式的组合,以形成多种交路组合模式(图2-11)。列车交路种类较多容易造成乘客误乘以及增加运输组织的难度,因此同一条线路上设置的列车交路不宜过多。

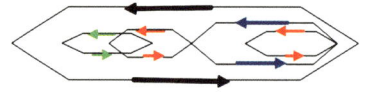

图2-11 列车组合交路示意

2.2.4 列车开行对数及比例

列车开行对数是指单位时间内列车的开行数量,反映了在一定时间段内列车发车的密集程度。列车开行对数应和客流量大小相匹配,由于高峰和平峰时段客流量差异明显,因此不同时段列车开行对数也不同。

列车开行对数主要取决于线路的最大断面客流量,根据各时段的最大断面客流量可计算分时段列车开行对数 n,见式(2-1):

$$n = \frac{P_{\max}}{\lambda c_{\mathrm{p}}} \tag{2-1}$$

式中　$P_{\max}$——交路上断面客流的最大值;

　　　c_{p}——列车设计载客量,即列车定员;

　　　λ——满载率。

列车开行比例或者称为快慢车开行比例,是指某一时间段内,快慢车组合"发车对"内不同种类列车之间的开行数量比。相较于传统地铁的站站停模式,快慢车模式下线路上运行两种或两种以上类型列车,而站站停模式下线路上只运行单一种类的列车,由此可见快慢车开行比例是快慢车模式下的特有内容。列车开行对数明确了一个时间段内的列车开行总数,而快慢车开行比例则需要解决在一定列车开行总数下,快车和慢车数量各自应占多大比例。一般地,随着快车比例的提高,长距离出行旅客的出行质量会有所提高,但慢车的旅行时间及小站乘客的候车时间均会有所增加,同时线路的通过能力也会受到影响,因此,应综合各方面的利弊来确定快慢车开行比例。

快慢车开行比例主要影响停站方案,通过中长途乘客和短途乘客的数量比值来计算快慢车开行比例。一般将旅行距离超过 n 个区间的乘客当作中长途乘客,则快慢车开行比例可表达为:旅行距离超过 n 个区间的乘客数量与旅行距离小于或等于 n 个区间的乘客数量的比值,见式(2-2)。其中,n 取决于线路区间总数。

$$\gamma = \frac{\sum_{|i-j|>n} Q_{ij}}{\sum_{|i-j|\leqslant n} Q_{ij}} \tag{2-2}$$

式中　γ——快慢车开行比例的估算值;

　　　Q_{ij}——从 i 站到 j 站的客流量。

2.3　快慢车模式下的列车运行图

2.3.1　列车运行图概述

近年来,随着经济的不断发展,城镇化进程的不断推进,城市逐渐趋于饱和,这使得城市发展日益分散化,中心城区的人口和工商业逐步迁往周边地区,城市发展逐渐郊区化。随之而来的是城市中心与新城之间的出行需求逐渐增多,于是形成一定规模的客流,促进了市域快线的发展。人们的时间价值观变得越来越强,对市域快线的旅行速度、舒适度、安全性和方便性等运输质量方面的要求也在不断提高。因此,提升市域快线的运输效率和运输能力、优化和调整列车开行方案就显得尤为重要。

市域快线的方便、快捷、舒适以及运营的安全、正点、可靠是吸引乘客的主要特点。要实现这个目标,除了技术上必须提供必要的保障外,科学合理的运输管理及适应市场需求的变化也是极为重要的影响因素。

列车运行图是运用坐标原理来表示列车运行的一种图解方式,城市轨道交通列车运行图一般以横坐标表示时间,纵坐标表示距离,并用水平线代表各个车站的中心线位置,用右上斜线代表上行列车,用右下斜线代表下行列车,列车运行线与水平线的交点就是列车在每个车站的到、发或通过时间。

列车运行时刻表的本质是反映在列车运行图上的,对市域快线运输能力的提高和优化问题,实际上就是如何优化和提高运行图质量的问题。为了解决这个问题,需要通过静态指标和动态指标来对市域快线列车运行图的质量进行评价,从而判断市域快线列车运行图是否满足运输需求。

2.3.2 快慢车列车运行图的特点

快慢车运营方式是指多种列车按照不同的区间旅行速度和不同的停站方案以一定的开行比例组合运行的一种运营方式。其中,慢车是指以较慢的区间旅行速度,且以站站停的停站方案运行的列车;快车是指以较快的区间旅行速度,且以大站停的停站方案运行的列车。在快慢车运营方式下,快车在越行站超越停站避让的慢车,沿途只在客流量较大的主要站点停车,从而使得快车能以较高的速度和较短的时间抵达目的地。

相比于传统的城市轨道交通运营方案,快慢车运营方式较适合于车站客流均衡性较差、长距离出行乘客快速送达需求较高的市域线路,对于提高城市轨道交通的运营水平和服务质量、节约乘客的出行时间和优化公共资源的合理配置均有着重要的意义。

快慢车列车运行图的特点主要体现在以下3个方面:

(1) 多种列车的区间旅行速度不同。这种情况在快慢车运行图上直观地表现为同方向不同级别列车的斜率不同。与以往只有一种速度级别列车的普通运行图所呈现出来的平行性相比,快慢车列车运行图具有明显的非平行性,因此快慢车列车运行图也被称为非平行运行图。

(2) 多种列车的停站方案不同。为了提高快车的运行效率,根据客运量和客流的时空分布特征,在编制运行图时将快车在途经线路上某些客流较少车站的停站时间压缩或者直接将其设置为快车的"跳停"车站。在运行图上直接表现为列车运行线通过车站线时具有较短的水平等待或者不停站直接穿越车站线。

(3) 存在多种越行组合。由于快车和慢车在区间运行时分和停站方案上的差异,在某些时候,后发的快车会在某个站超越停站避让的前行慢车。这种情况就是快车对慢车的越行,而慢车停站避让的地点必须是某些具有越行配线的车站。

2.3.3 快慢车列车运行图要素

列车运行图是由一些基本要素构成的,为了编制快慢车列车运行图,必须首先确定以下要素。

1. 区间运行时分

列车区间运行时分是指列车在两相邻车站之间的运行时间标准,它由车辆部门采用牵引计算和实际试验相结合的方法进行查定,其计算公式见式(2-3)。

$$T_{运} = t_{纯} + t_{起} + t_{停} \qquad (2-3)$$

式中 $T_{运}$——列车区间运行时分;

$t_{纯}$——列车不停车通过两个相邻车站所需的区间运行时分;

$t_{起}$——起车附加时分;

$t_{停}$——停车附加时分。

列车区间运行时分的运行距离为两车站中心线之间的距离。由于上、下行方向的线路平面、纵断面条件等影响因素可能并不相同,因此列车区间运行时分应按上、下行方向分别查定。

2. 列车停站时间

在正常运行情况下,城市轨道交通列车在中间车站停站进行客运作业,供乘客乘降。列车在中间非折返站的停站时间取决于下列因素:

(1) 车站乘客乘降量;

(2) 平均上、下一名乘客所需的时间,该项时间取决于车辆的车门数及车门宽度、车厢内的座椅布置方式、站台高度和车站客运组织措施;

(3) 开关车门时间;

(4) 车门和车站屏蔽门的同步时间;

(5) 确认车门关闭状态良好的时间。

在客流高峰时段,列车停站时间有可能成为线路运输能力的限制因素,因此在满足作业需要的情况下,应最大限度地缩短列车停站时间,以提高线路的通过能力和运输效率。

3. 追踪列车间隔时间

城市轨道交通线路一般为自动闭塞或移动闭塞,在同一区间内,同方向运行的列车追踪运行。追踪运行的两列列车在运行过程中相互不受干扰的最小间隔时间被称为追踪列车间隔时间。追踪列车间隔时间取决于同方向列车的间隔距离、列车运行速度和信联闭设备类型,应根据线路具体情况查定。

4. 折返站间隔时间

城市轨道交通线路上,非折返车站一般不设置配线。为了保证行车安全,列车在到达、自折返站出发或办理折返作业时均须满足一定的车站间隔时间。折返站间隔时间是编制列车运行图的一项重要约束,其类型取决于车站办理的列车作业内容和折返站辅助配线类型。

5. 折返作业时间标准

折返作业时间标准是指列车到达终点站或在区间站进行折返作业的时间标准。对于不同的折返站布置形式,列车折返所需时间不同。折返作业时间标准受折返方式、列车长度、列车制动能力、信号设备水平、司机操作水平等因素的影响。

6. 出、入车辆段(停车场)作业时间标准

由于车辆段(停车场)与线路接轨形式的不同,因此列车出、入车辆段作业与正线列车到发、列车折返作业等可能存在交叉干扰的情况。在编制列车运行图时,应考虑列车出、入车辆段的交叉干扰。

7. 列车交路类型

列车交路类型是编制列车运行图的重要依据。当城市轨道交通线路较长、客流分布不均衡时,通过合理、可行的交路组合设计线路输送能力,是一种充分利用有限资源、降低运输成本的有效方法。

3 快慢车模式下的线路通过能力影响因素

　　线路通过能力作为运输组织过程中一项重要的衡量指标,无论是对前期的线路方案设计还是对后期的运输组织实施都具有重要的理论和实践指导意义。快慢车模式下线路通过能力的影响因素众多,主要包括运输需求、设施设备、行车组织三大方面。本章从这三方面系统梳理并分析了快慢车模式下的线路通过能力影响因素,为市域快线快慢车运营组织提供理论和实践指导。

3.1 运输需求

在市场经济条件下,快慢车模式下的线路通过能力是由运输需求和运输供给两方面综合决定的。运输供给是指线路通过能力,运输需求包含多个方面,但其中最核心的是客流需求,主要包括流量、流时以及服务质量等方面。

运输需求决定了运输供给。首先,轨道交通运输最根本的目的是实现人们在空间上的位移。因此,快慢车模式下的线路设施设备、运输组织手段等都应将满足人们空间位移上的需求作为首要目标,而线路通过能力的研究也应当在一定的运输需求前提下进行。例如,长距离出行乘客对旅行时间的要求决定了快车的停站次数不应过多、长距离出行客流量占总客流量的比例决定了快慢车开行比例等。因此,应寻求运输供给与运输需求之间的相互匹配。

运输需求对快慢车模式下线路通过能力的影响,主要体现在以下4个方面:

(1) 追踪列车间隔时间。线路通过能力随着追踪列车间隔时间的减小而增大,但如果仅考虑最小追踪列车间隔时间而忽视实际客流需求也是不可取的。合理的列车发车间隔应当在满足实际客流需求的基础上保持适当余量。

(2) 快慢车开行比例。开行快慢车的一个重要目的是提高长距离出行乘客的出行质量。因此,在确定快慢车开行比例时,应首先明确长距离出行乘客的客流量有多大,在此基础上确定开行快车和慢车的比例及计算通过能力才有实际意义。

(3) 停站时间。停站时间的直接决定因素是车站客流量大小,在确定停站时间时必须依据车站客流量,同时,线路通过能力的计算也应在此基础上进行。

(4) 快车停站比例。快车停站是为了扩大快车的运输服务范围,而快车不停站则是为了缩短旅行时间,提升运输服务质量。一般来说,快车在客流量大的车站停站,在客流量小的车站不停站通过,这样在满足大部分客流需求的同时兼顾了运输服务质量。

3.2 设施设备

3.2.1 线路条件

1. 区间长度

区间长度能影响列车的区间运行时分,对于同一速度等级列车,区间长度越大,相应的区间运行时分越大。区间长度对于线路通过能力的影响主要体现在不同速度等级的列车在同一区间的运行时间差上,当线路上存在两种不同速度等级的列车时,区间长度越大,列车的区间运行时间差越大,即运行图中的额外占用时间越大,导致线路通过能力减小。

对于高速铁路而言,由于采用的是多种速度等级列车混合运行的运输组织模式,因此区间长度对线路通过能力的影响较为突出。对于快慢车模式,由于快车和慢车采用同种车型,车底速度相同,二者一般能以相同的最高速度在同一区间运行,此时快慢车区间运行时间差不受区间长度的影响,因而线路通过能力也不受影响。

如图3-1所示,两列车以相同的最高速度在区间运行,当区间长度增大时,两列车在发车站的间隔时间可以保持不变,因而不会对线路通过能力产生影响。

但如果考虑到某些区间长度过短以及受列车停站的影响,慢车无法立即加速至与快车相同的运行速度,两种列车之间便产生了速差,当区间长度增大时,列车区间运行时间差增加,线路通过能力减小;若区间长度减小,则线路通过能力增大。

如图3-2所示,当快慢车不能以相同的最高速度在区间运行时,若区间长度增大,快慢车在发车站的间隔时间便会相应增加,而正是时间占用上的浪费导致了线路通过能力减小。

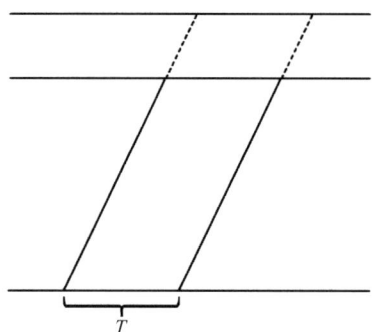 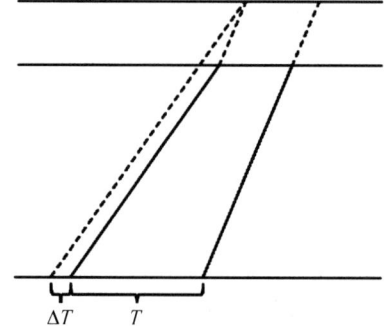

图3-1 线路通过能力不受区间长度影响示意　　图3-2 线路通过能力受区间长度影响示意

值得注意的是,区间长度会在时间占用上直接影响线路通过能力,同时也会通过列车停站间接影响线路通过能力。如图3-2所示,区间长度增大,快慢车区间运行时间差虽然变大,但车站数量减少,这意味着列车停站次数减少,使得由于速差导致的线路通过能力损失减小。由此可见,需要综合考虑多方面因素对线路通过能力的影响。

2. 中间站数量

为了满足乘客上下车的需要,市域快线沿线需要设置一定数量的中间站。对于慢车而言,由于需要在每个车站停车,因此中间站数量会直接影响慢车的总停站时间;而快车在某些车站不停站通过,中间站数量不一定直接影响快车的总停站时间。因此,在考虑中间站数量对线路通过能力影响的同时,还应结合快车停站方案。一般,中间站数量通过影响快慢车的停站时间,导致二者的旅行时间差发生变化,从而影响线路通过能力。

如图 3-3 所示,假设线路共设 k 个中间站,慢车站站停,快车全程不停站通过,慢车在每个站的停站时间为 $t_{停站}$,追踪列车间隔时间为 I,则快慢车在始发站的发车间隔 ΔT 为

$$\Delta T = I + k t_{停站} \qquad (3-1)$$

可见,在此种情况下,中间站数量越多,快慢车发车间隔越大,时间占用上产生的浪费越大,线路通过能力越小。此时,可通过组织快车越行来减少时间上的占用,从而提高线路通过能力。

与此同时,中间站数量与区间长度是密切相关的,中间站数量越少,区间长度越大;反之,区间长度越小。当区间长度变小时,快慢车能否以相同的最高速度在区间运行这一问题就变得尤为突出,必要时需要考虑列车速差对线路通过能力的影响。

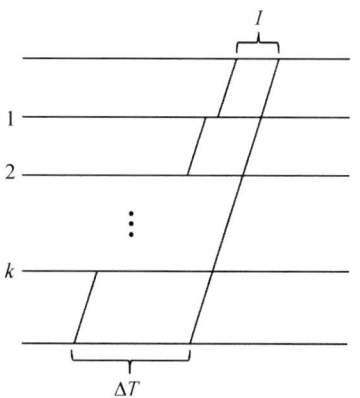

图 3-3 线路通过能力受中间站数量影响示意

3. 平纵断面

线路的平纵断面对于线路通过能力的影响体现在:当列车的重量一定时,线路在平面上的曲线形式、曲线半径和纵断面上的坡度等均会对列车的运行速度有一定的影响,从而影响区间运行时分和线路通过能力。

3.2.2 越行站设置

1. 越行站位置

列车越行站位置的选择与很多因素有着密切关系,其中客流量大小是确定越行站位置的首要因素。一般情况下,将快车停靠点设在客流量较大的车站,以便为更多的乘客提供快车服务,但较大的客流量也会导致较长的乘客上下车时间,若同时办理列车越行作业,不仅会增加车站运输组织的难度,也使得线路通过能力无法得到充分利用,因此应尽量将越行站设在客流量较小的车站。

此外,越行站的设置位置还与实际施工条件、经济预算等因素有关。根据实际经验,新建线路时一般将越行站设在线路中间区域。越行站位置的确定是列车运行图铺画的必要条件;同时,在设置越行站时还需要综合考虑快慢车开行比例、列车发车间隔、区间运行时分等多方面因素,不同的越行站设置位置会直接影响满表运行图的铺画,从而影响线路通过能力。

2. 越行站数量

快慢车模式下两种列车的旅行时间不同,导致快车存在越行慢车的可能,若不设置越行站,会造成快慢车发车间隔不均衡,运行图上的时间无法得到充分利用,从而降低线路

通过能力。因此,在快慢车模式下,市域快线应设置一定数量的越行站。

一般快车越行次数越多,越能有效利用运行图上的时间,线路通过能力越大。结合国内外快慢车模式发展现状,快车越行次数一般不大于2次,可见为了满足快车越行2次的要求,越行站数量应至少设2座。但同时由于快车一般在越行站不停站通过,为了尽可能地提高快车服务范围以及节省工程投资,越行站数量也不宜过多。

3. 越行站站型

考虑到列车过岔限速、列车与站台边缘安全距离等因素,列车在越行站一般从正线高速通过,而在配线办理上下客作业。因此,不同的越行站站型会对车站通过能力造成影响,并成为限制全线通过能力的一个潜在因素。

结合国内外越行站站型的一般设计以及根据越行站的功能和使用原则,越行站站型大致分为4种,分别为双侧方案、双岛正线方案、单岛方案和双岛正线外侧方案(图3-4)。

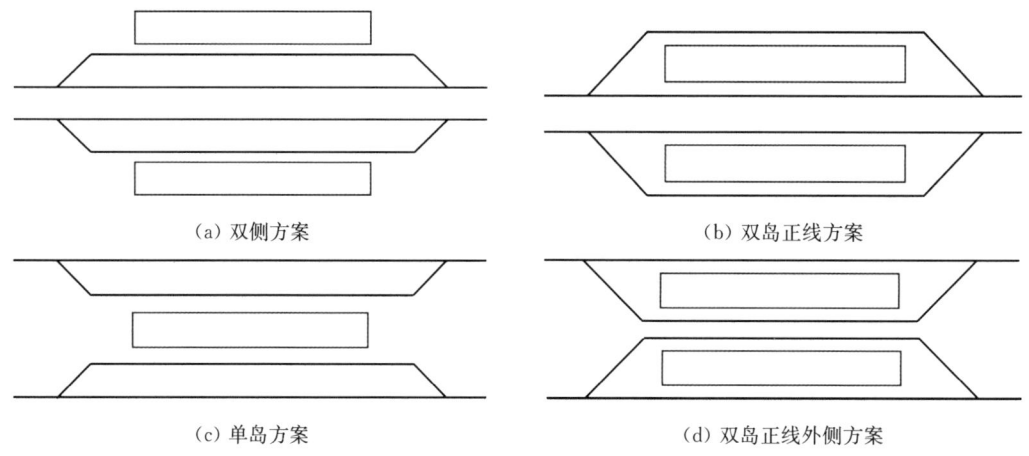

(a) 双侧方案　　(b) 双岛正线方案

(c) 单岛方案　　(d) 双岛正线外侧方案

图 3-4　4种越行站站型

其中,双侧方案和双岛正线方案是高架越行站的常用形式,而单岛方案和双岛正线外侧方案是地下越行站的常用方案。各种越行站站型的运营特点如表3-1所列。

表 3-1　各越行站站型的运营特点

对比项目	双侧方案	单岛方案	双岛正线方案	双岛正线外侧方案
快车越站速度	较高	较高	较低	较低
工程规模	小	较小	稍大	大
运营灵活性	不足		强	
对于故障处理及非快慢车模式	不利		有利	

由表3-1可以看出,双侧方案和单岛方案的快车越站速度较高,这主要由于旅客乘降与快车正线通过之间不会产生相互干扰,快车能够实现全速越行;而对于另外两种方案,当快车越行慢车时,乘客乘降与快车正线通过之间没有产生"隔离",出于安全考虑,一般要求快车降速越行。由此可见,不同的越行站站型决定了不同的快车越站速度,影响了快

车区间运行时间,从而对线路通过能力产生影响。

3.2.3 列车性能

列车性能是影响线路通过能力的一项重要因素,它包括列车构造速度、列车最高运行速度和牵引制动性能等多个方面。下面分别从列车最高运行速度和牵引制动性能两方面简要分析它们对线路通过能力的影响。

1. 列车最高运行速度

列车最高运行速度,或称列车最高巡航速度,可理解为在区间长度允许范围内列车所能达到的最高速度。一般地,列车最高运行速度越大,追踪列车间隔时间越短,通过能力越大;同时,列车最高运行速度还会对列车越站时的运行时间节省产生影响,以最高运行速度 160 km/h 为例,列车以不同速度越站示意如图 3-5 所示。

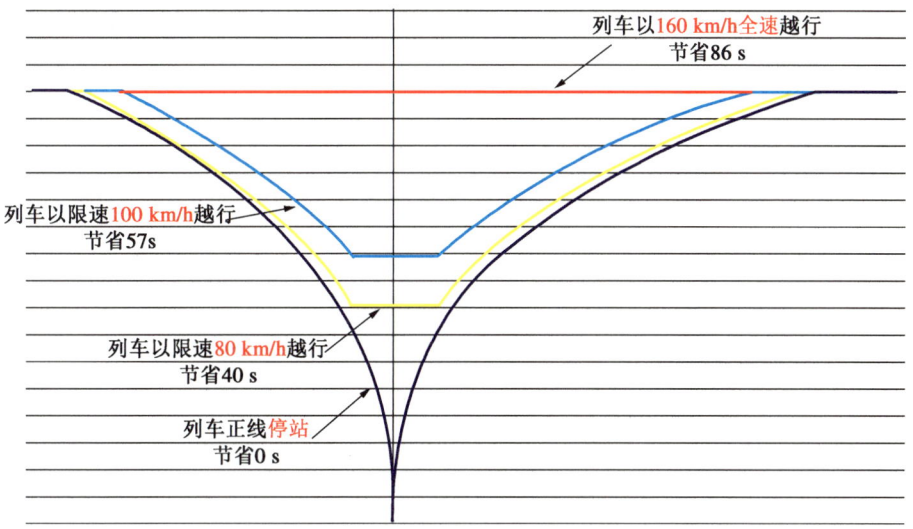

图 3-5 最高运行速度为 160 km/h 时列车以不同速度越站示意

从图 3-5 可以看出,当列车最高运行速度为 160 km/h 时,以不同速度越站可以节省的时间也不同,其中全速越行相较于列车正线停站能节省 86 s。根据相关研究资料得到不同列车最高运行速度下的列车越站时间节省情况,如表 3-2 所列。

表 3-2 不同列车最高运行速度下的列车越站时间节省情况

列车最高运行速度/(km·h^{-1})	运行距离/km	过站限速/(km·h^{-1})	运行时间/(分:秒)	相对停站模式节省时间/s	旅行速度/(km·h^{-1})
140	14	停站	8:21	—	100.60
		80	7:44	37	108.62
		不限速	7:10	71	117.21

(续表)

列车最高运行速度/(km·h⁻¹)	运行距离/km	过站限速/(km·h⁻¹)	运行时间/(分:秒)	相对停站模式节省时间/s	旅行速度/(km·h⁻¹)
160	14	停站	8:07	—	103.49
		80	7:27	40	112.75
		不限速	6:41	86	125.69
200	29	停站	12:46	—	136.29
		80	12:05	41	144.00
		不限速	10:44	122	162.11

从表 3-2 可以看出，无论是列车停站还是不限速通过，列车最高运行速度越大，列车运行时间越短，且相对停站模式所节省的时间随过站限速的提高而有所增加。由此可见，列车最高运行速度不仅制约了区间运行时间，也能影响越站时间节省，从而对线路通过能力产生影响。

2. 牵引制动性能

列车牵引制动性能反映了列车起动加速以及减速停车的快慢程度，与其密切相关的一项列车运行参数为列车起停附加时分，它与列车最高运行速度及起动时的加速度和制动时的减速度均有关，列车起停附加时分 h 可表示为

$$h = \frac{(\alpha + \beta)V_{\max}}{432\alpha\beta} \tag{3-2}$$

式中　$V_{\max}$ ——列车最高运行速度，km/h；

α，β ——列车出站起动加速度和列车进站制动减速度，m/s²。

从式(3-2)可以看出，列车起停附加时分与列车牵引加速度、制动减速度的关系较为复杂，具体可通过列车牵引计算方法进行模拟计算。由于列车起停附加时分是列车运行图中反映时间占用的一部分，故列车牵引制动性能便是以此对线路通过能力产生影响。

3.3　行车组织

3.3.1　追踪列车间隔时间

追踪列车间隔时间是指一个站间区间内同方向可运行两列或两列以上列车，以闭塞分区为间隔追踪运行时，运行列车之间的最小间隔时间。城市轨道交通系统中客流量巨大，为了能在高峰时段满足乘客出行需求，确定合理的追踪列车间隔时间就显得尤为

重要。

城市轨道交通线路通过能力是指在采用一定的列车类型、信号设备和行车组织方法条件下,线路各项固定设备在单位时间(通常是高峰小时)所能通过的最大列车数 $N_{\max}$,由于采用的是平行运行图,其计算表达式为

$$N_{\max} = \frac{3\,600}{h} \tag{3-3}$$

式中,h 为追踪列车间隔时间,s/列。

可以看出,追踪列车间隔时间越长,线路通过能力越小;反之,线路通过能力越大。

在快慢车模式下,计算线路通过能力的一个较为简便的思路是采用周期计算法,即假定某一时段内快慢车以一定的比例周期开行,以周期为单位计算线路通过能力,其计算表达式为

$$N_{\max} = \frac{3\,600}{T_{周}} K \tag{3-4}$$

式中　$T_{周}$——一个快慢车组合的周期时间,s;
　　　K——一个快慢车周期内包含的快慢车列数。

由于快慢车模式下线路中不只存在一种列车等级,且存在快车越行慢车的现象,因此不能只是简单地用追踪列车间隔时间来计算线路通过能力,快慢车周期的大小与追踪列车间隔时间是紧密相关的。一般地,追踪列车间隔时间越短,快慢车周期越短,线路通过能力越大;反之,追踪列车间隔时间越长,线路通过能力越小。

3.3.2　快慢车比例

设快慢车比例为 $1:m$,且假定按一定周期开行,则线路通过能力可按式(3-4)计算,当 m 增大,K 也增大,而 $T_{周}$ 不仅与 m 的取值有关,还与快车越行次数、追踪列车间隔时间等因素有关。根据有关文献的研究成果,不同的快慢车开行比例下的线路通过能力计算结果如图 3-6 所示。

从图 3-6 可以看出,当快车不越行、快慢车开行比例为 1∶1 时,线路通过能力最小;随着快车或慢车比例的提高,线路通过能力也随之增加,线路通过能力随快慢车开行比例整体呈现出

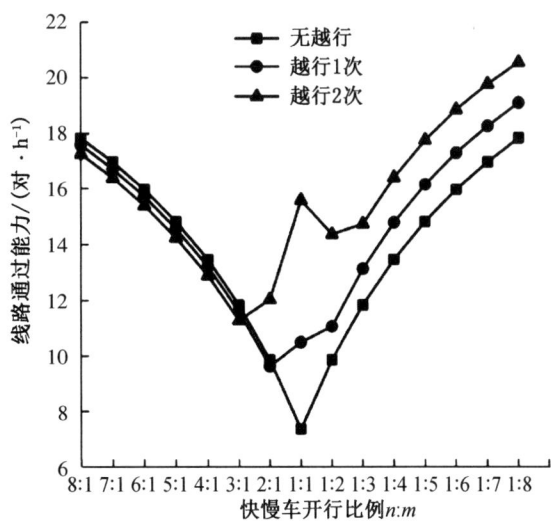

图 3-6　不同的快慢车开行比例下的线路通过能力计算结果

V字形变化规律。同时,当快车越行1次或2次时,该变化规律依然存在。

3.3.3 越行方式

1. 快车越行次数

由于快慢车模式下的市域快线采用非平行运行图,因此相较于采用平行运行图的地铁而言,通过能力会有所损失,为了尽可能地减少能力上的损失,在铺画快慢车模式非平行运行图时,可通过组织快车越行慢车的方式,充分利用运行图上的时间,使得在一定时间范围内多开列车,从而有效提高线路通过能力。

与此同时,不同的快车越行次数对线路通过能力的影响有所差异(图3-6)。一般地,在一定的快慢车开行比例下,线路通过能力随着越行次数的增加而增加,这主要是由于快车越行次数越多,运行图上的空费时间就越少,通过能力越能得到充分利用。当然,越行次数的增多也为行车组织带来了一定的麻烦,线路工程投资会相应增大,因此,快车越行次数的确定需要结合多方面因素综合考虑。

2. 慢车待避列数

当组织快车越行慢车时,相应地,慢车就需要待避快车,每多待避一列快车,慢车的停站时间就会延长,从而造成全程旅行时间的增加。为了提升慢车的乘客服务水平,同一列慢车全程待避快车列数不应过多,一般不超过2列。

由于慢车待避发生在车站,因此还要考虑的一个问题是慢车在一个车站待避的快车列数。通常情况下,慢车在一个车站仅待避1列快车,若待避2列快车,则列车运行线如图3-7所示。

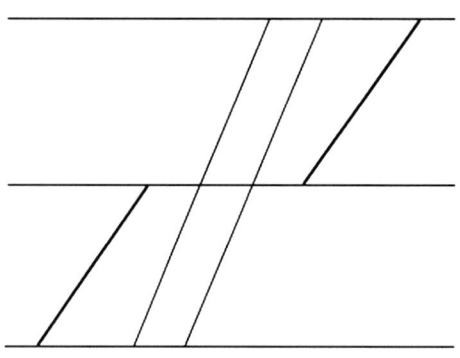

图3-7 慢车在一个车站待避2列快车示意

当慢车在一个车站待避2列快车时,2列快车的运行线相互平行,这在一定程度上提高了线路通过能力,而且待避快车的列数越多,运行图的平图特性越强,线路通过能力也越大。但是对于慢车而言,其停站时间就会明显增加,旅行时间变长,运输服务质量下降;同时,由于慢车长时间待避快车,容易引起慢车乘客的不满。因此,在实际运输组织过程中,慢车在同一车站通常仅待避1列快车。

3. 快车是否停站

当快车越行慢车时,还需要考虑的一个问题是,快车以不停站通过的方式还是以停站上下客的方式越行慢车,两种越行方式分别如图3-8和图3-9所示。

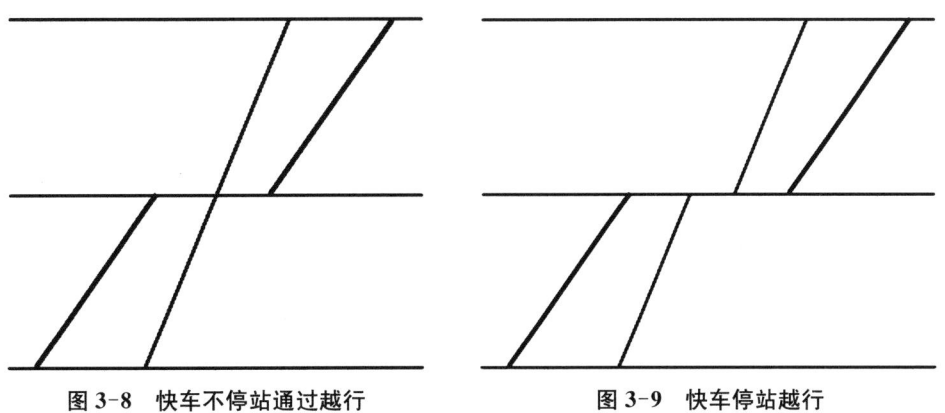

图 3-8 快车不停站通过越行　　　　图 3-9 快车停站越行

通过对比图 3-8 和图 3-9 可以看出,相较于快车不停站通过越行,快车停站越行时慢车的停站时间会增加,这不仅增加了慢车旅行时间,可能还会使得运行图中空费时间增多,造成线路通过能力下降,但可实现快慢车之间的换乘。因此,综合考虑快车以何种方式越行慢车。

3.3.4 停站时间

列车停站时间为开门时间、乘客上下车时间和关门时间三者之和。为保证列车司机有足够的时间完成关门以及列车起动等一系列动作,开关车门(包括附加时分)按照 14 s 计[其中开门时间为 3 s、关闭车门(含预告时间)的时间为 6 s、各车门上下客不均衡延误为 3 s、关门后列车起动反应时间为 2 s]。此外,当站台设有屏蔽门时,增加开关门延缓时间,一般取为 5 s。

乘客上下车时间需根据各站预测的客流量来核算,乘客上下车速度一般取 0.6 s/人。在计算乘客上下车时间时,需根据站台尺寸和楼扶梯的分布情况,同时应适当考虑站台上乘客分布的不均衡性。

根据上述列车停站时间的计算方法可以看出,停站时间主要由乘客上下车时间构成,而乘客上下车时间主要取决于车站客流量的大小。由于市域快线上各车站的客流量存在不均衡性,因此不同车站计算出的列车停站时间也有差异。

从对线路通过能力的影响来看,停站时间是列车旅行时间的组成部分,影响了快慢车的旅行时间差,并结合越行地点、越行次数等条件共同对线路通过能力产生影响。

3.3.5 快车停站比例

在快慢车模式中,慢车采用站站停方案,使得运输服务范围能够覆盖到每一对出行

OD,而快车采用跨站停方案,即在某些站不停站通过,从而缩短了旅行时间,提高了长距离旅客的出行效率。从通过能力角度考虑,快车停站比例越大,旅行时间越长,与慢车的旅行时间差越小,快慢车列车运行线的平行程度就越高。一般来说,运行图上的时间越能够得到充分利用,线路通过能力也会越大。以无越行情况为例,不同的快车停站比例下的运行图时间占用对比如图3-10所示。

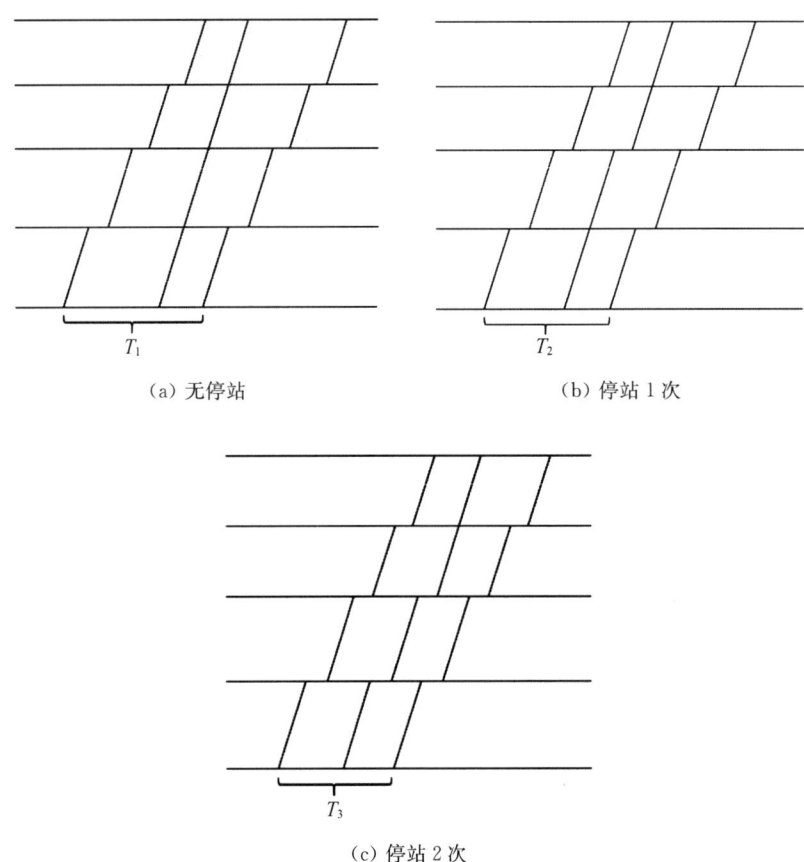

图3-10 不同快车停站比例下的运行图时间占用对比

由图3-10可知,快车在无停站、停站1次、停站2次的情况下,前后两列慢车之间的时间占用分别为T_1、T_2和T_3,显然有$T_3<T_2<T_1$,即铺画相同的列车数,快车停站2次相比停站1次和无停站时所占用的时间短,而快车停站1次比无停站时所占用的时间短。可见,在图3-10所示情况下,快车停站比例越高,线路通过能力越大。需要注意的是,在计算分析快车停站比例对线路通过能力的影响时,还应结合越行次数、越行位置、停站时间等因素进行综合考虑,根据实际情况计算线路通过能力。

3.3.6 快车追踪比例

本书将快车追踪比例定义为在快慢车列车运行图中,成组追踪的快车数量占全部快车数量的比值。在采用平行运行图的城市地铁中,所有列车之间为相互追踪关系,线路通过能力能够得到最大程度的利用;在快慢车模式下的市域快线中,虽然采用的是非平行运行图,但依然可以通过提高列车追踪比例使得运行图的平图特性更为明显,从而提高线路通过能力。

由于快慢车运行图中以慢车数量居多,追踪现象相对常见,并且慢车追踪比例在一定程度上可通过快慢车比例来反映,从这一角度考虑,分析快车追踪比例对线路通过能力的影响更有意义。

如图 3-11 所示,在无越行情况下,同样开行两列慢车和两列快车,快车无追踪时的时间占用为 T,快车追踪运行时的时间占用为 T',很明显 $T' < T$,可见组织快车成组追踪运行能够有效提高线路通过能力。但在实际运输组织中,由于快车会越行慢车,若快车追踪运行,则会导致慢车在同一车站待避多列快车的情况发生,同时考虑到均衡发车的要求,一般很少组织快车追踪运行。

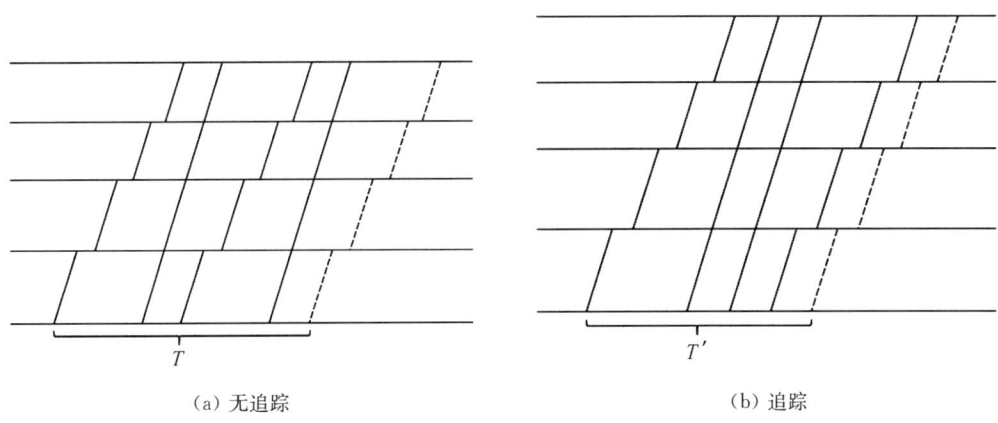

图 3-11 快车成组追踪对通过能力的影响

3.3.7 折返能力

折返能力也是影响快慢车模式下线路通过能力的一项重要因素。由于最终的线路通过能力是由线路通过能力和折返能力中的最小值决定的,因此在铺画完列车运行图之后,还应根据运行图对列车折返方案进行设计,使线路通过能力能够满足折返能力的要求。根据列车在车站的折返位置,折返形式可分为站前折返和站后折返两种。下面分别对这两种形式进行简单分析。

1. 站前折返

站前折返是指通过在站前设置交叉渡线或单渡线,列车利用站前渡线进行折返作业。其优点在于渡线设置的位置在站台之前,这能够缩短列车走行距离,一定程度上减少了运行时间以及降低了运营成本,同时占用空间小,可节约工程投资;缺点在于折返线设置在区间,对前后两趟列车的运输组织提出了更高的要求,要求列车正点率高、避免进路冲突。

因此,在行车密度大的线路上较少采用站前折返这一形式。常见的站前折返配线布置示意如图 3-12 所示。

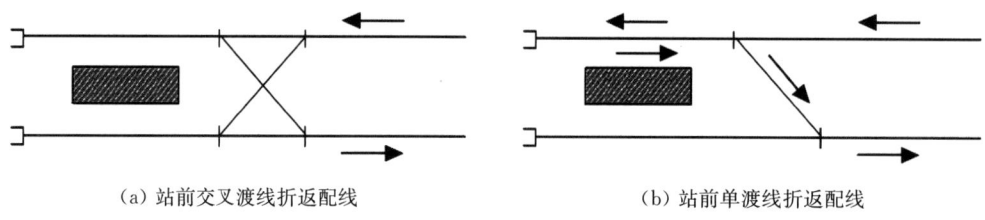

图 3-12 站前折返配线布置示意

2. 站后折返

站后折返是指通过在站后设置交叉渡线或停车折返线,列车在站后进行折返作业。相较于站前折返,站后折返的优点在于折返作业和接发车作业能够同时进行,不存在交叉干扰,这有利于保障行车安全和提高通过能力。站后折返能力一般高于站前折返能力,是目前国内外地铁和市域线较为常用的一种折返形式。常见的站后折返配线布置示意如图 3-13 所示。

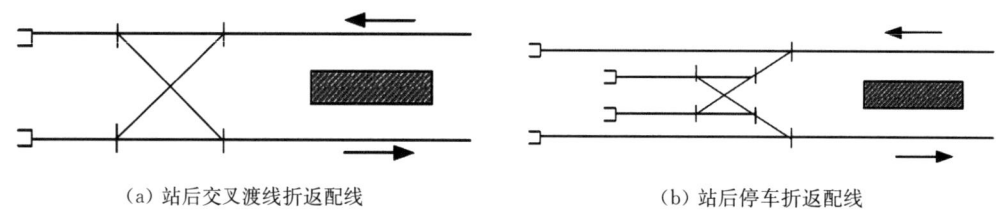

图 3-13 站后折返配线布置示意

4 快慢车模式下的线路通过能力计算方法

　　快慢车模式下的市域快线通过能力计算相对复杂，既有的站站停行车组织模式下的城市轨道交通通过能力计算方法已不再适用，因此需要寻求新的线路通过能力计算方法。本章在结合了快慢车模式运输组织特点以及对现有的 4 种线路通过能力计算方法适应性分析的基础上，提出了基于扣除系数和基于计算机模拟这两种快慢车模式下的线路通过能力计算方法。

4.1 线路通过能力计算方法的研究意义

研究快慢车模式下的线路通过能力计算方法的意义主要有以下3点：

(1) 既有通过能力计算方法的不适应性。采用快慢车模式的线路，其通过能力计算相对复杂，越行站位置、越行次数和停站时间等对线路通过能力都有一定程度的影响，既有的站站停行车组织模式下的轨道交通通过能力计算方法不再适用于计算快慢车模式下的线路通过能力，因此科学合理的线路通过能力计算方法无论是对前期的线路方案设计，还是后期的运输组织实施都有十分重要的意义。鉴于此，有必要对快慢车模式下的线路通过能力计算方法开展理论研究。

(2) 缺乏对快慢车模式下的线路通过能力影响机理的深入研究。目前，在理论和实践方面，对于快慢车模式下的市域快线通过能力影响机理更多的是定性分析，缺乏深入研究。同时，在线路通过能力计算方面主要采用基于运行图周期的简单计算法，未能直接从各个影响因素出发，定量分析各因素对线路通过能力的影响机理，因此在工程实践中难以起到直接有效的指导作用。

(3) 线路通过能力对运输组织的指导意义。快慢车模式不仅可以有效地解决客流时空分布上不均衡的问题，满足乘客差异性的需求，而且可以降低企业成本以及提高运输质量和乘客服务水平。线路通过能力作为运输组织中一项重要的衡量指标，无论是对前期线路设计决策还是对日常运营和调度指挥都具有十分重要的指导意义。因此，研究快慢车模式下各因素对线路通过能力的影响机理，以及科学合理的通过能力计算方法，对于前期的线路方案设计和后期的运输组织实施都有重要的理论指导意义。

相关研究成果可用于快慢车模式下的市域快线规划设计决策中，为工程前期研究和行车组织设计提供依据。例如，通过对不同越行站设置条件下的线路通过能力进行计算分析，可以更好地判断线路通过能力的制约点，从而更加合理地确定越行站的数量、位置和站型选择等工程决策要素。同时，线路通过能力计算也能为后期的运输组织实施提供充分的实践指导意义，相关决策者可以根据通过能力的影响机理分析来评价和完善已有的行车组织方案。例如，合理编制运行图，从而更加有效地利用线路通过能力、确定列车运行交路等，进而对线路的行车组织优化提供更加科学的实践指导。

4.2 各种线路通过能力计算方法的适应性分析

现有的线路通过能力计算方法主要有4种，分别为扣除系数法、平均最小列车间隔时间法、直接计算法和计算机模拟法。通过对4种计算方法的基本思想进行归纳总结,并结合快慢车模式下的市域快线运输组织特点,分别对每种计算方法应用于快慢车模式的适用性进行分析,在此基础上研究快慢车模式下的线路通过能力计算方法。

4.2.1 扣除系数法

扣除系数法是我国铁路长期以来计算通过能力采用的一种方法,由于其所得结果较为准确且简便实用,因此在实践中取得了良好的效果。在既有铁路上,扣除系数的定义为铺画一对或一列旅客列车、快运货物列车或摘挂列车,须从平行运行图上扣除的货物列车对数或列数。从定义可以看出,扣除系数法的思想是通过确定线路上的基本列车,再用扣除系数来衡量非基本列车与基本列车在线路通过能力占用上的当量关系,最终统一转化为基本列车的通过能力。

采用扣除系数法需要满足一定的条件。一般来说,扣除系数法的基本思想是基于3个假设:运行图平图特性强、紧密铺画、非基本列车数量少。下面针对这3个假设,并结合快慢车模式的运输组织特点,对扣除系数法在快慢车模式上的适用性进行分析。

1. 平图特性强

扣除系数法的思想是从平图通过能力中扣除由非基本列车产生的能力占用,即以平行运行图为基础,在以货物列车为主的既有线上,货物列车对时间的不敏感性使得运行图平图特性强。而在快慢车模式下的列车运行图中,可以看成是在站站停列车中加开快车,即以平行运行图为基础,同时加入数量较少的快车,且二者车底速度相同,认为不会破坏原有的平图特性。

2. 紧密铺画

扣除系数的取值一般都是在按照最小运行间隔铺画条件下计算的,因此,当利用扣除系数计算线路通过能力时,也应在紧密铺画的条件下计算,否则会与实际通过能力相差甚远,这就要求运行图的空隙应能得到充分利用。在快慢车模式下,列车的停站和越行虽然在一定程度上受到乘客需求和车站条件的限制,但运行图一般以周期形式铺画,列车运行方案的规律性强,同时快慢车均是本线列车,列车运行图上的时间能被充分利用。因此,快慢车模式列车运行图能够实现紧密铺画。

3. 非基本列车数量少

如果非基本列车数量较多,则会产生非基本列车间的紧密运行,由于非基本列车影响的重叠,导致扣除系数法的计算准确性下降。在快慢车模式下,一个周期内一般以快慢比为 $1:n$ 的形式开行,快车数量少于慢车,且为了保证慢车的服务水平,快车很少成组追踪运行,因此满足该假设。

根据以上分析,市域快线快慢车模式运输组织满足扣除系数法的3个基本假设。因此,采用扣除系数法研究快慢车模式下的线路通过能力具有合理性。

4.2.2 平均最小列车间隔时间法

平均最小列车间隔时间法源于德国等西欧国家,该方法认为铁路通过能力 N 的大小并不是一成不变的,它与铁路工作人员的工作效率以及广大职工之间的协调配合有关,其计算公式可表示为

$$N = \frac{T}{\bar{I} + r_{\text{erf}(q)}} \tag{4-1}$$

式中　T ——通过能力计算时段;

　　　$\bar{I}$ ——平均最小列车间隔时间;

　　　$r_{\text{erf}(q)}$ ——平均必要的缓冲时间。

采用平均最小列车间隔时间法计算通过能力的步骤如下:

(1) 划分列车种类组。
(2) 确定各类别运行列车组的组数以及相同运行列车组的概率。
(3) 确定类别运行列车组的最小列车间隔时间和平均最小列车间隔时间。
(4) 确定晚点列车平均进入晚点时间和出现列车进入晚点的概率。
(5) 查定列车运行图必要的平均缓冲时间。
(6) 计算确定区间通过能力。

可以看出,平均最小列车间隔时间法更加强调对列车运行工作质量的要求,考虑了对于不确定因素(如列车晚点等)需预留的缓冲时间,它一般适用于列车种类较多、列车分布比较分散、平图特性不强的列车运行图。而在快慢车模式下,列车种类只有快车和慢车两种,运行图平图特性较强,因此该方法不太适用于快慢车模式。

4.2.3 直接计算法

直接计算法是由中国铁道科学研究院针对既有线设计,在列车种类及旅客列车数量增加导致扣除系数法出现不适应性的基础上提出的一种通过能力计算方法。

直接计算法摒弃了"扣除系数"这个中介质体,按照时间共享、能力共享原则,根据列车运行图结构中不同列车的排列组合方式,每列车在运行图上必须占用的最小间隔时间之总和,直接计算出通过能力的大小。在列车运行图整体结构上,从横向和纵向两个角度进行规律性的分析研究。其中,横向结构主要探讨列车种类、数量、按时间顺序排列组合的不同列车比例;纵向结构主要探讨在不同列车速度和车站分布条件下,每种排列方式的列车间隔时间对区间通过能力计算方法和结果的影响规律。

经分析,直接计算法计算的是区间通过能力,且难以考虑复杂的越行、停站对通过能力的影响。而对于快慢车模式,通过能力的概念是针对整个客流区段的,同时列车的越行和停站是通过能力计算中的两项重要影响因素。因此,该方法不适用于快慢车模式。

4.2.4 计算机模拟法

计算机模拟法是运用计算机模拟列车运行图的铺画工作,在此过程中严格按照标尺铺画各类列车的运行线,并将不同类别的列车运行线紧致铺画,由此计算并最终确定线路通过能力的一种方法。

计算机模拟法计算线路通过能力的最大优势是准确可靠,根据实际最多铺画的列车数来确定最终的线路通过能力;同时,由于利用计算机模拟人工铺图,因此该方法还可以综合把握各种影响因素的特点,研究不同影响因素对通过能力的影响机理。其缺点是计算过程较为复杂,一般会得到多个运行图铺画方案,需要通过方案比选来确定最终的计算结果。

计算机模拟法在线路通过能力计算中具有较强的适用性,结合具体线路条件、列车运行参数和运输组织方法即能对通过能力进行模拟计算。可见,该方法对于快慢车模式也同样适用。

4.3 基于扣除系数的线路通过能力计算方法

4.3.1 理想情况下快车扣除系数取值

快车扣除系数 $\varepsilon_{快}$ 是指开行一列快车需要从平行运行图中扣除的慢车列数。由于快慢车模式下快车和慢车的车底速度相同,假设二者能以相同的最高速度在各区间运行,则在不考虑快车停站的情况下,快慢车旅行时间差只与慢车的停站时间 $t_{停站}$ 和起停附加时分 $t_{起}$、$t_{停}$ 有关。设快车不停站通过一次比慢车节约的时间为 $t_{节}$,则有

$$t_{节} = t_{停站} + t_{起} + t_{停} \tag{4-2}$$

为了研究理想情况下的快车扣除系数取值,本书做了以下 9 点假设:

(1) 快车与慢车在同一区间的最高运行速度相同。由于快车与慢车采用相同的车型,因此列车设计最高速度相同。本节研究内容中忽略列车停站、区间长度等因素对速度的影响,考虑的是快慢车在同一区间最高运行速度相同的理想情况。

(2) 慢车的停站时间固定。研究假设慢车在每个站的停站时间都是相同的。

(3) 快车中途不停站。为了便于单独研究快车停站对通过能力的影响,故本节研究过程中假设快车在中间站不停站通过。

(4) 慢车在不同区间的起停附加时分不发生改变。研究假设慢车在不同区间的起车附加时分 $t_{起}$ 和停车附加时分 $t_{停}$ 均为定值,不随区间长度、线路条件等因素的变化而变化。

在这一理想情况下,由于已假设慢车停站时间固定,因此在每一中间站快车不停站通过一次相较慢车节约的时间 $t_节$ 是相同的。

(5) 设定发发、到到、到通、通发间隔时间的最小值均为 I。研究假设 $I_{发发}$、$I_{到到}$、$I_{到通}$ 和 $I_{通发}$ 具有相同的最小时间间隔标准。

(6) 每次越行时,慢车停站时间为 $I+I$。越行时慢车停站时间由 $I_{到通}$ 和 $I_{通发}$ 两部分构成,研究假设二者均取 I。

(7) $t_节$ 的取值为 0 到 I 之间。研究假设 $t_节$ 的变化范围在 $0 \sim I$,通过在不同的 $t_节$ 取值范围下研究快车扣除系数取值。

(8) 快车在越行站全速越行。本节研究假设快车在越行慢车时不会减速通过,即全程保持同一最高运行速度。

(9) 运行图紧密铺画。研究假设运行图按照紧密铺画的原则来铺画,从而保证扣除系数计算结果的准确性。

为了便于运行间隔的计算与分析,用 $t_节$ 代替运行图中慢车的停站时间。此时,快慢车运行线相互平行,在以上理想情况的 9 个假设条件下,分别研究在 k 个中间站时,不考虑越行、越行 1 次和越行 2 次情况下 $\varepsilon_快$ 的取值方法。

1. k 个中间站,不考虑越行

如图 4-1 所示,当在全是站站停慢车的平行运行图中插入一列不停站、无越行快车时,由其引起的额外时间占用 ΔT 为

$$\Delta T = t_慢 + I - t_快 = t_差 + I = kt_节 + I \tag{4-3}$$

式中 $t_慢$——慢车旅行时间;
$t_快$——快车旅行时间;
$t_差$——慢车与快车的旅行时间差。

在 ΔT 时间内开行了 1 列快车,若用来开行慢车,则能开行 $\Delta T/I$ 列。根据扣除系数的定义,可得此种情况下快车扣除系数 $\varepsilon_快$ 为

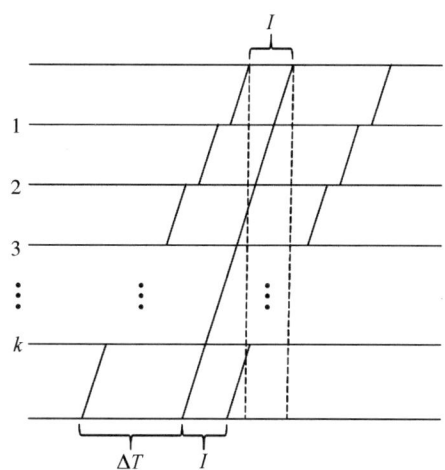

图 4-1 k 个中间站不考虑越行时的运行图

$$\varepsilon_快 = \frac{\Delta T}{I} = 1 + \frac{kt_节}{I} \tag{4-4}$$

值得注意的是,随着快车数量的增多,将形成快车成组追踪运行。一般地,为了保证同一列慢车在同一站不被多列快车越行,在不考虑越行时快车可成组追踪运行的情况下,设成组追踪运行快车有 m 列,则由 m 列快车引起的额外占用时间 ΔT 为

$$\Delta T = t_慢 + I + (m-1)I - t_快 = t_差 + mI = kt_节 + mI \tag{4-5}$$

$\varepsilon_{快}$ 的取值为

$$\varepsilon_{快} = \frac{\Delta T}{mI} = 1 + \frac{kt_{节}}{mI} \tag{4-6}$$

2. k 个中间站,越行 1 次

设快车在中间站 i 越行,其中 $i = 1, 2, \cdots, k$。经分析发现,后行慢车运行线是否满足要求的关键在于始发站以及 i 站的列车间隔时间是否满足 I 的约束,这取决于 i 站与始发站之间共 $(k-i+1)$ 个 $t_{节}$ 的总和,以下根据 $t_{节}$ 的取值分两种情况讨论。

1) 当 $0 < t_{节} \leqslant \dfrac{I}{k-i+1}$ 时

此时,若后一趟慢车按始发站发车间隔 I 来铺画,会导致在越行站 i 站的发车间隔不足 I,合理的紧密铺画方式是从越行站 i 站倒推,如图 4-2 所示。

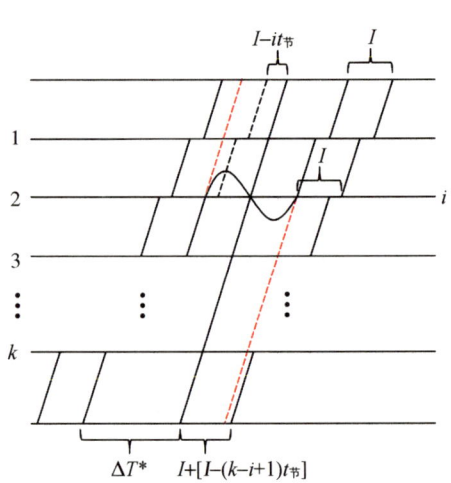

图 4-2 k 个中间站越行 1 次时第一种情况的运行图

由于快车扣除系数是指开行一列快车需要从平行运行图中扣除的慢车列数,所以接下来需要确定前一趟慢车该如何铺画,如此才能完整体现开行快车对慢车的影响。

经分析发现,前一趟慢车铺画的制约点在于始发站的发车间隔以及终点站的到达间隔,此时需要分以下两种情况考虑。

(1) 当 $t_{节} \leqslant \dfrac{I}{i}$ 时

前一趟慢车应按照始发站的发车间隔 I 来铺画,由于开行快车造成的额外占用时间 ΔT 为

$$\Delta T = \Delta T^* + [I - (k-i+1)t_{节}] \tag{4-7}$$

其中,

$$\Delta T^* = t_{慢} + (I - it_{节}) - t_{快} = I + (k-i)t_{节} \tag{4-8}$$

化简可得

$$\Delta T = 2I - t_{节} \tag{4-9}$$

$\varepsilon_{快}$ 的取值为

$$\varepsilon_{快} = \frac{\Delta T}{I} = 2 - \frac{t_{节}}{I} \tag{4-10}$$

(2) 当 $t_节 > \dfrac{I}{i}$ 时

前一趟慢车应按照终点站的到达间隔 I 来铺画，这会使得始发站的发车间隔增加 $it_节 - I$，由于开行快车造成的额外占用时间 ΔT 为

$$\Delta T = 2I - t_节 + (it_节 - I) = I + (i-1)t_节 \tag{4-11}$$

$\varepsilon_快$ 的取值为

$$\varepsilon_快 = \dfrac{\Delta T}{I} = 1 + \dfrac{(i-1)t_节}{I} \tag{4-12}$$

2) 当 $\dfrac{I}{k-i+1} < t_节 < I$ 时

此时，若第 2 列慢车按越行站 i 站发车间隔 I 来铺画，则会导致在始发站的发车间隔不足 I。合理的铺画方式是按始发站发车间隔 I 紧密铺画，如图 4-3 所示。

接下来还需要确定前一趟慢车该如何铺画。同样地，前一趟慢车铺画的制约点在于始发站的发车间隔以及终点站的到达间隔，此时仍要分两种情况考虑。

(1) 当 $t_节 \leqslant \dfrac{I}{i}$ 时

前一趟慢车应按照始发站的发车间隔 I 来铺画，由于开行快车造成的额外占用时间 ΔT 为

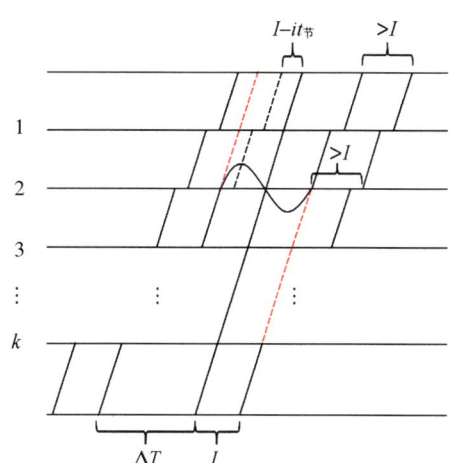

图 4-3　k 个中间站越行 1 次时第二种情况的运行图

$$\Delta T = t_慢 + (I - it_节) - t_快 = I + (k-i)t_节 \tag{4-13}$$

$\varepsilon_快$ 的取值为

$$\varepsilon_快 = \dfrac{\Delta T}{I} = 1 + \dfrac{(k-i)t_节}{I} \tag{4-14}$$

(2) 当 $t_节 > \dfrac{I}{i}$ 时

前一趟慢车应按照终点站的到达间隔 I 来铺画，这会使得始发站的发车间隔增加 $it_节 - I$，由于开行快车造成的额外占用时间 ΔT 为

$$\Delta T = I + (k-i)t_节 + (it_节 - I) = kt_节 \tag{4-15}$$

$\varepsilon_快$ 的取值为

$$\varepsilon_快 = \dfrac{\Delta T}{I} = \dfrac{kt_节}{I} \tag{4-16}$$

3. k 个中间站，越行 2 次

设快车分别在中间站 i 和中间站 j 越行。快车越行 2 次与越行 1 次的区别在于：越行 1 次时，慢车与快车在越行站之前，二者之间没有其他慢车；越行 2 次时，慢车 1 与快车之间还有慢车 2（图 4-4），因此须保证慢车 1 与慢车 2 的行车间隔时间满足要求。

经分析，慢车 1 与慢车 2 在 j 站之前的间隔时间为 $(j-i)t_节$，则有

$$(j-i)t_节 \geqslant I \tag{4-17}$$

$$\frac{I}{j-i} \leqslant t_节 < I \tag{4-18}$$

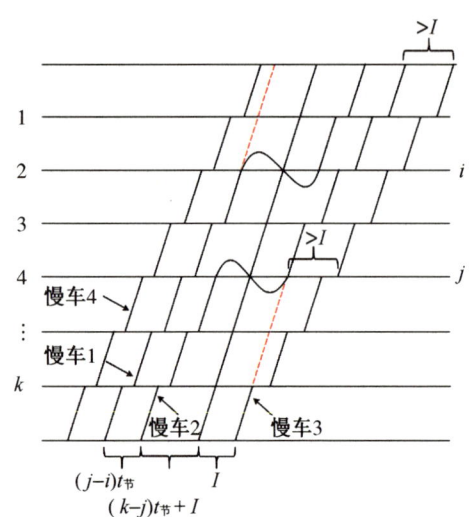

图 4-4 k 个中间站越行 2 次时第一种情况的运行图

对于后一趟慢车 3 的运行线铺画，由于在 j 站之后的运行线与慢车 2 的间隔时间保持不变，因此，只需要关注其与慢车 2 在 j 站的间隔时间以及其与快车在始发站的间隔时间，在紧密铺画条件下能满足不小于 I 的要求。

若设慢车 3 与慢车 2 在 j 站的间隔时间为 I_j，则慢车 3 与快车在始发站的间隔时间为 $I+[I_j-(k-j+1)t_节]$。

1) 当 $k-j+1 \geqslant j-i$ 时

在 $\frac{I}{j-i} \leqslant t_节 < I$ 前提下，

$$(k-j+1)t_节 \geqslant I \tag{4-19}$$

因此，若慢车 3 与慢车 2 在 j 站的间隔时间为 I，则慢车 3 与快车在始发站的间隔将不足 I，应按照二者在始发站的发车间隔 I 紧密铺画（图 4-4）。

接下来还需要确定前一趟慢车，即慢车 4 该如何铺画，与越行 1 次时情况相同，慢车 4 铺画的制约点在于始发站的发车间隔以及终点站的到达间隔，此时需要分以下两种情况考虑。

(1) 当 $t_节 \leqslant \frac{I}{i}$ 时

慢车 4 应按照始发站的发车间隔 I 来铺画，由于开行快车造成的额外占用时间 ΔT 为

$$\Delta T = 2I + (j-i)t_节 + (k-j)t_节 - 2I = (k-i)t_节 \tag{4-20}$$

$\varepsilon_快$ 的取值为

$$\varepsilon_快 = \frac{\Delta T}{I} = \frac{(k-i)t_节}{I} \tag{4-21}$$

(2) 当 $t_节 > \dfrac{I}{i}$ 时

慢车 4 应按照终点站的到达间隔 I 来铺画,这会使得始发站的发车间隔增加 $it_节 - I$,由于开行快车造成的额外占用时间 ΔT 为

$$\Delta T = (k-i)t_节 + (it_节 - I) = kt_节 - I \quad (4-22)$$

$\varepsilon_快$ 的取值为

$$\varepsilon_快 = \dfrac{\Delta T}{I} = \dfrac{kt_节}{I} - 1 \quad (4-23)$$

2) 当 $k-j+1 < j-i$ 时

由于 $k-j+1 \geqslant 1$,则有

$$\dfrac{I}{j-i} < \dfrac{I}{k-j+1} \leqslant I \quad (4-24)$$

下面进行分类讨论。

(1) 当 $\dfrac{I}{j-i} \leqslant t_节 < \dfrac{I}{k-j+1}$ 时

此时,应保证慢车 3 与慢车 2 在 j 站的间隔时间为 I 来铺画运行线,如图 4-5 所示。

同样地,根据慢车 4 铺画的制约点分以下两种情况考虑。

① 当 $t_节 \leqslant \dfrac{I}{i}$ 时,慢车 4 应按照始发站的发车间隔 I 来铺画,由于开行快车造成的额外占用时间 ΔT 为

$$\begin{aligned}\Delta T &= (k-i)t_节 + [I - (k-j+1)t_节] \\ &= I + (j-i-1)t_节 \end{aligned} \quad (4-25)$$

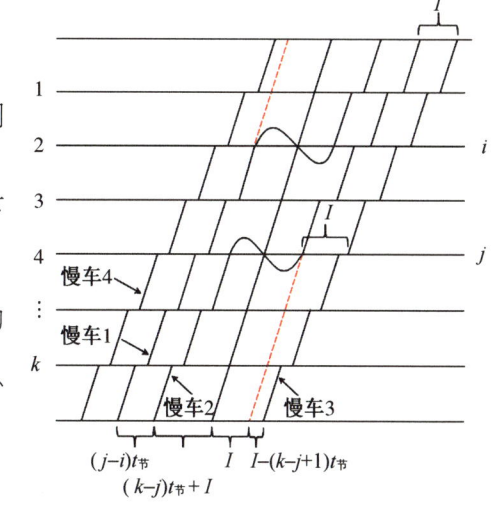

图 4-5 k 个中间站越行 2 次时第二种情况的运行图

$\varepsilon_快$ 的取值为

$$\varepsilon_快 = \dfrac{\Delta T}{I} = 1 + \dfrac{(j-i-1)t_节}{I} \quad (4-26)$$

② 当 $t_节 > \dfrac{I}{i}$ 时,慢车 4 应按照终点站的到达间隔 I 来铺画,这会使得始发站的发车间隔增加 $it_节 - I$,由于开行快车造成的额外占用时间 ΔT 为

$$\Delta T = I + (j-i-1)t_节 + (it_节 - I) = (j-1)t_节 \quad (4-27)$$

$\varepsilon_快$ 的取值为

$$\varepsilon_快 = \dfrac{\Delta T}{I} = \dfrac{(j-1)t_节}{I} \quad (4-28)$$

(2) 当 $\dfrac{I}{k-j+1} \leqslant t_节 < I$ 时

此种情况与 $k-j+1 \geqslant j-i$ 的情况一样,慢车3应按照与快车在始发站的间隔时间为 I 来紧密铺画(图4-4),慢车4的铺画同样需要分以下两种情况考虑:①当 $t_节 \leqslant \dfrac{I}{i}$ 时,$\varepsilon_快$ 的取值见式(4-21)。②当 $t_节 > \dfrac{I}{i}$ 时,$\varepsilon_快$ 的取值为见式(4-23)。

虽然,本节只分析了越行0~2次的情况,对于更多越行次数,该方法同样适用,只是需要明确运行图紧密铺画的制约点,并在不同的 $t_节$ 取值范围条件下确定快车的额外占用时间。

根据上述研究,得到理想情况下快车无越行、越行1次和越行2次时,在不同情形下的快车扣除系数取值,如表4-1所列。

表4-1 理想情况下的快车扣除系数取值

越行次数	研究情形			快车扣除系数
0	只有1列			$\varepsilon_快 = 1 + \dfrac{kt_节}{I}$
0	成组追踪运行			$\varepsilon_快 = 1 + \dfrac{kt_节}{mI}$
1	$0 < t_节 \leqslant \dfrac{I}{k-i+1}$	$t_节 \leqslant \dfrac{I}{i}$		$\varepsilon_快 = 2 - \dfrac{t_节}{I}$
1	$0 < t_节 \leqslant \dfrac{I}{k-i+1}$	$t_节 > \dfrac{I}{i}$		$\varepsilon_快 = 1 + \dfrac{(i-1)t_节}{I}$
1	$\dfrac{I}{k-i+1} < t_节 < I$	$t_节 \leqslant \dfrac{I}{i}$		$\varepsilon_快 = 1 + \dfrac{(k-i)t_节}{I}$
1	$\dfrac{I}{k-i+1} < t_节 < I$	$t_节 > \dfrac{I}{i}$		$\varepsilon_快 = \dfrac{kt_节}{I}$
2	$k-j+1 \geqslant j-i$	$t_节 \leqslant \dfrac{I}{i}$		$\varepsilon_快 = \dfrac{(k-i)t_节}{I}$
2	$k-j+1 \geqslant j-i$	$t_节 > \dfrac{I}{i}$		$\varepsilon_快 = \dfrac{kt_节}{I} - 1$
2	$k-j+1 \geqslant j-i$	$\dfrac{I}{j-i} \leqslant t_节 < \dfrac{I}{k-j+1}$	$t_节 \leqslant \dfrac{I}{i}$	$\varepsilon_快 = 1 + \dfrac{(j-i-1)t_节}{I}$
2	$k-j+1 \geqslant j-i$	$\dfrac{I}{j-i} \leqslant t_节 < \dfrac{I}{k-j+1}$	$t_节 > \dfrac{I}{i}$	$\varepsilon_快 = \dfrac{(j-1)t_节}{I}$
2	$k-j+1 \geqslant j-i$	$\dfrac{I}{k-j+1} \leqslant t_节 < I$	$t_节 \leqslant \dfrac{I}{i}$	$\varepsilon_快 = \dfrac{(k-i)t_节}{I}$
2	$k-j+1 \geqslant j-i$	$\dfrac{I}{k-j+1} \leqslant t_节 < I$	$t_节 > \dfrac{I}{i}$	$\varepsilon_快 = \dfrac{kt_节}{I} - 1$

通过对表 4-1 进行分析,可以得到以下 3 点结论:

(1) 在一定条件下,越行次数每增加 1 次,快车扣除系数减 1。根据表 4-1 可以发现,当越行次数为 0 时,开行 1 列快车的扣除系数 $\varepsilon_{快}=1+\dfrac{kt_节}{I}$;当越行次数为 1 时,在特定情形下,快车扣除系数 $\varepsilon_{快}=\dfrac{kt_节}{I}$;当越行次数为 2 时,在特定情形下,快车扣除系数 $\varepsilon_{快}=\dfrac{kt_节}{I}-1$。通过进一步分析可以发现,在这些特定情形下,开行 1 列快车时的时间影响范围是相同的。

如图 4-6 所示,所谓特定情形指的是在无越行、越行 1 次和越行 2 次的情况下,快车的前一趟无待避慢车按照到达间隔时间 I 来铺画,后一趟无待避慢车按照出发间隔时间 I 来铺画,在这一情形下,开行 1 列快车的时间影响范围是相同的,均为 T。图 4-6 中(a)、(b)、(c)的区别是在这一时间影响范围内开行的被越行慢车数量,且开行的被越行慢车数量每增加 1,即越行次数每增加 1,开行 1 列快车所引起的额外时间占用就减少 I,这便导致快车扣除系数相应地减小 1。

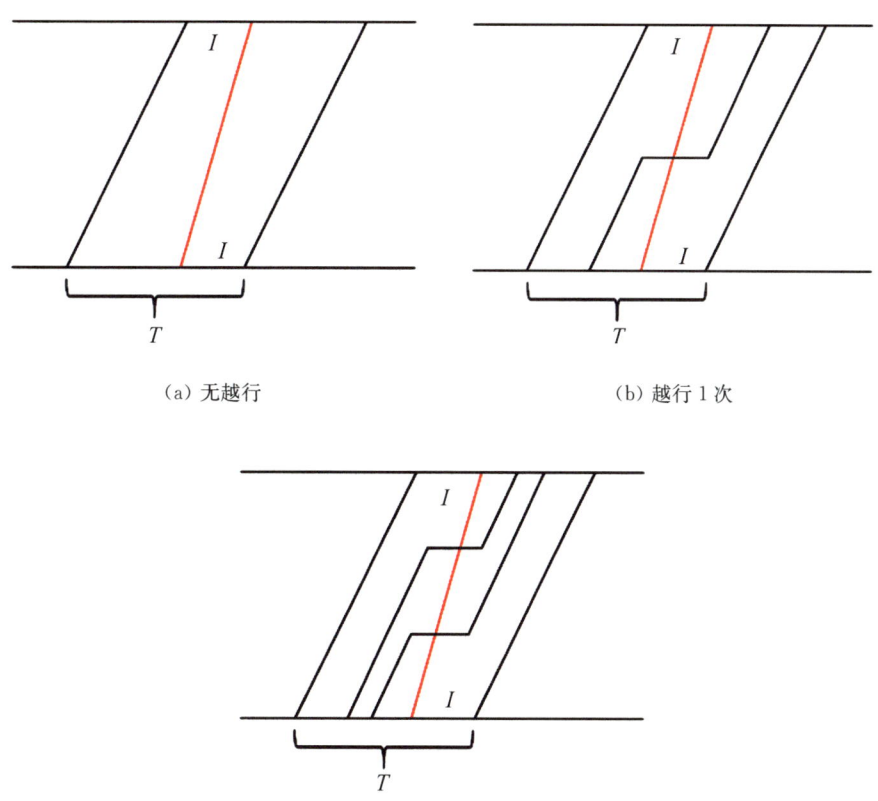

(a) 无越行　　　　(b) 越行 1 次

(c) 越行 2 次

图 4-6　"越行次数＋1,扣除系数－1"的特定情形

(2) 组织快车成组运行可有效减小快车扣除系数。通过对比无越行时只开行 1 列快车和成组开行 m 列快车的扣除系数可以看出,成组开行时的快车扣除系数随着开行数量的增加不断减小。这主要是由于成组开行时,每列快车引起的时间占用相互重叠,运行图上的时间被更加充分地利用,因此通过能力也得到了有效提高。

(3) 在一定条件下,快车扣除系数与越行位置有关。以越行 1 次为例,两种不同情形下的快车扣除系数 $\varepsilon_{快}$ 分别为 $1+\dfrac{(i-1)t_{节}}{I}$ 和 $1+\dfrac{(k-i)t_{节}}{I}$。这表明在某一情形下,越行站离发车站越近,线路通过能力越大;在另一情形下,越行站离发车站越远,线路通过能力越大。当越行 2 次时,某一情形下的快车扣除系数 $\varepsilon_{快}=1+\dfrac{(j-i-1)t_{节}}{I}$,这表明前后两个越行站之间相隔的车站数量也能影响线路通过能力,前后两个越行站离得越近,快车扣除系数越小。

4.3.2 非理想情况下快车扣除系数取值

本书 4.3.1 节研究的是理想情况下的快车扣除系数,分别针对无越行、越行 1 次和越行 2 次的情形,分析 $t_{节}$ 在不同取值范围下,通过实际运行图铺画,以研究铺画一列快车在平行运行图中产生的额外时间占用,再通过计算得到不同情形下的快车扣除系数取值。但是,在实际的快慢车运营过程中,由于受到线路条件、客流条件等因素的制约,并非能完全满足上述理想情况的假设。例如,快慢车在同一区间最高运行速度不同、慢车停站时间不固定等。可见,非理想情况下的快车扣除系数取值相对复杂,也无法按照前文所采用的公式推导方式进行,需要结合实际情况具体分析。

以下分别对不同的非理想情况下快车扣除系数取值进行研究。

1. 快慢车在区间不能以相同的最高速度运行

快慢车组合运行开行方法有两类:第一类是快车通过提高运行速度来缩短运行时间,第二类是列车在区间的运行速度保持一致。一般来说,快慢车采用的是同一车型,列车性能参数相同,在实际运营过程中能以相同的最高速度运行,快车通过减少停站数量来缩短旅行时间。目前,日本东京的京成线、英国伦敦的大都会线、法国巴黎的 RER-B 线和美国费城的橙线等均采用这种方式。

快慢车虽然具备相同的列车性能,但由于受到列车停站和区间长度等因素的制约,在某些区间,慢车无法立即加速至与快车相同的运行速度,这就使得在分析计算线路通过能力时需要考虑二者之间的速差。通过对比高速铁路,由于高速铁路采取的是多种速度等级列车共线运行的运输组织模式,列车间的速差成为影响线路通过能力的一项重要因素,而对于快慢车模式,在某些区间快车和慢车不能以相同的最高速度运行,因此也可以理解为在这些区间运行时二者是不同速度等级的列车。

以快车无越行时的情况为例,如图 4-7 所示,沿线共有 6 个车站(a 站至 f 站),对于

b—c 区间,快车在该区间的两端车站均不停站通过,因此能保持最高速度运行。但是,对于慢车而言,一方面由于其在两端车站均需要停站,另一方面由于 b—c 区间长度较短,若采用最高速度运行,则无法在正常的减速度下实现停站。因此,在 b—c 区间慢车无法采用与快车相同的最高速度运行,因此快慢车在该区间运行时会由速差产生运行时间差 Δt_1。

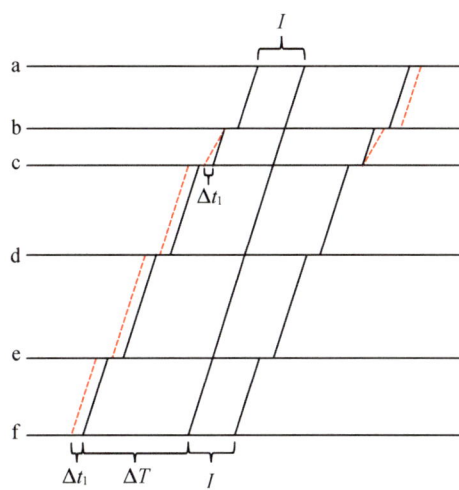

图 4-7 快慢车在区间不能以相同的最高速度运行示意

对于图 4-7 中开行一列快车所引起的占用时间 ΔT^*,需要在原有 ΔT 的基础上再加上 b—c 区间快慢车的运行时间差 Δt_1,即

$$\Delta T^* = \Delta T + \Delta t_1 \tag{4-29}$$

因此,快车扣除系数 $\varepsilon_{快}$ 的取值为

$$\varepsilon_{快} = \frac{\Delta T^*}{I} = \frac{\Delta T + \Delta t_1}{I} \tag{4-30}$$

2. 慢车在不同车站的停站时间不固定

在理想情况下,假设慢车在每个站的停站时间都是相同的,若设定列车起停附加时分固定,那么在每个车站快车不停站通过相较慢车所节省的时间 $t_{节}$ 也是相同的。因此,在理想情况下,可通过设定 $t_{节}$ 的不同取值范围来研究快车扣除系数。

但是,在快慢车实际运营过程中,慢车在沿线各站的停站时间并不相同。列车停站时间为开门时间、乘客上下车时间和关门时间三者之和。通常,开门时间和关门时间是固定的,但乘客上下车时间则与各车站的客流量直接相关,而开行快慢车需具备的一项重要条件是沿线各站的客流量严重不均衡。因此,慢车在各站的停站时间理应是不固定的。

另外,停站时间的不固定也会对快车扣除系数的取值产生影响,进而影响线路通过能力。同样以快车无越行的情况为例,如图 4-8 所示,沿线共有 6 个车站(a 站至 f 站),原先慢车在各站的停站时间相同,现假设慢车在 d 站的停站时间增加 Δt_2,则运行线需要进行相应的调整,如图中红色虚线所示。

对于图中开行一列快车所引起的占用时间 ΔT^*,需要在原有 ΔT 的基础上再加上慢车在 d 站增加的停站时间 Δt_2,即

$$\Delta T^* = \Delta T + \Delta t_2 \quad (4-31)$$

因此,快车扣除系数 $\varepsilon_{快}$ 的取值为

$$\varepsilon_{快} = \frac{\Delta T^*}{I} = \frac{\Delta T + \Delta t_2}{I} \quad (4-32)$$

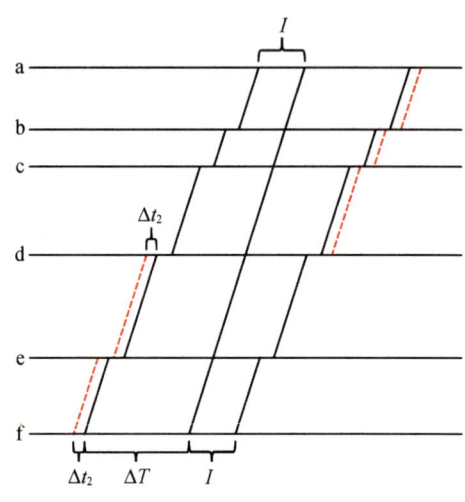

图 4-8 慢车在不同车站的停站时间不固定示意

3. 不同类型的最小间隔时间采取不同标准

在理想情况下,研究假设 $I_{发发}$、$I_{到到}$、$I_{到通}$、$I_{通发}$ 具有相同的最小间隔时间标准,均为 I,并假设每次越行时慢车的停站时间为 $2I$,即 $I_{到通}$ 和 $I_{通发}$ 的最小时间之和。但在实际运营过程中,各种类型的最小间隔时间与运输组织方式、车站长度、信联闭设备、站线布局等均有一定的关系。因此,不同类型的最小间隔时间有不同的标准,甚至对于同一类型的最小间隔时间,在不同车站也有不同的标准。

为了体现不同类型的最小间隔时间标准对快车扣除系数和线路通过能力的影响,同样以快车无越行的情况为例,如图 4-9 所示,沿线共有 6 个车站(a 站至 f 站),原先设定 $I_{发发}$ 和 $I_{到到}$ 的最小时间均为 I,现设定 $I_{到到}$ 的最小间隔时间不变,$I_{发发}$ 的最小间隔时间由 I 变成了 $I+\Delta i_1$,则列车运行线的调整如图 4-9 中红色虚线所示。

如图 4-9 所示,开行一列快车所引起的占用时间依旧为 ΔT,但由于最小发车间隔时间的增加,在该占用时间内所能开行的慢车数量减少,因此根据扣除系数的本质,快车扣除系数 $\varepsilon_{快}$ 的取值为

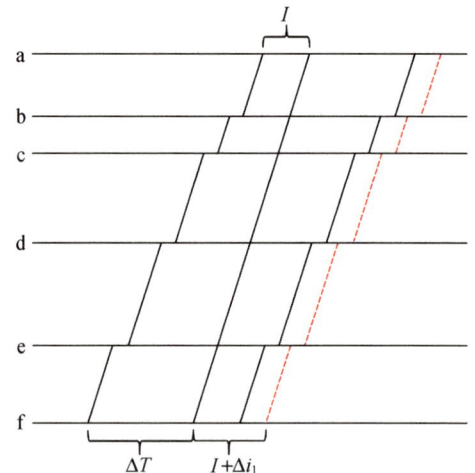

图 4-9 不同类型的最小间隔时间采取不同标准示意(改变 $I_{发发}$ 间隔)

$$\varepsilon_{快} = \frac{\Delta T}{I + \Delta i_1} \quad (4-33)$$

若设定 $I_{发发}$ 的最小间隔时间不变,$I_{到到}$ 的最小间隔时间由 I 变成了 $I+\Delta i_2$,则快车无

越行时开行 1 列快车的列车运行图如图 4-10 所示,列车运行线调整如图中红色虚线所示。

在此种情况下,开行 1 列快车所引起的占用时间 ΔT^* 相较原先增加了 Δi_2,即

$$\Delta T^* = \Delta T + \Delta i_2 \qquad (4-34)$$

同时,由于在实际运行图铺画中应以选取最小间隔时间较大的作为标准,此时最小到达间隔时间大于最小发车间隔时间,因此,快车扣除系数 $\varepsilon_{快}$ 的取值为

$$\varepsilon_{快} = \frac{\Delta T^*}{I} = \frac{\Delta T + \Delta i_2}{I + \Delta i_2} \qquad (4-35)$$

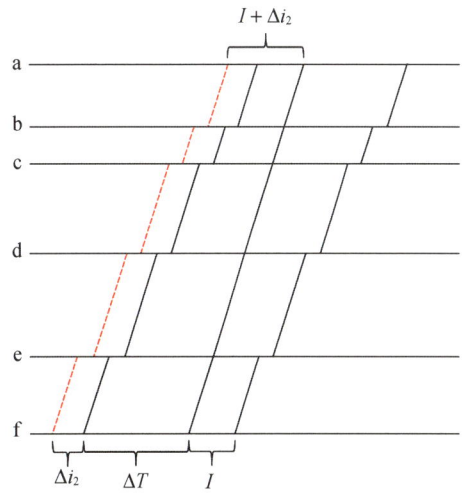

图 4-10 不同类型的最小间隔时间采取不同标准示意(改变 $I_{到}$ 间隔)

4. 快车在个别越行站不能全速越行

理想情况下,假设快车越行慢车时不减速通过,即全程保持同一最高运行速度,但在某些情形下,例如正线紧靠站台、该站既是越行站也是换乘站等,为了保证乘客乘降安全,要求快车提前降至一定的限速后再通过车站。

对于采用单岛方案的越行站(图 4-11),当快车越行慢车时,慢车提前进入侧线停车,快车在外侧正线通过,乘客乘降和快车正线通过之间不会相互干扰,采用该形式的越行站快车能够实现全速越行。而对于采用双岛正线外侧方案的越行站(图 4-12),当快车越行慢车时,乘客乘降与快车通过之间没有"隔离",出于安全考虑,一般不采用快车全速越行的方案。

图 4-11 单岛方案越行站　　图 4-12 双岛正线外侧方案越行站

快车在个别越行站不能全速越行对于线路通过能力也会产生一定的影响,以快车越行 1 次的情况为例,如图 4-13 所示,沿线共有 6 个车站,快车在 c 站越行慢车,假设由于越行站形式的限制,快车需在 c 站降速越行,降速增加的旅行时间为 Δt_4,为了满足列车最小间隔时间的要求,后续列车的运行线需要做出相应调整,如图中红色虚线所示。

在此种情况下,开行一列快车所引起的占用时间 ΔT^* 相较原先的 $\Delta T + \Delta t_3$ 增加了 Δt_4,即

$$\Delta T^* = \Delta T + \Delta t_3 + \Delta t_4 \qquad (4-36)$$

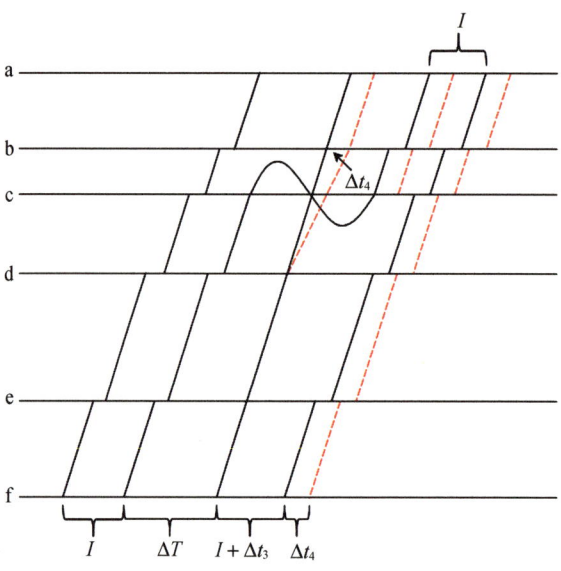

图 4-13 快车在个别越行站不能全速越行示意

因此,快车扣除系数 $\varepsilon_{快}$ 的取值为

$$\varepsilon_{快} = \frac{\Delta T^*}{I} = \frac{\Delta T + \Delta t_3 + \Delta t_4}{I} \tag{4-37}$$

通过以上对于 4 种非理想情况下的快车扣除系数分析计算可以看出,在快慢车实际运营过程中,由于不同的线路条件、客流情况、越行站形式等因素存在差异,在计算线路通过能力时,理想情况下得到的快车扣除系数取值不一定能准确适用,故只能计算大致的线路通过能力。若需计算结合线路运营特点的更为精确的线路通过能力,一种思路是充分考虑多种非理想情况,通过运行图铺画来更加精确地确定开行快车所引起的额外占用时间,从而对理想情况下的扣除系数进行修正,然后基于修正的扣除系数计算线路通过能力;另一种思路则是采用计算机模拟法,通过实际列车运行图铺画来确定线路通过能力。

4.3.3 停站扣除系数取值

停站扣除系数 $\varepsilon_{停}$ 是指快车每停站一次需要从原有平行运行图中扣除的慢车列数。快车扣除系数和停站扣除系数都是针对快车而言的,但不同之处在于快车扣除系数是在快车全程不停站的情形下进行研究的,而停站扣除系数则是单独研究快车停站对线路通过能力所造成的影响。根据前文的分析,由于基本列车的不同,快慢车模式下快车停站本身可能不会对后续列车造成影响,然而是否会造成影响则主要取决于快车的停站地点和停站时间。

快车停站影响示意如图 4-14 所示,若快车在 2 站至

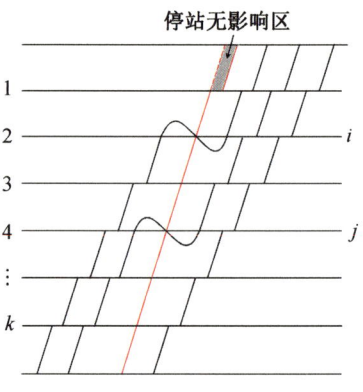

图 4-14 快车停站影响示意

k 站中某一站的停站时间为 $t^{快}_{停站}$，反映在运行图上则是运行线往后平移了 $t^{快}_{停站}+t_{起}+t_{停}$，由于原先越行站 i 站和 j 站的通发间隔均为 I，为了满足快车停站的需要，后续列车运行线均需往后平移 $t^{快}_{停站}+t_{起}+t_{停}$，则该次停站的停站扣除系数 $\varepsilon_{停}$ 为

$$\varepsilon_{停}=\frac{t^{快}_{停站}+t_{起}+t_{停}}{I} \tag{4-38}$$

若快车选择在 1 站停站，如图 4-14 所示，由于后行慢车也在 1 站停站，则快车在一定的停站时间范围内不会影响后续列车，将该时间范围定义为停站无影响区，此时停站扣除系数 $\varepsilon_{停}$ 为

$$\varepsilon_{停}=\begin{cases} 0, & 0 \leqslant t^{快}_{停站} \leqslant t_{停站} \\ \dfrac{t^{快}_{停站}-t_{停站}}{I}, & t^{快}_{停站} > t_{停站} \end{cases} \tag{4-39}$$

由此可见，快车停站扣除系数的取值需要结合停站地点和停站时间来确定。

4.3.4 基于扣除系数的通过能力计算方法

1. 一般情况下的通过能力计算

根据前文对 $\varepsilon_{快}$ 和 $\varepsilon_{停}$ 两种扣除系数取值的研究，本节提出一般情况下基于扣除系数的快慢车模式线路通过能力计算方法，步骤如下：

(1) 确定某条市域快线列车最小间隔时间 I，计算平图下线路最大通过能力 N：

$$N=\frac{3\,600}{I}\ (\text{列}/\text{h}) \tag{4-40}$$

(2) 设 1 h 内成组开行的快车列数为 n，不成组开行的快车列数为 m，结合该市域快线的线路条件、越行站布置、最小间隔时间标准、快车越行特点等因素，分析扣除系数计算中的非理想情况，先不考虑快车停站，计算成组开行快车与不成组开行快车的扣除系数 $\varepsilon_{快i}$ 和 $\varepsilon_{快j}$，得到不考虑快车停站时的线路最大通过能力 N_1：

$$N_1=N-\sum_{i=1}^{m}(\varepsilon_{快i}-1)-\sum_{j=1}^{n}(\varepsilon_{快j}-1) \tag{4-41}$$

(3) 考虑各列快车的停站情况，假设共停站 p 次，分析每次停站特点并计算其扣除系数，得到考虑快车停站时的线路最大通过能力 N_2：

$$N_2=N-\sum_{i=1}^{m}(\varepsilon_{快i}-1)-\sum_{j=1}^{n}(\varepsilon_{快j}-1)-\sum_{k=1}^{p}\varepsilon_{停k} \tag{4-42}$$

2. 周期铺画时的通过能力计算

上文提出的是一般情况下基于扣除系数的市域快线通过能力计算方法，所谓"一般情况"是指运行图铺画没有明显的规律性，每列快车有各自的越行特点和停站特点，因此需

要结合各列快车的运行特点来计算不同的快车扣除系数和停站扣除系数。但为了能更好地适应客流需求,目前我国采用快慢车模式的市域快线在高峰时段大多都以周期性开行,即在一个运行周期中快慢车采用一定的开行比例,同时快车的越行特点和停站特点也相同,那么在以周期性铺画的快慢车运行图中每列快车的扣除系数应是相同的。根据这一特点,可以更加简便地利用这一扣除系数来计算通过能力。

假设在一个周期内,快慢车的开行比例为 γ,N 为 1 h 内开行的快慢车总数(即现有的通过能力),设快车总数为 $N_{快}$,慢车总数为 $N_{慢}$,则有

$$\frac{N_{慢}}{N} = \frac{1}{\gamma + 1} \tag{4-43}$$

$$\frac{N_{快}}{N} = \frac{\gamma}{\gamma + 1} \tag{4-44}$$

设 $N_{平}$ 为全开行站站停慢车的平行运行图通过能力,从扣除系数的本质出发,有

$$\frac{N_{平} - N_{慢}}{N_{快}} = \varepsilon_{快} \tag{4-45}$$

将式(4-43)和式(4-44)代入式(4-45),得到

$$\frac{N_{平} - N \dfrac{1}{\gamma + 1}}{N \dfrac{\gamma}{\gamma + 1}} = \varepsilon_{快} \tag{4-46}$$

化简得

$$N = \frac{(1+\gamma)N_{平}}{1 + \varepsilon_{快} \gamma} \tag{4-47}$$

式(4-47)即为运行图周期铺画时基于扣除系数的快慢车模式下的线路通过能力计算方法。

3. 两种计算方法的对比

在一定条件下,上述两种基于扣除系数的通过能力计算方法具有相同的适用性,下面以一个简单的例子进行说明。

如图 4-15 所示,假设某条市域快线采用周期性开行快慢车的运输组织模式,每一周期内快慢车开行比例为 1∶2,快车越行 2 次慢车,运行图周期 $T = 600$ s,列车最小间隔时间 $I = 140$ s。

根据运行图周期、快慢车开行比例和快车越行次数,可以求得开行每列快车所引起的额外占用时间 ΔT,即

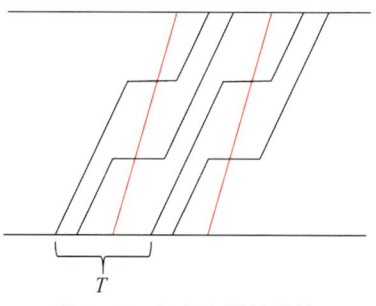

图 4-15 某条市域快线快慢车运行图

$$\Delta T = T - 2I = 600 - 2 \times 140 = 320(\text{s})$$

进一步可以求得此种开行条件下的快车扣除系数 $\varepsilon_{快}$：

$$\varepsilon_{快} = \frac{\Delta T}{I} = \frac{320}{140} = 2.29$$

由于列车运行周期为 600 s，则 1 h 内共能开行 6 列快车，根据式(4-42)，该条市域快线的通过能力 N 为

$$N = \frac{3\,600}{I} - (\varepsilon_{快} - 1) \times 6 = 18(\text{列}/\text{h})$$

根据式(4-47)，该条市域快线的通过能力 N 为

$$N = \frac{(1+0.5) \times \dfrac{3\,600}{140}}{1 + \varepsilon_{快} \times 0.5} = 18(\text{列}/\text{h})$$

两种方法得到的通过能力结果一致，均为 18 列/h，说明两种方法在一定条件下具有相同的适用性。

需要注意的是，所谓"在一定条件下具有相同的适用性"是针对第二种计算方法的局限性而言的，即第二种计算方法仅适用于快慢车周期性开行的情况，对于非周期开行、不同快车越行特点和停站特点存在差异的情况则不适用，此时需要采用一般情况下的计算方法。与此同时，当快慢车以一定的比例周期开行，对于第二种方法而言也并非完全能够通过在不改变扣除系数的情况下，直接改变快慢车开行比例 γ 的取值来计算线路通过能力，下面通过分析式(4-47)的系数 $(1+\gamma)/(1+\varepsilon_{快}\gamma)$ 来进行说明。

若设 $\varepsilon_{快}=1.2$，γ 从 0.1 到 10 变化，得到系数趋势图，如图 4-16 所示。

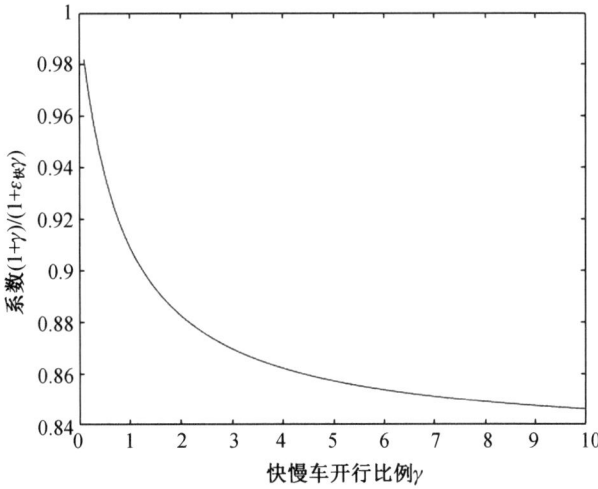

图 4-16　周期铺画通过能力计算系数分析

根据图 4-16 可以看出，系数 $(1+\gamma)/(1+\varepsilon_{快}\gamma)$ 一直在减小，并没有呈现出与一般规律相符的以 1∶1 为最低点的 U 形变化趋势。经分析，这主要是由于当快慢车比例大于等于 1∶1 之后，快车运行线不再相互独立，即存在时间占用上的重叠，而当快慢车开行比例小于 1∶1 时，由于运行图周期铺画，总能找到使各列快车之间的开行不出现额外时间占用上的重叠的铺画方式，因此当快慢车开行比例大于等于 1∶1 时，实际的快车扣除系数会变小，导致设定的 1.2 偏大，所以在图 4-16 中，当快慢车比例大于 1 时，通过能力呈现下降趋势。

由此可见，当快车和慢车以 $1∶m$ 的比例开行时，若 $m>1$，快车之间的运行相互独立，不存在时间占用上的重叠，因此快车扣除系数相同，此时采用式(4-47)计算线路通过能力是适用的。但是，随着快车数量超过慢车，快车额外时间占用上的重叠导致实际快车扣除系数减小，从而导致原有的快车扣除系数不再适用，通过能力计算结果便不再准确。此时，需要通过运行图铺画来重新确定扣除系数。

4.4 基于计算机模拟的线路通过能力计算方法

4.4.1 模型建立

1. 问题描述

通过前文对快车扣除系数和停站扣除系数的取值研究可以看出，由于不同线路在线路条件、客流情况、越行站形式等方面的差异，理想情况下推导的快车扣除系数取值不一定能准确适用，非理想情况下的快车扣除系数取值则需要综合考虑多种复杂情形，过程较为烦琐；同时，停站扣除系数的取值也需要结合停站地点、停站时间来具体确定。为了更加准确地计算线路通过能力，可靠的做法是采用计算机模拟法，在明确运行图铺画原则及设定列车运行参数后，通过计算机来模拟实际列车运行图铺画，在多方案中选取最优方案进而确定线路的通过能力。

对采用计算机模拟法计算快慢车模式下的市域快线通过能力这一问题的描述如下：

在某条双向运行的市域快线上，存在着快、慢两种类型列车，二者的开行比例为 $1∶m$，快车仅在少数几个确定的车站停车，慢车在所有车站都要停车，列车在每个车站的停站时间以及各类列车最小间隔时间已知。由于快车全程旅行时间短，因此快车在某些具备条件的越行站会越行慢车，为了保证慢车的服务质量，规定每列慢车全程最多待避 1 次快车。列车运行图以相同的周期铺画，需要综合考虑既有越行站设置和停站方案，对快车和慢车运行进行合理规划，保证列车运行间不发生冲突，在不同的快慢车开行比例及列车越行次数条件下，使得一个列车运行周期占用的时间最少。

优化列车运行图可以看作是在二维平面(时间为横轴，距离为纵轴)上，在一定的约束条件下,为了达到特定目标,求算所有运行线在目标区段内各站的到达时刻和出发时刻的集合。本节的目标是通过列车运行图铺画来计算线路通过能力,并将这一目标转化为如何在既定条件下,使得一个快慢车运行周期占用时间最少。接下来建立这一问题的数学模型。

2. 约束条件

由于本问题的目标是使得一个快慢车运行周期占用时间最少,因此在铺画运行线时,只需要铺画两个相邻周期的快慢车运行线即可,假设一个周期内列车总数为 p,则共需要铺画 $2p$ 条列车运行线,列车编号用 i 表示,即 $i=1,2,\cdots,2p$;同时,设某条市域快线共有 k 个车站,车站编号用 j 表示,即 $j=1,2,\cdots,k$。以上行方向为例,列车运行图铺画需要满足以下约束条件。

1) 列车区间运行时分约束

列车区间运行时分约束是指运行图中铺画的列车在每一区间的运行时分均须符合给定的运行时分标准,其表达式为

$$D_{i,j+1} - F_{ij} = (1-f_i)T_j + f_i T'_j, \quad \forall i, \forall j \neq k \tag{4-48}$$

式中　D_{ij}——第 i 趟列车在第 j 个车站的到达时刻;

　　　F_{ij}——第 i 趟列车在第 j 个车站的发车时刻;

　　　T_j——慢车在第 j 个车站前方区间的运行时分;

　　　T'_j——快车在第 j 个车站前方区间的运行时分;

　　　f_i——第 i 趟列车是否为快车的 0—1 变量,1 表示快车,0 表示慢车。

2) 列车停站时间约束

列车停站时间约束是指在停站方案已知的情况下,运行图中铺画的快慢车在每个车站的停站时间要符合停站方案要求和不同车站的停站时间标准,其表达式为

$$S_{ij} = (1-f_i)stop_j + f_i fast_j stop_j, \quad \forall i, \forall j \tag{4-49}$$

式中　S_{ij}——第 i 趟列车在第 j 个车站的停站时间;

　　　$stop_j$——第 j 个车站的快慢车停站时间标准;

　　　$fast_j$——快车在第 j 个车站是否停站的 0—1 变量,1 表示快车停站,0 表示快车不停站;

　　　f_i——第 i 趟列车是否为快车的 0—1 变量,1 表示快车,0 表示慢车。

3) 列车最小发车间隔约束

列车最小发车间隔约束是指前后相邻两列列车的发车间隔不能小于其最小时间标准,表达式为

$$|F_{lj} - F_{sj}| \geq I_{发发}, \quad \forall l \neq s, \forall j \tag{4-50}$$

式中,$I_{发发}$ 为列车最小发车间隔时间标准。

4）列车最小到达间隔约束

列车最小到达间隔约束是指前后相邻两列列车的到达间隔不能小于其最小时间标准，表达式为

$$|D_{lj} - D_{sj}| \geqslant I_{到到}, \quad \forall l \neq s, \forall j \tag{4-51}$$

式中，$I_{到到}$为列车最小到达间隔时间标准。

5）列车最小发到间隔约束

列车最小发到间隔约束是指前一列车的发车时间与后行列车的到达间隔时间不能小于其最小时间标准，表达式为

$$|F_{lj} - D_{sj}| \geqslant I_{发到}, \quad \forall l \neq s, \forall j \tag{4-52}$$

式中，$I_{发到}$为列车最小发到间隔时间标准。

6）列车越行间隔时间约束

列车越行间隔时间约束是指当快车越行慢车时，慢车到达与快车通过、快车通过与慢车出发之间的间隔时间不能小于各自的最小时间标准，表达式为

$$fw_{ij}|D_{ij} - D_{mj}| + (1 - fw_{ij})I_{到通} \geqslant I_{到通}, \quad \forall m > i, \forall j \tag{4-53}$$

$$fw_{ij}|F_{ij} - F_{nj}| + (1 - fw_{ij})I_{通发} \geqslant I_{通发}, \quad \forall n < i, \forall j \tag{4-54}$$

式中　fw_{ij}——第i趟列车在第j个站是否待避的0—1变量，1表示待避，0表示无待避；

$I_{到通}$——列车最小到通间隔时间标准；

$I_{通发}$——列车最小通发间隔时间标准。

7）慢车待避次数约束

慢车待避次数约束是指为了保证慢车的服务质量，规定每列慢车全程待避次数不超过某个值，设每列慢车全程最多待避1次，则该约束表达式为

$$\sum_j fw_{ij} \leqslant 1, \quad \forall i \tag{4-55}$$

3. 目标函数

在问题描述中已经提到，本问题的目标是在满足各项约束条件的同时，使得一个快慢车运行周期的占用时间最少，由于铺画的是两个相邻周期的快慢车运行线，因此，一个快慢车运行周期的占用时间即为第二个周期第一列车和第一个周期第一列车的发车时间差值，目标是使得这一差值最小，由于列车编号i表明两个周期共$2p$趟列车的发车次序，因此目标函数的表达式为

$$\min \{F_{p+1,1} - F_{11}\} \tag{4-56}$$

4. 最终模型的建立

通过以上对约束条件和目标函数的分析，最终建立的计算机模拟法计算线路通过能

力的数学模型如下：

$$\min \quad \{F_{p+1,1} - F_{11}\}$$

$$\begin{cases} D_{i,j+1} - F_{ij} = (1-f_i)T_j + f_i T'_j \\ S_{ij} = (1-f_i)stop_j + f_i fast_j stop_j \\ |F_{lj} - F_{sj}| \geqslant I_{发发} \\ |D_{lj} - D_{sj}| \geqslant I_{到到} \\ |F_{lj} - D_{sj}| \geqslant I_{发到} \\ fw_{ij}|D_{ij} - D_{mj}| + (1-fw_{ij})I_{到通} \geqslant I_{到通} \\ fw_{ij}|F_{ij} - F_{nj}| + (1-fw_{ij})I_{通发} \geqslant I_{通发} \\ \sum_j fw_{ij} \leqslant 1 \end{cases} \quad (4\text{-}57)$$

4.4.2 模型求解

1. 模型求解分析

根据上文中建立的模型，求解目标是使得一个快慢车运行周期的占用时间最少，同时需要满足列车区间运行时分约束、列车停站时间约束、列车最小发车间隔约束、列车最小到达间隔约束、列车最小发到间隔约束、列车越行间隔时间约束以及慢车待避次数约束。需要注意的是，"运行周期占用时间越少，通过能力越大"的前提条件是采用相同的快慢车开行比例，只有在相同的快慢车开行比例条件下，模拟计算不同的越行地点、越行次数下的运行周期才具有比较意义。

考虑到无越行情况下的通过能力计算相对简单，同时快慢车模式下一般都会存在快车越行慢车的情形，因此未采用计算机模拟方法进行计算；对于存在越行的情况，不同的越行站或越行站组合会对线路通过能力产生不同的影响，因此需要通过计算机编程的方式进行模拟计算。在模型求解过程中，本节考虑了越行1次和越行2次的情形，整体框架如图4-17所示。

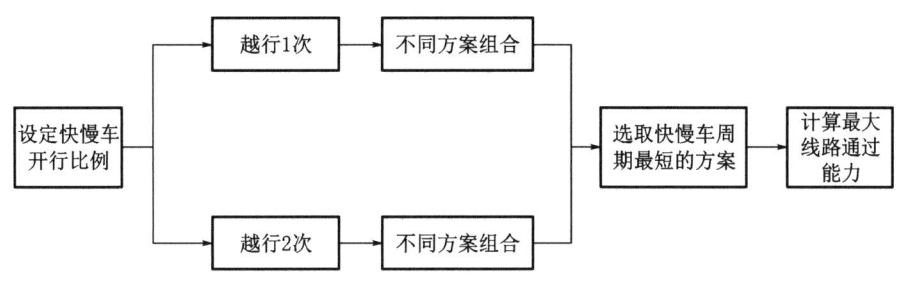

图 4-17 模型求解整体框架

模型求解的整体流程如下：首先设定快慢车开行比例，然后针对越行1次和越行2次的情况分别进行运行图铺画,其间考虑模型建立过程中的各项约束条件,并求解不同越行次数下所有方案组合的列车运行周期,最后选取快慢车周期最短的方案作为该快慢车开行比例下的最优方案,并计算得到最终的线路通过能力。下面分别针对越行 1 次和越行 2 次的情形提出了各自的模型求解步骤。

1) 越行 1 次

对于越行 1 次的情形,模型求解流程如图 4-18 所示,具体步骤如下:

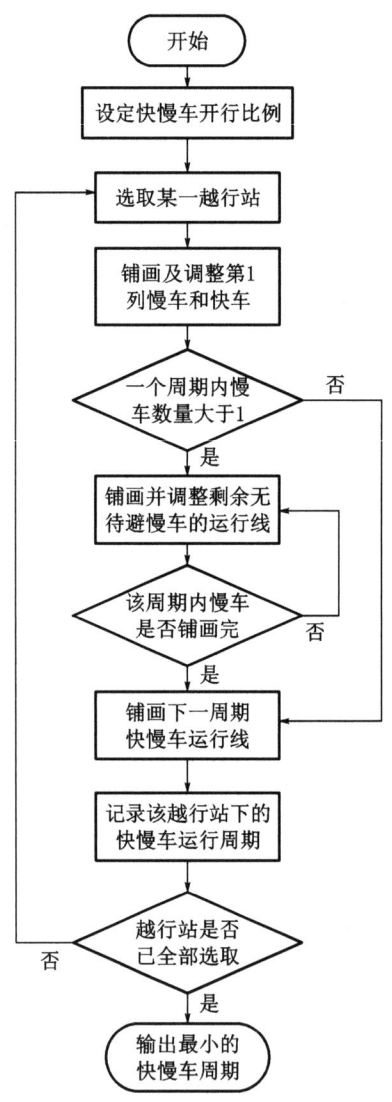

图 4-18 越行 1 次时的模型求解流程

(1) 设定快慢车开行比例。

(2) 在设定的快慢车开行比例下,选取某一越行站作为越行点,并铺画和调整第 1 列慢车和快车。

(3) 判断一个周期内慢车数量是否大于1,若是就转至步骤(4),否则转至步骤(6)。

(4) 铺画并调整剩余无待避慢车的运行线。

(5) 判断该周期内的慢车是否全部铺画完,若是就转至步骤(6),否则转至步骤(4)。

(6) 铺画下一周期的快慢车运行线,并记录选取该越行站下的快慢车运行周期。

(7) 判断越行站是否已经全部选取完,若是则输出该快慢车开行比例下的最小快慢车周期,否则转至步骤(2)。

2) 越行2次

在越行2次情形下,运行线铺画的整体流程与越行1次时基本一致,但其中较为关键的一点是,快车越行2列慢车时的慢车运行线该如何铺画。

图4-19说明了越行2次时被越行慢车的运行线铺画顺序,当快车越行2列慢车时,快车运行线将2列慢车的运行线分成了①、②、③、④共4个部分,其中①、④为第一列慢车的运行线,②、③为第二列慢车的运行线。在运行线铺画过程中,运行线①决定了运行线②的铺画,即按照最小通发间隔铺画运行线①之后,运行线②不一定能够按照最小通发间隔铺画,还需要考虑与运行线①之间的最小发到间隔和最小发发间隔,因此运行线铺画顺序上运行线①优先于运行线②。同理,运行线③也应优先于运行线④铺画。

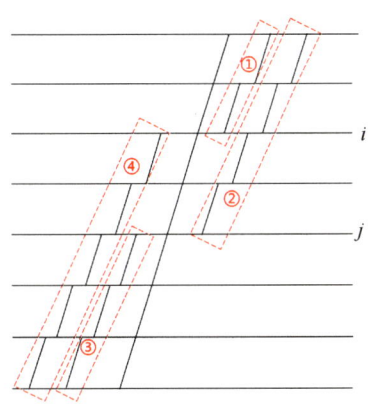

图4-19 越行2次运行线铺画顺序示意

基于以上分析,在计算机模拟过程中,越行2次时被越行慢车的运行线按照图中①—②—③—④的顺序铺画。

与此同时,越行1次时的不同方案为不同的单一越行站,而越行2次时的不同方案为不同越行站的两两组合。基于以上考虑,在越行1次的基础上提出越行2次情形下的模型求解流程如图4-20所示。

具体步骤如下:

(1) 设定某一快慢车开行比例。

(2) 在设定的快慢车开行比例下,选取某两个越行站的组合作为方案,并按照①—②—③—④的顺序铺画和调整第1、第2列慢车和快车。

(3) 判断一个周期内的慢车数量是否大于2,若是就转至步骤(4),否则转至步骤(6)。

(4) 铺画并调整剩余无待避慢车的运行线。

(5) 判断该周期内的慢车是否全部铺画完,若是就转至步骤(6),否则转至步骤(4)。

(6) 铺画下一周期的快慢车运行线,并记录该越行站组合下的快慢车运行周期。

(7) 判断越行站的组合是否已经全部选取完,若是则输出该快慢车开行比例下的最小快慢车周期,否则转至步骤(2)。

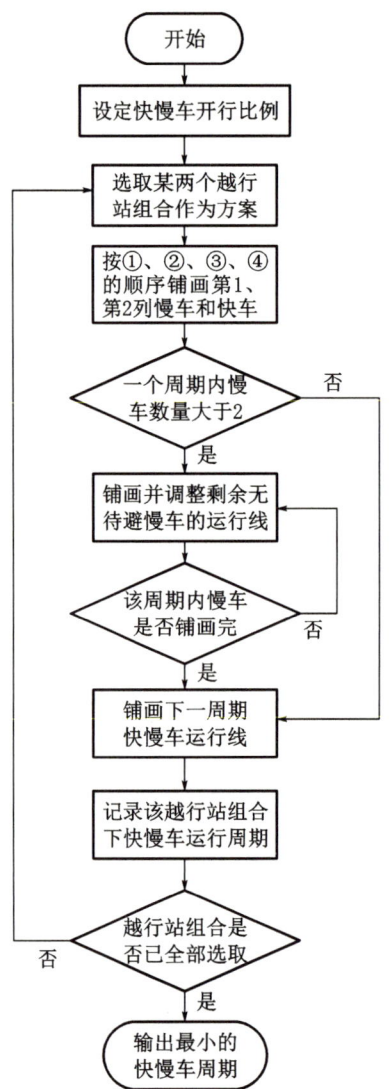

图 4-20 越行 2 次时的模型求解流程

2. 列车运行调整

上文在对越行 1 次和越行 2 次情形下的最小快慢车周期求解过程中,为了不违背所设定的越行次数限制,在铺画下一周期快慢车运行线时,保证快车不越行上一周期的慢车。图 4-21 所呈现的是在设定快慢车开行比例 1∶2,快车越行 1 次,且在 e 站越行时的列车运行图,此时运行图周期为图中慢车①与慢车④之间的间隔时间。

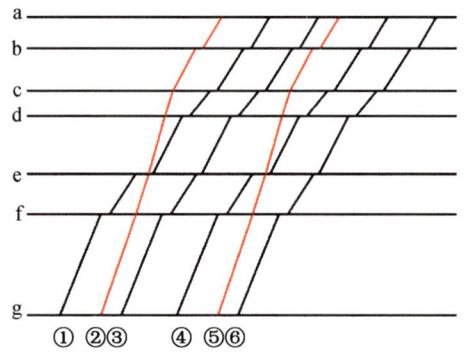

图 4-21 未进行列车运行调整的列车运行图

但是通过观察可以发现,此时慢车①与慢车④之间的间隔时间并非快慢车比例1∶2下的最小周期,如果将第二周期运行线往前移,使得快车⑤越行第一周期的慢车③,快慢车运行周期会进一步缩短。因此,可以通过对现有某一特定越行次数下的运行图进行列车运行调整,从而获得该快慢车开行比例下更大的线路通过能力。

下面以图4-21这一未进行列车运行调整的运行图为例,来说明列车运行调整的一般思路。

1)快车越行调整

为了进一步缩短快慢车周期,提高线路通过能力,列车运行调整会进一步增加快车越行次数。如图4-22所示,假设快车⑤在越行站d越行前一周期慢车③,首先需要将慢车③在越行站d之后的运行线移至快车⑤之后,并同时满足与快车⑤之间的通发、发发、发到、到到各类型时间间隔,如图中绿色虚线所示。

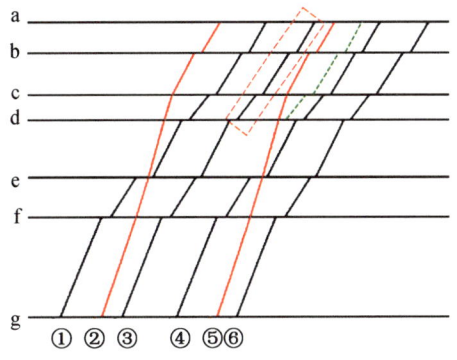

图4-22 快车越行调整示意

2)慢车运行线调整

由于慢车③运行线的调整可能会影响到下一周期中慢车④和慢车⑥的运行线,如图4-23所示,图中绿色运行线与慢车④运行线在d站的发车间隔可能不满足最小值要求,那么慢车④在越行站e之后的运行线就需要后移。与此同时,慢车④运行线的调整与慢车⑥运行线的位置直接相关。

假设为了满足绿色运行线与慢车④运行线在d站最小发车间隔的要求,慢车④在越行站e之后的运行线需要后移的时间为$need$,同

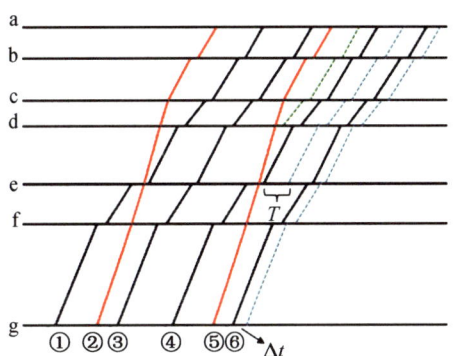

图4-23 慢车运行线调整示意

时假设在不影响慢车⑥运行线的情况下,慢车④在越行站e之后的运行线能够移动的最大时间为T,并假设慢车⑥运行线移动的时间为Δt,那么Δt取决于$need$和T的大小,其表达式为

$$\Delta t = \begin{cases} 0, & need \leqslant T \\ need - T, & need > T \end{cases} \quad (4\text{-}58)$$

对于慢车④而言,其在越行站e之后的运行线移动的时间为$need$。

3)下一周期运行线整体前移

在进行上述运行线调整之后,最后一步即是将下一周期的运行线整体往前移动。经分析,下一周期的运行线整体前移的制约点有3处(图4-24)。第1处制约点为快车⑤与

前一周期中慢车①在终点站的到达间隔,在进行列车运行调整之前,二者的到达间隔时间为 t_1,假设按照此约束则下一周期运行线可整体前移的最大时间为 move_1,考虑到前一周期慢车运行线也需进行与后一周期相同的调整,故 move_1 的表达式为

$$move\_1 = t_1 - need - I_{到到} \quad (4\text{-}59)$$

第 2 处制约点为快车⑤与前一周期中的慢车③在越行站 d 的到通间隔,在进行列车运行调整之前,二者间隔时间为 t_2,假设按照此约束则下一周期运行线可整体前移的最大时间为 move_2,考虑到前一周期慢车运行线也需进行与后一周期相同的调整,故 move_2 的表达式为

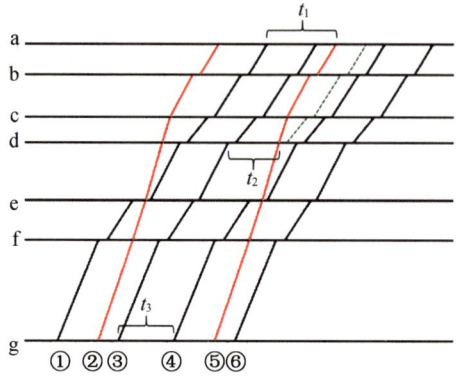

图 4-24　下一周期运行线整体前移制约点示意

$$move\_2 = t_2 - \Delta t - I_{到通} \quad (4\text{-}60)$$

第 3 处制约点为后一周期中的第一趟快车④与前一周期中的最后一趟慢车③在起点的发车间隔,在进行列车运行调整之前,二者的发车间隔时间为 t_3,假设按照此约束则下一周期运行线可整体前移的最大时间为 move_3,考虑到前一周期慢车运行线也需进行与后一周期相同的调整,故 move_3 的表达式为

$$move\_3 = t_3 - \Delta t - I_{发发} \quad (4\text{-}61)$$

根据以上 3 处制约点所确定的各自最大移动时间,下一周期最终往前移动的时间 move 为

$$move = \min\{move\_1, move\_2, move\_3\} \quad (4\text{-}62)$$

4) 最终调整结果

经过以上 3 个步骤的列车运行调整,得到最终调整后的列车运行图,如图 4-25 所示。

对比图 4-25 和图 4-21 可以看出,二者的快慢车开行比例均为 1∶2,但经过列车运行调整后的快慢车运行周期明显缩短,快车的越行次数由 1 次增至 2 次;对于慢车而言,虽然总待避次数的增加会导致旅行时间相对延长,但是符合"每列慢车全程最多待避 1 次"的约束。由此可见,通过计算机模拟法进行列车运行调整能够有效提高线路通过能力。

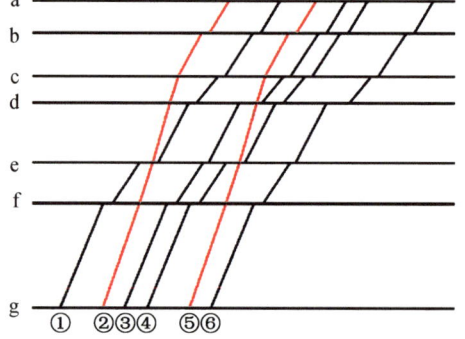

图 4-25　列车运行调整后的列车运行图

5 快慢车模式下的列车开行方案优化

本章在梳理快慢车模式及市域快线相关理论的基础上,分析市域快线快慢车运行组织的影响因素,明确快慢车模式下,市域列车开行方案需要优化的核心要素包括列车停站方案、快慢车开行比例、列车交路方案以及列车越行方案等。通过要素优化和模型优化两套思路,对市域快线快慢车开行方案进行建模和量化分析,选取指标体系和评价方法,对得到的开行方案进行综合比选。

5.1 基于系统聚类的市域快线车站等级划分

车站是轨道交通运输网络中的客流发生点和吸引点,可将市域快线上的每座车站看成一个客流节点。从广义上看,客流节点因社会环境、经济发展、交通路网和客流需求等因素而差异较大;从狭义上看,当客流趋于稳定时,客流节点的差异主要由客流量所决定。

本节主要以线路客流量为依据对客流节点等级进行划分,根据划分结果来确定不同等级节点的服务频率范围,以保证节点的服务频率和节点间的 OD 服务频率服从客流规律,从而更好地满足乘客的出行,提高线路服务水平。

客流节点等级划分属于模式识别的研究范畴,这类算法往往根据待分类对象的特征和属性,从中选取若干个特征量,然后利用分类算法进行分类。分类算法可分为监督学习型和无监督学习型两类。其中,监督学习型算法在分析已知类别训练集的基础上,发现分类规则并用于预测新数据的类别,常用的监督学习型算法包括决策树、支持向量机、Bayes 和 KNN 等。无监督学习型算法则在没有验证知识训练的条件下,直接根据对象间的相互关系进行分类,常用的无监督学习型算法包括系统聚类法、模糊聚类法和 K-means 等。

客流节点等级划分属于无训练集输入的分类,只能选用无监督学习型算法,因此本书采用系统聚类法进行客流节点等级划分。

5.1.1 系统聚类法简析

聚类分析是对对象集合进行分类的过程,其中,对象既可以是具体的物体,又可以是抽象的概念,可使用的方法有系统聚类法、动态聚类法和分解法等。与决策树等算法相比,系统聚类法在不具备先验知识的条件下,能够对多个对象合集进行有效分类。该方法依据分类对象的特征和分类目标,从中选定多个特征向量,组成特征矩阵。n 个分类对象的特征矩阵 $\boldsymbol{X}$ 如式(5-1)所示

$$\boldsymbol{X}=(x_{ij})_{n\times m}=\begin{bmatrix} x_{11} & x_{12} & \cdots & x_{1m} \\ x_{21} & x_{22} & \cdots & x_{2m} \\ \vdots & \vdots & \vdots & \vdots \\ x_{n1} & x_{n2} & \cdots & x_{nm} \end{bmatrix} \tag{5-1}$$

式中 x_{ij} ——第 i 个对象的第 j 个特征值;
n ——对象集合长度;
m ——对象特征向量长度。

根据对象间的距离统计量 d_{ij} 进行分类,见式(5-2):

$$d_{ij} = \left[\sum_{k=1}^{m} |x_{ik} - x_{jk}|^q \right]^{\frac{1}{q}} \tag{5-2}$$

式中　k ——计数变量;

　　　q ——距离统计量的计算方式,若按平方欧氏距离进行计算,则 $q=2$。

对于待分类对象,当 m 个特征变量具备不同数量级时,可利用式(5-2)进行计算,若指标数值较大,将导致聚类无法有效进行;而指标数值较小,将失去作用。为提高聚类结果的准确性,可对数据进行归一化处理,均衡不同特征变量的影响。依据不同类别的距离统计量,对不同对象的距离进行计算,见式(5-3):

$$\mathbf{D} = (d_{ij})_{n \times n} = \begin{bmatrix} 0 & d_{12} & \cdots & d_{1n} \\ 0 & 0 & \cdots & d_{2n} \\ \vdots & \vdots & \vdots & \vdots \\ 0 & 0 & \cdots & 0 \end{bmatrix} \tag{5-3}$$

式中, n 为距离统计量的长度。

在该方法中,首先,假设每个对象都属于一个类别,并初步设定不同对象间的距离;其次,把距离最为接近的两个类别归属为一个新的类别,再重新计算不同对象间的距离;再次,把距离最为接近的两个类别归属为一个新的类别,不断循环,直至将全部对象归属到一个类别中;最后,依据距离阈值确定分类结果。系统聚类法中计算不同类别之间的距离有多个方式,应用较多的有中心距离法、最短距离法等。在本书中,使用最短距离法来计算,如式(5-4)所示:

$$d_{pq} = \min_{(i \in G_p, j \in G_q)} \{d_{ij}\} \tag{5-4}$$

式中　d_{pq} ——距离矩阵 $\mathbf{D}$ 的最短距离;

　　　G_p, G_q ——分类对象 p 和分类对象 q。

5.1.2　基于系统聚类的车站等级划分方法

采用系统聚类法划分客流节点等级。在设定不同对象的距离时,采用平方欧氏距离;在计算不同类别的距离时,采用最短距离法。具体流程如下:

(1) 设定车站间的初始"距离"。本书选取双向客流集散量作为车站的特征值进行分类。采用平方欧氏距离计算车站间客流集散量的"距离"初始值,如式(5-5)所示,并以此构建集散量距离矩阵 $\mathbf{D}(0)$,如式(5-6)所示:

$$d_{ij} = \sum_{k=1}^{n} |x_{ik} - x_{jk}|^2 \tag{5-5}$$

$$\boldsymbol{D}(0) = \begin{bmatrix} 0 & d_{12} & \cdots & d_{1n} \\ 0 & 0 & \cdots & d_{2n} \\ \vdots & \vdots & \vdots & \vdots \\ 0 & 0 & \cdots & 0 \end{bmatrix} \tag{5-6}$$

(2) 合并距离最近的类。找到 $\boldsymbol{D}(0)$ 中的最小距离 d_{kl}，说明对象 G_k、G_l 在客流集散量方面最为相近，可合并为新类 G_0。计算 G_0 与除 G_k、G_l 以外的其他车站之间的距离，如式(5-7)所示，得到新的矩阵 $\boldsymbol{D}(1)$。

$$G(G_0, G_p) = \min(d_{ij}) \quad (i \in G_0, j \in G_p) \tag{5-7}$$

对 $\boldsymbol{D}(1)$ 重复上述步骤，可以获得矩阵 $\boldsymbol{D}(2)$，如此循环，直到计算结果满足本次分类的目标。

(3) 整理分类结果。以上为系统聚类过程的数学方法，还需结合市域快线、快慢车停站方案等相关理论知识，分析其聚类结果的现实意义，进而确定市域快线的车站等级划分方案及停站方案。优化快慢车停站方案，需考虑的核心问题是大站快车应在哪些车站停车，只要确定线路上各个车站哪些是大站、哪些是小站，即可确定快慢车停站方案。因此，本书将市域快线的车站分为两类，分类过程中可以运用 MATLAB 软件绘制聚类图以便于可视化分类过程。

MATLAB 软件绘制聚类图的代码如下：

```
X=[分类对象的特征矩阵]';
Y=pdist(X,'seuclidean');
SF=squareform(Y);
Z=linkage(Y,'single');
dendrogram(Z);
```

5.2 基于多目标决策的列车交路方案比选

列车交路方案是在一定的运营条件下，列车根据运行图或经由行调指挥在规定区间运行及在规定车站折返的列车运行计划。

5.2.1 列车交路方案选择的条件

对市域快线来说，常见的列车交路方案包括单一交路、大小交路、衔接交路、交错交路、Y形交路和组合交路6种形式，详见本书2.2节。

市域快线列车交路方案的确定,需要考虑线路断面客流的分布情况,并结合线路中间站的折返线配置、折返能力等因素,同时兼顾企业行车组织难度和运营成本等,最后进行综合比选。例如,考虑设置特殊交路时,小交路、衔接交路等的折返点和衔接点的运营条件需要重点考虑。

当市域快线客流分布不均衡时,合理的小交路折返点既可以保障沿线乘客的列车服务频率,又能降低企业的运营成本,从而满足乘客和企业双方的效益。通常情况下,列车交路方案主要依据断面客流量进行确定,因此本书用断面客流不均衡系数 φ 来描述某一线路客流不均衡的程度,其计算公式如式(5-8)所示:

$$\varphi = \frac{P_{\max}}{\sum_{k=1}^{K}\frac{P_k}{K}} \tag{5-8}$$

式中　$P_{\max}$ ——单向最大断面客流量;

　　　K ——线路区间数量;

　　　P_k ——第 k 个区间的断面客流量。

由式(5-8)可知 $\varphi \geqslant 1$,且 φ 值越大表示线路断面客流越不均衡。可以运用 φ 值的变化,结合线路的基础设施条件等因素,初步确定若干折返点的位置及列车交路方案,之后再运用本书 5.2.2 节中多目标决策方法进行方案比选。

5.2.2　交路方案比选方法

列车交路方案比选考虑运用多目标决策原理。首先,将各初选方案的利弊一一列举;然后,选取一组比选目标进行多层次分析,从而选取更优方案。需要注意的是,所选取的指标应尽量相互独立,互不交叉,从而使得决策过程更加明确。

本书选用层次分析法,将各个影响列车交路方案的因素进行分解,经过计算得出优化方案。

图 5-1 为多目标决策的层次分析结构图,基于多目标决策的列车交路优选模型为

$$U_i = \sum_{j=1}^{n} u_{ij} \times \omega_j \tag{5-9}$$

式中　U_i ——第 i 个交路方案的决策值;

　　　u_{ij} ——在第 j 个指标下,第 i 个交路方案的计算值;

　　　ω_j ——第 j 个指标在准则层的权重。

运用层次分析法确定列车交路方案的步骤如下。

1. 确定各指标的权重 ω_j

为了确定乘客服务水平、行车管理、工程投资、运营成本等指标的权重,考虑采用系统工程学中的两两比较法,即对准则层的各指标首先进行两两比较,例如可以比较因素 x_i 与

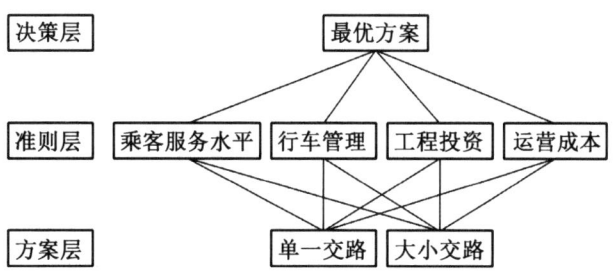

图 5-1 多目标决策的层次分析结构

因素 x_j 中哪个指标对交路方案更为重要,以此来约定指标矩阵中的权重分配。表 5-1 所列为层次分析法中常用的两两比较法取值。

表 5-1 两两比较法比较因素 x_i 和因素 x_j

意义	重要得多	重要	稍重要	一样重要	稍次要	次要	次要得多
取值	7	5	3	1	1/3	1/5	1/7

决策过程中采用的各个评价指标两两比较重要程度后,可以得到一个比较矩阵 A,之后用和法计算权向量 w,并进行一致性检验,如式(5-10)—式(5-12),最终 CR 小于 0.1 才能满足一致性检验要求。

$$\lambda_{\max} = \frac{1}{n}\sum_{i=1}^{n}\frac{(Aw)_i}{w_i} \quad (5\text{-}10)$$

$$CI = \frac{\lambda_{\max}-n}{n-1} \quad (5\text{-}11)$$

$$CR = \frac{CI}{RI} \quad (5\text{-}12)$$

式中 $\lambda_{\max}$——判断矩阵的最大特征值;

CI——一致性指标;

RI——平均随机一致性指标,取值见表 5-2;

CR——一致性比例。

表 5-2 RI 取值表

维数	3	4	5	6	7	8	9
RI	0.58	0.96	1.12	1.24	1.32	1.41	1.45

2. 建立判断矩阵

1) 标度法转化定性指标

采用如表 5-3 所示的标度法,将交路方案比选过程中所涉及的定性指标转化为定量指标。本书中的定性指标包括乘客服务水平和行车管理,可以综合考虑各初选方案的特征来进行标度。

表 5-3 标度法

意义	最好	明显好	好	略好	有点差	略差	差	明显差	最差
标度	9	7	5	3	1	3	5	7	9

2) 归一化处理

按照方案与各评价指标的属性关系,可以将指标集分为获益性指标和损益性指标两类。获益性指标包括乘客服务水平等,其属性值越大对应的方案越好。损益性指标则相反,主要包括工程投资、运营成本等。获益性指标和损益性指标通常具有不同的量纲,在最终评价之前,需要对指标集进行归一化处理。

获益性指标归一化:

$$U'_{ij}=\frac{u_{ij}-\omega_{j\min}}{\omega_{j\max}-\omega_{j\min}} \qquad (5\text{-}13)$$

损益性指标归一化:

$$U'_{ij}=\frac{\omega_{j\max}-u_{ij}}{\omega_{j\max}-\omega_{j\min}} \qquad (5\text{-}14)$$

式中 U'_{ij} ——在第 j 项指标下,第 i 个交路方案归一化后的决策值;

u_{ij} ——在第 j 个指标下,第 i 个交路方案的计算值;

$\omega_{j\min}$ ——第 j 个评价指标的最小值;

$\omega_{j\max}$ ——第 j 个评价指标的最大值。

3. 计算综合评价指标

根据式(5-9)计算各列车交路方案的最终评价值 U_i,并进行排序比选。

5.2.3 列车开行对数与快慢车比例计算

1. 列车开行对数

列车开行对数主要取决于线路的最大断面客流量。根据各时段最大断面客流可计算分时段列车开行对数 N,也可综合列车交路方案等,区分大小交路分别计算,计算公式见式(5-15):

$$N=\frac{P_{\max}}{\lambda c_{\mathrm{p}}} \qquad (5\text{-}15)$$

式中 $P_{\max}$ ——交路上断面客流的最大值;

c_{p} ——列车设计载客量,即列车定员;

λ ——列车平均满载率。

2. 快慢车开行比例

快慢车开行比例(简称快慢比)是指以快慢车模式运营的轨道交通线路上,单位时间内快车与慢车发车频率的比值。快慢比可依据长途客流量与短途客流量之比进行计算。

如果出行起讫点超过 n 个区间则为长途乘客,那么快慢比 γ 可由式(5-16)表示,即出行距离超过 n 个区间的客流量,与出行距离不超过 n 个区间的客流量的比值。其中,n 的取值与所研究的线路条件有关,可以结合线路的具体条件分析确定。

$$\gamma = \frac{\sum_{|i-j|>n} Q_{i,j}}{\sum_{|i-j|\leqslant n} Q_{i,j}} \tag{5-16}$$

式中 γ ——快慢比,即快慢车开行比例;

$Q_{i,j}$ ——从 i 站到 j 站的客流量,人次/h。

5.3 客流 OD 分类与乘客选择行为模型

5.3.1 市域快线客流 OD 分类

由于快慢车模式下乘客乘车时面临的选择增多,因此在建模求解之前,需要分析市域快线客流 OD 分类与乘客选择行为。

根据快车是否停站划分车站种类,仅慢车停站的车站为小站,快、慢车均停站的车站为大站。快车与慢车的最大不同是停站次数与旅行速度,这使得不同出行路径的乘客花费的在车时间及候车时间存在差异。乘客路径选择受乘客出行起讫点影响,依据乘客出行起讫点的不同,将不同的路径选择乘客类型记为 $L_i(i=1 \sim 4)$。

1. L_1：大站→大站客流

在快慢车开行方案优化模型中,客流分配是否准确很大程度上取决于 L_1 类乘客的路径选择行为如何定义。作为市域快线快车的主要受众和获益者,L_1 类乘客有两种出行路径可以选择:

(1) 只考虑选择快车。对于出行距离较长的 L_1 类乘客,选择快车可以显著地节约出行时间。

(2) 选择到达的第 1 列车。若第 1 列到达的是快车,则情况同(1),若到达的是慢车,则对候车时间比较敏感或不清楚线路列车安排的乘客,会乘坐随机相遇的第 1 列慢车。

2. L_2：大站→小站客流

L_2 类乘客有两种选择可以考虑:

(1) 选择慢车。对于一些出行距离较短的乘客,选择慢车可以无须换乘而直接到达目的地。

(2) 选择快车之后再换乘慢车,即先乘坐快车到距离目的地最近的大站下车,然后再换乘慢车到达目的地。

对于选择到达第1列车的乘客,若到达的是快车,则情况同(2);若到达的是慢车,则情况同(1)。

3. L_3:小站→大站客流

小站乘客只能选择慢车,但乘车方案有两种:①全程乘坐慢车;②先乘坐慢车至第一个大站,再换乘快车。

4. L_4:小站→小站客流

同样地,小站乘客只能选择慢车,但乘车方案有两种:①全程选择慢车;②先乘坐慢车,之后选择途中第一个大站换乘快车,乘坐快车至目的地前最后一个大站,再换乘慢车到达目的地,需要两次换乘。

综上所述,可得客流 OD 分类如图 5-2 所示,乘客路径选择行为如表 5-4 所示。

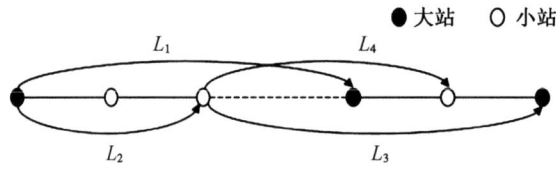

图 5-2 客流 OD 分类

表 5-4 乘客路径选择行为

客流 OD 分类	L_1	L_2	L_3	L_4
乘客路径方案	1 快车 2 慢车	1 快车→慢车 2 慢车	1 慢车 2 慢车→快车	1 慢车 2 慢车→快车→慢车

5.3.2 基于多项 Logit 模型的乘客选择行为

随机效用理论以概率论为基础,用于解决多方案选择问题,是交通科学的代表理论之一。在决策者总是选择收益最大方案的前提下,多项 Logit 模型可以确定每个方案的吸引度或效益值。在快慢车模式下,如果乘客可选择的有效路径大于或等于两条,乘客一般会权衡利弊再做出选择。假设随机误差项为 ε,它们相互独立且服从相同的耿贝尔(Gumbel)分布,则乘客选择第 l 条路径的概率可用基于随机效用理论的多项 Logit 模型表示,如式(5-17)—式(5-19)所示。

$$U_l^{ij} = V_l^{ij} + \varepsilon_l^{ij} \tag{5-17}$$

$$V_l^{ij} = -C_l^{ij} \tag{5-18}$$

$$P(l) = \frac{\exp\left(-C_l^{ij}/\overline{C_l^{ij}}\right)}{\sum_l \exp\left(-C_l^{ij}/\overline{C_l^{ij}}\right)} \tag{5-19}$$

式中 U_l^{ij}——车站 i 和车站 j 之间有效路径 l 的随机效用；

V_l^{ij}——基于优化模型的可确定效用；

ε_l^{ij}——随机误差项；

C_l^{ij}——在车站 i 和车站 j 之间选择第 l 条出行路径时的乘客效益；

$P(l)$——乘客选择路径 l 的概率；

$\overline{C_l^{ij}}$——所有有效路径的平均效益。

基于本小节中的市域快线客流 OD 分类研究以及乘客选择行为模型搭建，本书 5.4 节将重点讨论市域快线快慢车开行方案的多目标优化模型。

5.4 市域快线快慢车开行方案多目标优化模型

市域快线采用快慢车模式运营，选择乘坐快车的乘客，其出行时间会有所减少；但对于不能全程乘坐快车的乘客而言，候车时间和换乘时间的变化可能会导致总出行时间增加，即快车的开行在满足一部分乘客快速出行需求的同时，会损失另一部分乘客的出行效率，所以应综合考虑线路乘客出行总效益最佳。同时，快慢车的开行，更符合线路乘客的出行需求，使得线路的服务水平有所提高，但是会增加运营企业行车管理、工程投资等的费用和成本，因此在进行开行方案优化时，应兼顾企业效益使之最佳。基于以上分析，本书考虑以乘客出行效益为优化目标，兼顾企业效益，建立市域快线快慢车开行方案多目标优化模型。

结合本书 5.2 节和 5.3 节的分析可知，市域快线快慢车开行方案优化的核心要素包括列车交路方案、列车开行对数、快慢车开行比例和停站方案等，本章研究的市域快线快慢车开行方案是在假定列车交路方案、编组方案以及车辆选型一定的情况下，使所有乘客的总节省时间最多、企业运营成本最小的快慢车高峰小时开行的停站方案、快慢车开行比例和越行站设置方案。

本节讨论的条件设定如下：

(1) 列车交路方案。本节讨论单一交路模式下的市域快线快慢车开行方案。

(2) 车辆选型及编组方案。本书研究中对于市域快线车型的选择是最高运行速度为 160 km/h 的 8 节编组 D 型市域列车，列车定员为 1 750 人/列。

因此，市域快线快慢车开行方案模型优化问题可以简化如下：已知某条市域快线的客流条件和线路条件，在同时兼顾乘客效益和企业效益为优化目标的前提下，求解包括快慢车发车频率、列车停站和列车越行在内的快慢车开行方案。

5.4.1 模型假设

本节所建立的优化模型其假设如下：

(1) 只考虑某一方向的开行方案。

(2) 研究时段为高峰时段，该时段乘客到达服从均匀分布。

(3) 所有车站均具备越行条件；快车越行慢车时采用不停站越行方式，以减少对线路通过能力的影响。

(4) 乘客出行路径选择遵循本书 5.3 节中建立的多项 Logit 乘客选择行为模型。

5.4.2 模型变量与参数说明

为方便描述，本模型中的变量与参数的说明如表 5-5 所列。

表 5-5 变量与参数的说明

变量/参数	说明
f_1	快车发车频率，对/h，决策变量
f_2	慢车发车频率，对/h，决策变量
y_k	列车在车站 k 是否停站，决策变量；$y_k=1$ 时停站，$y_k=0$ 时不停站
M_k	列车在车站 k 是否越行，决策变量；$M_k=1$ 时越行，$M_k=0$ 时不越行
T	快慢车模式下所有乘客的总节省时间，s
T_v	乘客在车节省的时间，s
T_w	乘客候车增加的时间，s
E	车底购置费用，元
C	列车公里费用，元
α	乘客效益在总目标函数中的权重系数
β	企业效益在总目标函数中的权重系数
Z	加权目标函数
K	线路车站总数量
i	线路车站编号
$Q_{i,j}$	车站 i 与车站 j 之间的高峰小时客流量，人次/h
m	列车定员，人/列
$N_{\max}$	线路最大通过能力，对/h

(续表)

变量/参数	说明
λ	列车满载率
t_v^k	列车在车站 k 因不停站所节省的时间，s
T_j	列车在车站 j 的停站时间，s
h	列车起停附加时分，s
t_{vw}^k	列车在车站 k 被越行时，车上每位乘客增加的等待时间，s
t_w^k	列车在车站 k 不停站，k 站乘客必须再等待下一趟慢车的时间，s
$t_w^{k'}$	快车在车站 k 停站，但在部分候车乘客目的地车站不停站，这部分乘客再等待下一趟慢车所增加的候车时间，s
L_{ij}	车站 i 到车站 j 的区间长度，km
$P(l_1)$	L_1、L_2 类乘客在起点站选择乘坐快车的概率
$P(l_2)$	$L_1 \sim L_4$ 类乘客在起点站选择乘坐慢车的概率
$P(l_3)$	L_2、L_4 类乘客在起点站选择乘坐慢车的概率
$P(l_4)$	L_3、L_4 类乘客乘坐慢车后中途换乘快车的概率
I	追踪列车间隔时间，s
T_{z1}	快车周转时间，s
T_{z2}	慢车周转时间，s
t_1	快车平均始发间隔，s
t_2	慢车平均始发间隔，s
c_v	列车平均购置费用，元/列
c	列车平均走行公里费用，元/km

5.4.3 市域快线快慢车开行方案的乘客效益优化

出行时间是乘客在选择路径时主要考虑的因素，因此对于考虑乘客效益的市域快线快慢车开行方案优化而言，应以乘客总出行时间最小为目标。市域快线采用快慢车模式会对乘客的出行时间产生以下影响：

(1) 由于快车在部分车站不停站，因此相比于乘坐慢车的乘客，乘坐快车的乘客节省了列车的停站时间和起停附加时间。

(2) 当快车越行慢车时，前行慢车需要在越行线待避快车通过，需等待至少一个追踪间隔时间。

(3) 在快车停车站,部分慢车乘客因快车在目的地车站不停车,故需要等候下一趟慢车,从而增加了其候车时间。

因此,乘客总节省时间为乘客在车时间节省(+)与乘客候车时间增加(-)两部分之和。

1. 乘客在车节省的时间

乘客在车节省的时间 T_v 包括三部分:快车因不停站所节省的时间 T_{v1}(+)、慢车因被越行其车上乘客增加的等待时间 T_{v2}(-),以及因快慢车区间运行速差导致的在车时间节省 T_{v3}(+)。其中,快车因不停站所节省的时间 T_{v1} 可以表示为

$$\begin{cases} T_{v1} = \dfrac{f_1}{f_1+f_2} P(l_1) \sum_{i=1}^{K} \sum_{j=1}^{K} y_i y_j Q_{i,j} \sum_{k=i}^{j} (1-y_k) t_v^k \\ t_v^k = T_j + h \end{cases} \quad (5\text{-}20)$$

式中 f_1——快车发车频率,对/h;

f_2——慢车发车频率,对/h;

$Q_{i,j}$——车站 i 与车站 j 之间的高峰小时客流量,人次/h;

$P(l_1)$——L_1、L_2 类乘客在起点站选择乘坐快车的概率;

y_i、y_j、y_k——列车在车站 i、车站 j、车站 k 是否停站的 0-1 变量,停站取 1,不停站取 0;

t_v^k——列车在车站 k 因不停站所节省的时间,s;

T_j——列车在车站 j 的停站时间,s;

h——列车起停附加时分,s。

慢车因被越行导致车上乘客增加的等待时间 T_{v2} 可以表示为

$$\begin{cases} T_{v2} = \dfrac{f_2}{f_1+f_2} P(l_2) \sum_{i=1}^{K} \sum_{j=1}^{K} y_i y_j Q_{i,j} \sum_{k=i}^{j} M_k t_{vw}^k \\ t_{vw}^k = 2I \end{cases} \quad (5\text{-}21)$$

式中 t_{vw}^k——列车在车站 k 被越行时,车上每位乘客增加的等待时间,s;

$P(l_2)$——$L_1 \sim L_4$ 类乘客在起点站选择乘坐慢车的概率;

I——追踪列车间隔时间,s;

M_k——列车在车站 k 是否越行,属于决策变量,当 $M_k=1$ 时越行,$M_k=0$ 时不越行。

其余参数说明同式(5-20)。

本模型求解的不同越行方案将影响整体开行方案中快慢车开行的顺序。在具体案例中,需依据 M_k 的取值情况,并结合快车和慢车的发车频率 f_1 和 f_2 来确定一个开行周期中快车与慢车开行的顺序。

由于快车不停站运行,其运行速度可以得到较好的发挥,选择快车的乘客在列车运行过程中会产生一定的时间节省 T_{v3}:

$$T_{v3} = \frac{f_1}{f_1+f_2}P(l_1)\sum_{i=1}^{K}\sum_{j=1}^{K}y_iy_jQ_{i,j}\left(\frac{L_{ij}}{v_2}-\frac{L_{ij}}{v_1}\right) \qquad (5-22)$$

式中 L_{ij} ——车站 i 到车站 j 的区间长度,km;

v_1 ——快车在 i 站到 j 站区间内的运行速度,km/h;

v_2 ——慢车在 i 站到 j 站区间内的运行速度,km/h。

其余参数说明同式(5-20)。

乘客在车时间节省可表示为

$$T_v = T_{v1} - T_{v2} + T_{v3} \qquad (5-23)$$

2. 乘客候车增加的时间

1) 起点站候车时间增加

由于快车部分车站不停车,使得部分慢车乘客的候车时间增加 T_{w1},可由式(5-24)计算得出:

$$\begin{cases} T_{w1} = \sum_{i=1}^{K}\sum_{j=1}^{K}(1-y_iy_j)Q_{i,j}t_w^k \\ t_w^k = \frac{1}{2}\left(\frac{3\,600}{f_2} - \frac{3\,600}{f_1+f_2}\right) \end{cases} \qquad (5-24)$$

式中 $Q_{i,j}$ ——车站 i 与车站 j 之间的高峰小时客流量,人次/h;

y_i, y_j ——列车在车站 i、车站 j 是否停站的 0-1 变量,停站取 1,不停站取 0;

t_w^k ——列车在车站 k 不停站,k 站站台的候车乘客需要再等待下一趟慢车的时间,其值等于所乘坐列车发车间隔的一半,s。

其余参数说明同式(5-20)。

根据本书 5.4.1 节中的假设(4),由于快车无法直达某些小站,使得部分慢车乘客选择等待最近到达的慢车,这部分候车时间增加表示为 T_{w2},可由式(5-25)计算得出:

$$T_{w2} = \frac{f_2}{f_1+f_2}P(l_3)\sum_{i=1}^{K}\sum_{j=1}^{K}y_iy_jQ_{i,j}\sum_{k=i}^{j}(1-y_k)t_w^{k\prime} \qquad (5-25)$$

式中 $P(l_3)$ ——L_2、L_4 类乘客在起点站选择乘坐慢车的概率;

$t_w^{k\prime}$ ——快车在车站 k 虽然停站,但之后在部分候车乘客的目的地车站不停站,这部分乘客选择等待之后到达的第一趟慢车,此时所增加的候车时间等于列车平均发车间隔的整数倍。

其余参数说明同式(5-20)。

2) 换乘站候车时间增加

根据本书 5.4.1 节中的假设(4)，L_3、L_4 类乘客在起点站选择乘坐慢车后，还可能在中途选择换乘快车，这部分乘客在换乘站的候车时间增加 T_{w3}，可由式(5-26)计算得出：

$$T_{w3}=P(l_2)P(l_4)\sum_{i=1}^{K}\sum_{j=1}^{K}y_iy_jQ_{i,j}\sum_{k=i}^{j}(1-y_k)t_w^{k\prime} \tag{5-26}$$

式中，$P(l_4)$ 为 L_3、L_4 类乘客乘坐慢车后中途换乘快车的概率。

慢车乘客总候车时间增加 T_w 可表示为

$$T_w = T_{w1} + T_{w2} + T_{w3} \tag{5-27}$$

5.4.4　兼顾企业效益的快慢车开行方案优化

轨道交通运营企业在确保乘客总体出行时间效益最大化的前提下，应当尽量达到使企业效益最大化的目标，因此本书考虑建立兼顾企业效益的快慢车开行方案优化模型。企业效益主要体现为车底购置费和列车公里费。

1. 车底购置费

快车在部分车站不停站导致其周转时间减少，从而使得车底运用数量减少。对于运营企业来说，运用车数量的减少，最直观的效益即为车底购置费相应地有所减少。车底购置费需要区分快车、慢车分别计算，如式(5-28)所示：

$$E=\begin{cases}\left(\dfrac{T_{z1}}{t_1}+\dfrac{T_{z2}}{t_2/n}\right)c_v, & f_1:f_2=1:n \\ \left(\dfrac{T_{z1}}{t_1/n}+\dfrac{T_{z2}}{t_2}\right)c_v, & f_1:f_2=n:1\end{cases} \tag{5-28}$$

式中　E——车底购置费，元；

　　　T_{z1}——快车周转时间，s；

　　　T_{z2}——慢车周转时间，s；

　　　t_1——快车平均始发间隔，s；

　　　t_2——慢车平均始发间隔，s；

　　　c_v——列车平均购置费，元/列。

2. 列车公里费

列车公里费是指列车单位时间走行一公里所花费的费用，它与列车发车频率有关，如式(5-29)所示：

$$C=\sum_{j=1}^{K}L_{ij}(f_1+f_2)c \tag{5-29}$$

式中　C——列车公里费，元；

L_{ij} ——车站 i 到车站 j 的区间长度,km;

c ——列车平均走行公里费,元/km。

5.4.5 模型描述

基于以上分析建立市域快线快慢车开行方案多目标优化模型,由于优化目标同时考虑了乘客效益和企业效益,且两部分内容的计算单位不同,所以本书考虑采用线性加权法将其转化成单目标优化问题。加权目标函数如式(5-30)所示,以总效益最大为目标,乘客效益部分为乘客出行时间节省,应该为正;企业效益计算的是企业成本,应该为负。需要说明的是,本书中假设企业车底购置费和列车公里费在总目标函数中所占的比重相同。

目标函数:

$$\max Z = \alpha T' - \frac{\beta}{2}(E' + C') \quad (5\text{-}30)$$

参数归一化:

$$T' = \frac{T - T_{\min}}{T_{\max} - T_{\min}} \quad (5\text{-}31)$$

$$T = T_v - T_w \quad (5\text{-}32)$$

$$E' = \frac{E - E_{\min}}{E_{\max} - E_{\min}} \quad (5\text{-}33)$$

$$C' = \frac{C - C_{\min}}{C_{\max} - C_{\min}} \quad (5\text{-}34)$$

能力约束:

$$\text{s.t.} \quad f_1 + f_2 \leqslant N_{\max} \quad (5\text{-}35)$$

最小发车对数约束:

$$f_1 \geqslant 1 \quad (5\text{-}36)$$

$$f_2 \geqslant 1 \quad (5\text{-}37)$$

发车频率约束:

$$\sum_{i=1}^{k} \sum_{j=k+1}^{K} \lambda Q_{i,j} y_i y_j \leqslant f_1 m \quad (5\text{-}38)$$

$$\sum_{i=1}^{k} \sum_{j=k+1}^{K} \lambda Q_{i,j} (1 - y_i y_j) \leqslant f_2 m \quad (5\text{-}39)$$

停站约束:

$$y_1 = y_k = 1 \quad (5\text{-}40)$$

$$\alpha + \beta = 1 \tag{5-41}$$

其中,式(5-36)和式(5-37)的最小发车对数约束要求快车与慢车至少各开行一对;式(5-38)和式(5-39)的发车频率约束要求发车频率应满足线路能力,且满足线路客流需求;式(5-40)的停站约束可以保证快车在首末站必须停车;式(5-41)中 α 和 β 分别为乘客效益与企业效益的权重系数。

5.5 基于隐枚举法的模型求解

5.5.1 算法描述

由于上述优化模型中的决策变量 y_k(快慢车停站方案)和 M_k(快慢车越行方案)均为 0-1 变量,因此考虑将另外两个决策变量即快车和慢车的发车频率 f_1 和 f_2 转化为 0-1 变量,这样本书 5.4 节中的市域快线快慢车开行方案优化模型可考虑为整数非线性规划模型,选用 0-1 整数规划中的隐枚举法进行求解。

隐枚举法的核心思想是将需要求解的问题 P 分解成若干更为简单的子问题,按照算法逻辑和优化目标遍历各子问题,直至找到问题 P 的最优解。分解过程可得隐枚举法树状图,其逻辑如图 5-3 所示。

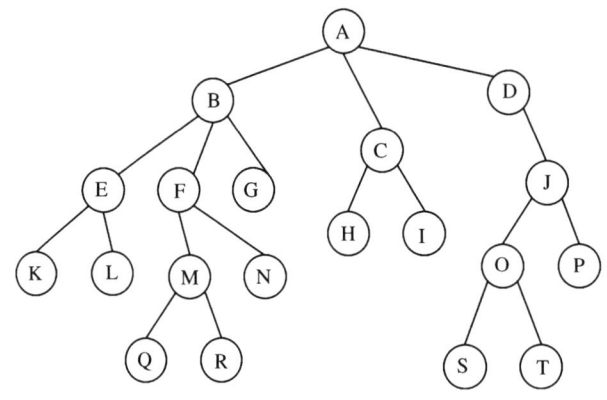

图 5-3 隐枚举法逻辑示意

将问题 P 记作 $\{\varnothing\}$,其每个子问题记作 $\{\sigma\}$。把问题 P 分解完成后,可以依据优化目标,沿着分解过程,遍历各个子问题,计算目标函数值并进行对比,直至找到问题的最优解。一般的遍历规则是设 $\bar{x}$ 为问题 P 的一个可行解,$\bar{f}$ 是 $\bar{x}$ 所对应的目标函数值,对于问题 P 的任一子问题 $\{\sigma\}$,x_j 表示子问题 $\{\sigma\}$ 中最小下标的变量,则有下列遍历结果:

(1) 如果在 σ_0 处的总目标函数值 $p(\sigma_0)$ 不小于 $\bar{f}$,则子问题 $\{\sigma\}$ 好于 $\bar{x}$ 的可行解。

(2) 如果在 σ_0 处的总目标函数值 $p(\sigma_0)$ 小于 $\bar{f}$，且 σ_0 是 P 的可行解，则 σ_0 是比原始 $\bar{x}$ 更好的可行解，因此 $\bar{x}=\sigma_0$，$\bar{f}=p(\sigma_0)$。

(3) 如果在 σ_0 处的总目标函数值 $p(\sigma_0)$ 小于 $\bar{f}$，且 σ_0 不是问题 P 的可行解，则子问题 $\{\sigma\}$ 好于 $\bar{x}$ 的可行解。

(4) 设变量 $c_{j1}, c_{j2}, \cdots, c_{jk}$ 满足以下不等式：

$$p(\sigma_0)+c_{j1} \leqslant \cdots \leqslant p(\sigma_0)+c_{jr} < \bar{f} \leqslant p(\sigma_0)+c_{jr+1} \leqslant \cdots \leqslant p(\sigma_0)+c_{jr+k} \tag{5-42}$$

记作 $J=\{j_1, j_2, \cdots, j_r\}$，将 J 称为可选集。

令 $s_i = A_i\sigma_0 - b_i$，$(i=1, \cdots, m)$，s_i 为第 i 个约束条件的松弛变量（s_i 为在第 i 个约束条件下，σ_0 左侧值与右侧值的差）。若所有的 $s_i \geqslant 0$，则 σ_0 是比现行的 $\bar{x}$ 更好的可行解，置 $\bar{x}=\sigma_0$，$\bar{f}=p(\sigma_0)$。

(5) 若 σ_0 不是可行解，置 $I=\{I \mid s_i<0\}$，称 I 违背约束集，设：

$$\begin{cases} J_i = \{j \mid j \in J, a_{ij}>0\}, & i \in I \\ q_i = \sum_{j \in J_i} a_{ij}, & i \in I \end{cases} \tag{5-43}$$

式中，a_{ij} 为系数矩阵 $\boldsymbol{A}$ 中第 i 行第 j 列元素。

(6) 计算 $s_i + q_i$，若 $s_i + q_i < 0$，则子问题 $\{\sigma\}$ 好于 $\bar{x}$ 的可行解。

5.5.2 模型求解步骤

市域快线快慢车开行方案优化模型的算法遍历求解过程如图 5-4 所示。

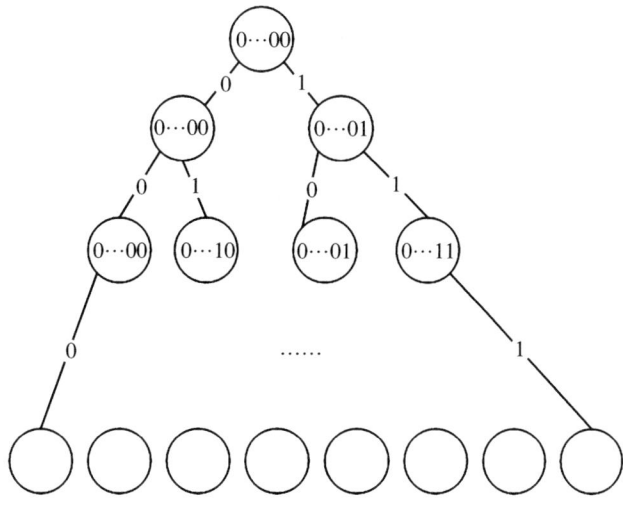

图 5-4 遍历过程示意

1. 二进制转化

首先对快车和慢车的发车频率 f_1 和 f_2 进行二进制转化,已知快、慢车发车频率的取值范围为 $[0,30]$,因此 f_1 和 f_2 均需采用 6 位二进制字符串表示。假设市域快线有 K 座车站,考虑到在线路起、终点站列车必须停车,则决策变量 y_k 需要 $(K-2)$ 位二进制数据结构,越行方案 M_k 同理,若线路中某些车站实际不具备越行条件,也应做出相应调整。

综上可知,本书中的整数非线性规划模型可以采用 $(2K+8)$ 位二进制数据结构进行定义。其中,快发车频率 f_1 为 1—6 位,慢车发车频率 f_2 为 7—12 位,之后分别是 y_k 和 M_k。

2. 初始可行解相关定义

基于隐枚举法的求解要求,本书 5.4 节中模型的初始可行解相关定义如表 5-6 所列。

表 5-6 初始可行解相关定义

表示	定义
$\bar{x}$	初始可行解
$\bar{f}$	初始目标函数值
$\{\sigma\}=\{\varnothing\}$	子问题
$\sigma_0=(0,0,\cdots,0)$	初始探测点

3. 约束条件判断

如果在 σ_0 处的总目标函数值 $p(\sigma_0)$ 不小于 $\bar{f}$,则子问题 $\{\sigma\}$ 好于 $\bar{x}$ 对应的开行方案可行解,可直接进入本书 5.5.1 节中步骤(6)结束条件判断;否则继续计算步骤(4)。

4. 计算松弛变量 s_i

对于第 i 个约束条件,定义松弛变量 s_i。若对于所有约束条件,松弛变量均大于或等于 0,则认为 σ_0 是该组约束条件下的可行解,令 $\bar{x}=\sigma_0$,可直接进入本书 5.5.1 节中步骤 (6) 结束条件判断;若对所有约束条件,松弛变量均小于 0,则须令约束集 $I=\{I\mid s_i<0\}$,计算步骤(5)。

5. 约束集 I

如果无法满足本书 5.5.1 节中步骤(4),令 $j_k\in J$。对某一 $i\in I$,如果满足 $q_i<0$,该子问题无优于 $\bar{x}$ 的可行解,进入步骤(6)结束条件判断。

6. 结束条件

当子问题 $\{\sigma\}$ 中的变量为 0 时,算法遍历完毕。查看计算结果,如果 $\bar{x}\neq\varnothing$,则 $\bar{x}$ 为优化模型的最优解。

5.6 基于 TOPSIS 法的市域快线快慢车开行方案评价

本章前文分别讨论了快慢车开行方案的要素优化方法和模型优化方法,理论上两种方法均可得到若干优化后的开行方案,本节将研究这些方案的评价标准和比选方法。

5.6.1 基于 Vague 集的 TOPSIS 法概述

目前,常用的市域快线开行方案评价方法主要包括期望效用理论、主成分分析法、模糊综合评价法和可拓优度法等。其中,可拓优度法是蔡文在 1994 年提出的,该方法采用关联函数来评价各个待选方案的优度,并做出决策。这些常用方法均有其可取之处,但也存在需要改进的地方。

W. L. Gau 和 D. J. Buehrer 在 1993 年提出的 Vague 集评价方法是模糊综合评价法中的一种。Vague 集引入真假隶属度,隶属度以区间形式表示,该区间同时反映评价方案的决策者对某一指标的支持度和反对度,如果没有明确意见则表示不支持也不反对的中立态度。

为方便描述,本节定义如下参数,见表 5-7。

表 5-7 参数定义

参数	定义
t_a	真隶属函数
f_a	假隶属函数
$t_a(x)$	肯定隶属度的下界
$f_a(x)$	否定隶属度的下界
$\theta_a(x)$	x 相对于 a 的未知程度
$D(a,b)$	两个实数 Vague 值之间的距离

Vague 集由若干 Vague 值组成,其主要思想如下:

假设一个论域 V,x 是 V 中的任一元素,则

$$t_a: V \to [0, 1], \quad f_a: V \to [0, 1] \tag{5-44}$$

$$t_a(x) + f_a(x) \leqslant 1 \tag{5-45}$$

x 在 Vague 集中 a 的 Vague 值:

$$[t_a(x, 1), 1 - f_a(x)] \in [0, 1] \tag{5-46}$$

$$\theta_a(x) = 1 - t_a(x) - f_a(x) \tag{5-47}$$

$\theta_a(x)$ 是 x 相对于 a 的未知程度，$\theta_a(x)$ 的值越大，说明 x 相对于 a 的未知程度越高。当 $t_a = 1 - f_a$ 时，$\theta_a(x) = 0$，即当 $t_a(x) + f_a(x) = 1$ 时，Vague 值 x 与普通模糊值相同。

Vague 集评价方法的基础是计算各 Vague 值之间的距离：

$$D(a,b) = \frac{1}{n}\sum_{i=1}^{n}\left\{\frac{1}{2}(|t_a(x_i) - t_b(x_i)| + |f_a(x_i) - f_b(x_i)|) + \frac{1}{6}(\theta_a(x_i) - \theta_b(x_i))\right\} \tag{5-48}$$

C. L. Hwang 和 K. Yoon 于 1981 年首次提出的 TOPSIS 法是一种无限接近理想方案的比选方法，该方法引入正理想解（PIS）和负理想解（NIS）对方案备选集中的各方案进行比选。基于 Vague 集的 TOPSIS 排序方法，其步骤描述如下：

(1) 构造正理想方案 PIS 和负理想方案 NIS

备选方案 A_i 拥有属性集 C，那么方案 A_i 可表示为

$$A_i = \{(C_1, [t_{i1}, 1-f_{i1}]), (C_2, [t_{i2}, 1-f_{i2}]), \cdots, (C_n, [t_{in}, 1-f_{in}])\} \tag{5-49}$$

那么，对备选方案集 $A = \{A_1, A_2, \cdots, A_m\}$，在满足属性集 C 的约束条件下，可以构造一个正理想方案 A^+ 和一个负理想方案 A^-。

$$A^+ = \{(C_1, [1, 1]), (C_2, [1, 1]), \cdots, (C_n, [1, 1])\} \tag{5-50}$$

$$A^- = \{(C_1, [0, 0]), (C_2, [0, 0]), \cdots, (C_n, [0, 0])\} \tag{5-51}$$

(2) 计算备选方案 A_i 到 A^+ 和 A^- 的距离

$$D_{ij}^+ = D(A_i, A^+) = \sum_{j=1}^{n} \omega_i D(v_{ij}, [1, 1]) \tag{5-52}$$

$$D_{ij}^- = D(A_i, A^-) = \sum_{j=1}^{n} \omega_j D(v_{ij}, [0, 0]) \tag{5-53}$$

式中　D_{ij}^+ ——备选方案 A_i 到 A^+ 的加权距离；

D_{ij}^- ——备选方案 A_i 到 A^- 的加权距离。

(3) 计算备选方案 A_i 的排序值 R_i

定义 R_i 为备选方案 A_i 的最终优先级排序值，计算方法见式(5-54)。最后，依据 R_i 的值进行优劣排序，R_i 值越大，对应的方案 A_i 越优。

$$R_i = \frac{D_{ij}^-}{D_{ij}^+ + D_{ij}^-}, \quad i = 1, 2, \cdots, m \tag{5-54}$$

5.6.2 基于 TOPSIS 法的快慢车开行方案评价

TOPSIS 法的基本理论即为待选开行方案与正理想方案距离最小,与负理想方案距离最大。正理想方案应是方案备选集中的最佳方案,负理想方案则是方案备选集中的最差方案。正、负理想方案均是虚拟的,不一定存在。计算候选开行方案与正理想方案和负理想方案之间的距离,获得与正理想方案的相对接近度,从而获得全部候选开行方案的好坏排序。

基于 TOPSIS 法的市域快线快慢车开行方案评价优选步骤如下:

(1) 确定开行方案评价指标体系

从乘客效益和企业效益两个角度构建三级指标评价体系,具体指标如表 5-8 所列。

表 5-8 开行方案三级指标评价体系

序号	一级指标	二级指标	三级指标
1	乘客效益	运营指标	列车开行对数
2			列车旅行速度
3			乘客运送人数
4		服务指标	列车运行停站比
5			乘客在途节省时间
6			车站服务频次
7	企业效益	能力指标	通过能力利用率
8			列车平均运距
9		技术指标	车底需要数
10			列车走行公里
11		经济指标	列车运营成本
12			列车运营收益

(2) 计算各开行方案的各指标 Vague 值

当评价指标体系中包含的指标过多时,不利于评价体系的编制,考虑的因素越多,就越容易出现错误,错误积累所造成的负面影响可能大于正面影响,且最重要的是评价指标体系中的每个指标都应该是独立的。

首先,为确保方案比选的公正性和准确性,邀请 n 位专家进行投票,若认为某指标在本次评价中为关键性指标则投"1",认为某指标不关键则投"2",不清楚某指标是否关键则投"3"。

然后,依据专家投票结果,计算每一个评价指标的 Vague 值。其中,$t_x(i)$ 表示第 i 个指标是不是关键性指标的专家支持程度,等于认为第 i 个指标关键的专家数量除以总专家数;$f_x(i)$ 表示第 i 个指标是不是关键性指标的专家反对程度,等于认为第 i 个指标不关键的专家数量除以总专家数。定义 $s_x(i)$ 为各评价指标的 Vague 值:

$$s_x(i) = t_x(i) - f_x(i) \tag{5-55}$$

$s_x(i)$ 可以反映某一评价指标在参与投票的专家中受支持的程度。当 $s_x(i) > 0$ 时,表示认为指标关键的专家多于认为指标不关键的专家。当 $s_x(i) > 0.5$ 时,表示超过半数以上的专家支持该指标,说明它是关键性指标。

(3) 计算各方案与最优方案的贴近度

通过本章 5.2 节和 5.4 节的两种优化思路,可以得到若干可行的市域快线快慢车开行方案 $\{A_1, A_2, \cdots, A_n\}$,进行 TOPSIS 法评价比选。根据 TOPSIS 法确定候选方案集的正、负理想开行方案,并分别计算各个候选方案 A_i 与 A^+、A^- 之间的距离。

(4) 各方案排序

计算各个备选方案的排序值 R_i 并对其进行优劣排序,R_i 值越大,对应的方案 A_i 越优。

6 快慢车模式下的列车开行方案评价

　　确定快慢车模式下的列车开行方案属于多方案、多目标决策问题。本章从乘客和企业两个维度构建列车开行方案综合评价体系，并设计列车开行方案的优度综合评价模型。首先，运用可拓学原理建立列车开行方案物元集，给出各项评价指标的动态衡量条件；其次，采用组合赋权方法计算指标的综合权重，以关联度描述各个方案符合各项指标要求的程度；最后，依据优度计算结果给出适用于初期、近期的优选方案。

6.1 评价思路

国内针对市域快线快慢车运营模式的研究仍处于起步阶段,尤其是开行方案评价和决策方面的研究较少,在方案比选阶段目前更多的是依赖人工经验,尚未形成系统的理论与方法。国内学者在构建快慢车开行方案评价体系时,提出了诸如乘客平均收益、平均满载率、上线车组数等一系列指标。总体而言,既有研究的部分指标设计仅从运行图出发,没有结合具体开行方案下产生的实际乘客路径 OD 客流。本章从乘客和企业两个维度构建开行方案综合评价体系,其中乘客维度的指标结合了 OD 客流,综合考虑了不同开行方案下全体出行者的效益。

在模型评级方面,应用于评价的数学方法有很多,但都存在一些缺点,例如,德尔菲法需要详细的资料,耗时长,过程复杂;数据包络分析法容易受到随机干扰项的影响;层次分析法受主观偏见影响较大;模糊评价法容易出现严重失真和多峰值现象,等等。在快慢车模式下,快车与慢车的服务水平互为矛盾,一个周期内的快车数量与通过能力的抉择也互为矛盾,因此列车开行方案评价是一个多目标、多方案的决策问题。本章选用可拓学原理解决快慢车模式下的列车开行方案评价问题,可拓学适用于研究矛盾问题,将复杂的问题进行分解,其可拓学集合理论为表达矛盾问题的转化提供了定量手段。此外,在对指标进行赋权时,主观赋权法在根据指标本身确定权重的情况下比较有优势,但客观性较差;客观赋权法在不考虑指标实际含义的情况下比较有优势,但不能体现决策者的主观性,评价结果容易与事实相差较大。因此,采取组合赋权法能够弥补主、客观赋权法各自的缺点,力争减少主观随意性,使指标赋权达到主客观统一、评价结果真实可靠。在建立评价指标体系的基础上,运用可拓学原理建立开行方案物元集,给出各项评价指标的动态衡量条件;采用组合赋权法确定评价指标的综合权重;然后根据关联度和优度来描述各个方案的优劣情况以便于择优选取开行方案。

本章内容将从以下 3 个部分展开。

1. 基于多项 Logit 模型的 OD 客流加载

通过建立快慢车模式下每一乘车路径的广义费用函数(包含候车时间、在车时间、换乘时间),并运用多项 Logit 模型估计 OD 客流中选择慢车直达、快车直达、快车换乘慢车和慢车换乘快车的人数,进而得到快慢车模式估计客流分配结果。客流分配结果将作为部分模型的评价指标,进而评估方案性能。

2. 设计开行方案综合评价指标

从乘客和企业两个维度构建列车开行方案的综合评价指标体系,并给出每项指标的量化方法。如图 6-1 所示,乘客方面的评价指标有人均出行总时间、换乘客流和发车间隔均衡性；企业方面的评价指标有通过能力利用率、节约能耗和列车车底数。

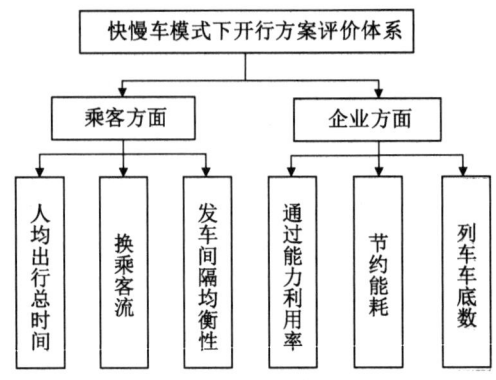

图 6-1 开行方案综合评价指标

3. 快慢车模式下开行方案评价

建立"组合赋权—可拓学优度"开行方案评价模型。首先，基于客观熵权法和主观层次分析法的组合赋权方式确定指标的综合权重。其次，输入所有可行的快慢车方案作为评价物元，并计算每个方案每项指标的关联度，以关联度来描述各项指标与最佳指标性能的贴近程度。最后，综合计算每个方案的优度，其中优度最大者即为最佳方案。

6.2 快慢车模式下的乘客乘车选择行为

本节在考虑乘客出行影响因素的基础上，结合市域快线运营的基本特征，建立快慢车模式下的客流分析模型，包括乘客出行成本模型和乘客路径选择模型。从全体集计客流角度，对 OD 客流进行分配，进而得到乘客在车站选择快车、慢车、快车换乘慢车和慢车换乘快车的概率。

6.2.1 乘客出行成本模型

在构建乘客广义出行成本模型时，综合考虑的影响因素包括车站候车时间、在车时间（区间运行时间、停站时间）和换乘时间，具体的广义出行成本见式(6-1)。

$$C = T_1 + \beta T_2 + T_3 \tag{6-1}$$

式中　T_1——在车时间成本；

　　　T_2——换乘时间成本；

　　　T_3——候车时间成本；

　　　β——换乘时间成本的惩罚系数，本书中 β 取 1.2。

具体各时间成本的计算方法如下。

1. 在车时间成本

对于乘客而言,在车时间成本 T_1 的计算见式(6-2)。

$$T_1 = kT_{11} + (k-1)T_{12} \tag{6-2}$$

式中　T_{11}——区间运行时间,由区间运行标尺即可获得;

T_{12}——列车停站时间;

k——某市域快线区间数。

对于列车停站时间,主要有以下两种情况:

(1) 快车在越行站的停站时间为 0,在其余站的停站时间可直接参考列车停站标尺。

(2) 慢车在非越行站的停站时间可以参考列车停站标尺,而在越行站由于产生待避,停站时间增加。又由于乘客选择某一周期内第几列慢车未知,因而慢车在越行站的停站时间计算是一个随机问题。本章尝试用平均停站时间的方法对其进行描述。

例如,若沙溪站为越行站,该站停站时间如图 6-2 所示,则该站的停站时间为

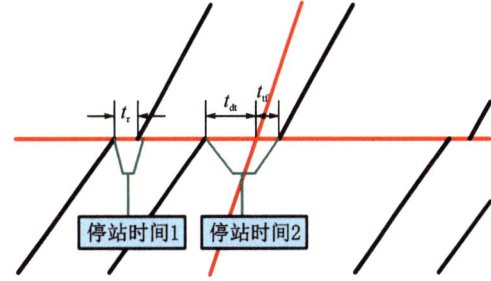

图 6-2　沙溪站停站时间示意

$$t_{\text{stop1}}^{\text{sx}} = t_{\tau}^{\text{sx}} \tag{6-3}$$

$$t_{\text{stop2}}^{\text{sx}} = t_{\text{dt}}^{\text{sx}} + t_{\text{tf}}^{\text{sx}} \tag{6-4}$$

$$T_{12} = t_{\text{stop}}^{\text{sx}} = \frac{1}{2}(t_{\text{stop1}}^{\text{sx}} + t_{\text{stop2}}^{\text{sx}}) \tag{6-5}$$

式中　$t_{\text{stop1}}^{\text{sx}}$——沙溪站的第一类停站时间;

$t_{\text{stop2}}^{\text{sx}}$——沙溪站的第二类停站时间;

t_{τ}^{sx}——沙溪站的标准停站时间;

$t_{\text{dt}}^{\text{sx}}$——沙溪站的到通时间;

$t_{\text{tf}}^{\text{sx}}$——沙溪站的通发时间。

进一步推广,当快慢比为 $m:n$ 时,列车的平均停站时间为

$$T_{11} = t_{\text{stop}} = \begin{cases} t_{\tau}, & \text{乘坐快车/慢车,非越行站} \\ \dfrac{1}{n}\left[(n-n_{\text{a}})t_{\tau} + \sum_{i=1}^{n_{\text{a}}}(t_{\text{dt}} + t_{\text{tf}})\right], & \text{乘坐慢车,越行站} \end{cases} \tag{6-6}$$

式中　n_{a}——周期内越行站被越行的慢车数量;

t_{stop}——车站的停站时间;

t_{τ}——车站的正常停站时间;

t_{dt} ——到通时间;

t_{tf} ——通发时间。

2. 换乘时间成本

在快慢车模式下,乘客换乘时间成本 T_2 的计算也属于随机问题,同样采用平均换乘时间进行描述,具体可以分为快车换乘慢车和慢车换乘快车两种情况。

以番禺广场站为例,番禺广场站的乘客换乘时间如图 6-3 所示。

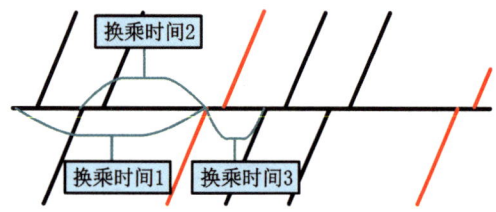

图 6-3 番禺广场站乘客换乘时间示意

在番禺广场站,乘客换乘时间有两种情况:第一种是先乘坐慢车,后换乘快车,对于慢车换乘快车,在快慢比为 1∶2 的运行图里包括周期内第一列慢车换乘快车和第二列慢车换乘快车的情况,即有两类换乘时间;第二种是先乘坐快车,后换乘慢车,对于快车换乘慢车,在快慢比为 1∶2 的运行图里只有一类换乘时间。综上所述,共计三类换乘时间。

1) 慢车换乘快车

$$t^{py}_{change1} = t^{py}_{b_1 a} \tag{6-7}$$

$$t^{py}_{change2} = t^{py}_{b_2 a} \tag{6-8}$$

式中 $t^{py}_{change1}$ ——番禺广场站"慢车换快车"的第一类换乘时间;

$t^{py}_{change2}$ ——番禺广场站"慢车换快车"的第二类换乘时间;

$t^{py}_{b_1 a}$ ——番禺广场站某一周期内第一列慢车与下一列快车的间隔时间;

$t^{py}_{b_2 a}$ ——番禺广场站某一周期内第二列慢车与下一列快车的间隔时间。

在番禺广场站慢车换乘快车的平均换乘时间可以表示为

$$t^{py}_{change_{ba}} = \frac{1}{2}(t^{py}_{change_1} + t^{py}_{change_2}) \tag{6-9}$$

2) 快车换乘慢车

$$t^{py}_{change3} = t^{py}_{ab_1} \tag{6-10}$$

式中 $t^{py}_{change3}$ ——番禺广场站快车换乘慢车的时间;

$t^{py}_{ab_1}$ ——番禺广场站某一周期内快车与下一列慢车的间隔时间。

进一步推广,当快慢比为 $m∶n$ 时,平均换乘时间为

$$T_2 = t_{\text{change}} = \begin{cases} \dfrac{1}{n}\sum_{i=1}^{i=n} t_{b_i a}, & \text{慢车换乘快车} \\ t_{ab_1}, & \text{快车换乘慢车} \end{cases} \qquad (6\text{-}11)$$

式中 $t_{b_i a}$ ——某站某一周期内第 i 列慢车与下一列快车的间隔时间;

t_{ab_1} ——某站快车与下一列慢车的间隔时间。

3. 候车时间成本

候车时间成本 T_3 应从乘坐列车的类型和车站类型两个角度考虑,共有 4 种情况。

1) 在大站等候快车的候车时间

以在横沥站(大站)候车为例,乘客等候快车的候车时间如图 6-4 所示,计算公式见式(6-12)。

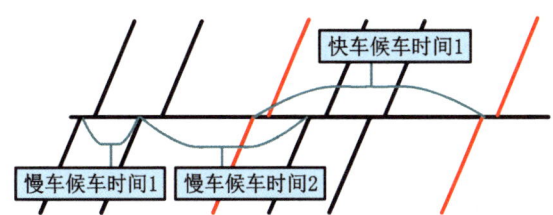

图 6-4 横沥站候车时间示意

$$t_{\text{wait}}^{\text{hl}} = \frac{1}{2}T_c \qquad (6\text{-}12)$$

式中 $t_{\text{wait}}^{\text{hl}}$ ——横沥站的候车时间;

T_c ——一个周期的时间。

2) 在大站等候慢车的候车时间

以在横沥站(大站)候车为例,乘客等候慢车的候车时间计算公式见式(6-13)。

$$t_{\text{wait}}^{\text{hl}} = \frac{1}{2}\left(\frac{1}{2}t_{bb}^{\text{hl}} + \frac{1}{2}t_{bab}^{\text{hl}}\right) \qquad (6\text{-}13)$$

式中 t_{bb}^{hl} ——横沥站某一周期内第一列慢车与第二列慢车的到达间隔时间;

t_{bab}^{hl} ——横沥站某一周期内第二列慢车与下一周期第一列慢车的到达间隔时间,由于第二类间隔里存在快车,因而 $t_{bab}^{\text{hl}} > t_{bb}^{\text{hl}}$。

3) 在小站(非越行站)等候慢车的候车时间

乘客在非越行小站等候慢车的候车时间计算公式见式(6-14)。

$$t_{\text{wait}} = \frac{1}{2}\left(\frac{1}{2}t_{bb} + \frac{1}{2}t_{bab}\right) \qquad (6\text{-}14)$$

式中 t_{wait} ——乘客在非越行小站等候慢车的候车时间;

t_{bb} ——某小站某一周期内第一列慢车与第二列慢车的到达间隔时间；

t_{bab} ——某小站某一周期内第二列慢车与下一周期第一列慢车的到达间隔时间。

4) 在小站(越行站)等候慢车的候车时间

乘客在越行小站等候慢车的候车时间参见图6-5，其计算公式见式(6-15)。

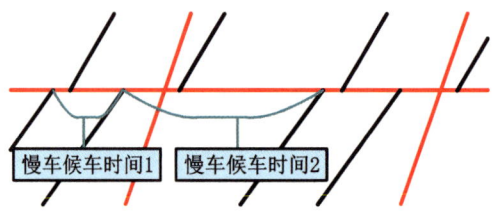

图 6-5 小站(越行站)候车时间示意

$$t_{wait} = \frac{1}{2}\left(\frac{1}{2}t_{bb} + \frac{1}{2}t_{bab}\right) \tag{6-15}$$

进一步推广，当快慢比为 $m:n$ 时，平均候车时间为

$$T_3 = t_{wait} = \begin{cases} \frac{1}{2}T_c, & \text{车站为大站，且等待快车} \\ \frac{1}{n-1}\left(\frac{n-1}{2}\sum_{i=1}^{n-1}t_{bb} + \frac{1}{2}t_{bab}\right), & \text{车站为大站／小站，且等待慢车} \end{cases} \tag{6-16}$$

6.2.2 乘客路径选择模型

本书采用以随机效用理论为基础的多项 Logit 模型，假定每条路径对乘客效用函数中的随机误差项 ε 相互独立，且服从相同的 Gumbel 分布，则第 k 条路径被乘客选择的概率为

$$P(k) = \frac{\exp[-C(k)/\bar{C}]}{\sum \exp[-C(l)/\bar{C}]} \tag{6-17}$$

式中 $P(k)$ ——乘客选择第 k 条路径的概率；

$\bar{C}$ ——所有 l 条路径的平均广义成本。

$$y_k^w = Z^w P(k) \tag{6-18}$$

式中 y_k^w ——OD 对 w 中乘客选择第 k 条路径的人数；

Z^w ——OD 对 w 的乘客数量。

6.3 快慢车模式下的开行方案评价指标体系构建

6.3.1 设计评价指标体系

本书从乘客和企业两个维度构建快慢车模式下的开行方案综合评价体系,具体指标和量化方法如表 6-1 所列。

表 6-1 快慢车模式下的开行方案综合评价体系两层指标

第一层指标	第二层指标
1 乘客方面	1.1 人均出行总时间
	1.2 换乘客流
	1.3 发车间隔均衡性
2 企业方面	2.1 通过能力利用率
	2.2 节约能耗
	2.3 列车车底数

6.3.2 指标辨识与计算方法

1. 乘客方面

1) 人均出行总时间

在快慢车模式下,乘坐快车的乘客因列车停站时间少,故在车时间减少,并且这种效益会随着行程距离的延长以及越行车站数量的增加而加大。然而,由于快慢车开行比例问题,乘客在始发站等候快车的平均时间明显多于站站停模式下的候车时间;乘坐慢车的乘客,其等候时间同样因为快慢车交叉运行而有所增加,并且乘车途中可能会因慢车待避快车而增加停站时间。

因此,快慢车模式是一个乘客出行总时间的博弈问题,不同的开行方案因其快慢车比例、停站方案等的不同会影响乘客的出行总时间。因此,采用人均出行总时间指标来综合反映快慢车模式下选择快车、慢车或选择换乘的乘客出行总体效益。人均出行总时间 t_{at} 的计算公式见式(6-19)。

$$t_{at} = \frac{\sum_{w \in W} N_w^b \cdot t_w^b + N_w^a \cdot t_w^a + N_w^{a-b} \cdot t_w^{a-b} + N_w^{b-a} \cdot t_w^{b-a}}{\sum_{w \in W} N_w} \quad (6-19)$$

式中　w, W ——OD 对和 OD 对集合；

N_w^b ——OD 对 w 中选择慢车的人数；

N_w^a ——OD 对 w 中选择快车的人数；

N_w^{a-b} ——OD 对 w 中先乘坐快车后换乘慢车的人数；

N_w^{b-a} ——OD 对 w 中先乘坐慢车后换乘快车的人数；

t_w^b ——OD 对 w 中乘坐慢车的出行总时间；

t_w^a ——OD 对 w 中乘坐快车的出行总时间；

t_w^{a-b} ——OD 对 w 中先乘坐快车后换乘慢车的出行总时间；

t_w^{b-a} ——OD 对 w 中先乘坐慢车后换乘快车的出行总时间；

N_w ——出行总人数。

2) 换乘客流

相比站站停模式，快慢车模式中存在部分客流通过同台换乘实现更快速抵达目的地的情况。例如，当起始站为大站、终点站为小站且没有快车停站时，部分客流先选择快车抵达换乘站，下车后在同站台换乘慢车前往最终目的地；当起止站都为大站时，乘客先乘坐最先到来的慢车，途中换乘快车抵达最终目的地。在前期规划阶段，假设乘客产生每一次出行广义成本，因而可以基于随机效用理论，采用多项 Logit 模型来加载各个时期的客流分配结果，包含先乘坐慢车后换乘快车的客流以及先乘坐快车后换乘慢车的客流，每一 OD 客流中选择换乘路径的概率 $P(k_c)$ 可由式(6-17)计算得到，故换乘客流的计算公式见式(6-20)。

$$c = \sum Z^w P(k_c) \tag{6-20}$$

式中，$P(k_c)$ 为选择换乘路径的概率。

3) 发车间隔均衡性

由于采用快慢车模式，因此列车在同一车站的发车间隔不均匀。不规律的发车间隔不利于乘客体验，对于较长的发车间隔，乘客在站候车时间会比较长。故定义发车间隔均衡性指标，其计算公式见式(6-21)。

$$s = \sum_{i=1}^{m} \frac{1}{S_i} \ln(N_i) \tag{6-21}$$

式中　S_i —— i 车站发车间隔的标准差，用来反映发车间隔的离散程度；

$1/S_i$ ——一个车站发车的均衡性；

N_i ——从 i 车站乘车的人数（单向）；

$\ln(N_i)$ ——车站重要性权重系数，以车站 i 的乘车人数来衡量该车站的重要性，即乘车人数越多，车站 i 在该线路上越重要，意味着其发车间隔均衡性同样需要得到更多的重视。

2. 企业方面

1) 通过能力利用率

在快慢车模式下,线路通过能力不仅仅取决于追踪列车间隔时间,还受快慢车的停站次数、停站时间、开行比例、越行站数量及位置和不同发车间隔等因素的影响。在实际运营过程中,通过能力利用率过低意味着企业运营成本的浪费,通过能力利用率过高则意味着运能紧张,换言之,在高峰时期或者遇到突发事件情况下,运能可增长或调整的余地就比较小。通常认为通过能力利用率在 [0.5, 0.8] 区间内是合理的。通过能力利用率可用百分率表示,也可用小数表示,其计算公式见式(6-22)。

$$\eta = \frac{N_\text{实}}{N} \tag{6-22}$$

式中 η ——通过能力利用率;

$N_\text{实}$ ——实际运行的列车列数,列/h;

N ——线路通过能力,列/h。

2) 节约能耗

由于列车每起停一次都会产生相应的额外能耗,所以快慢车开行方案中能耗的节省即是快车减少停站次数与一次停站额外能耗的乘积,计算公式见式(6-23)。

$$E = e \cdot p^a \cdot \left(k - 2 - \sum_{2}^{k-1} \zeta_i \right) \tag{6-23}$$

式中 e ——列车每起停一次的能耗成本,元/次;

k ——线路上的车站数量;

ζ_i ——快车在车站 i 是否停车,停车取 1,否则为 0;

p^a ——单位时间内快车的发车次数,列/h。

3) 列车车底数

在快慢车模式下,车底周转时间的变化将影响上线车底数量。可分别计算快车和慢车的周转时间,再对各类型上线车组数求和。

慢车周转时间的计算公式为

$$\theta^b = \sum t_1 + \sum_{2}^{n-1} t_2 + \sum t_3 + \sum_{1}^{n-1} t_4 \tag{6-24}$$

快车周转时间的计算公式为

$$\theta^a = \sum t_1 + \sum_{2}^{n-1} \zeta_i (t_2 + t_4) + \sum t_3 + t_4 \tag{6-25}$$

快慢车模式下各种开行方案单位时间内所需的列车车底数计算公式为

$$Q = \frac{p^a \theta^a}{3\,600} + \frac{p^b \theta^b}{3\,600} \tag{6-26}$$

式中 t_1——列车每个区间运行时间；

　　　t_2——列车在每站的停站时间；

　　　t_3——列车折返时间；

　　　t_4——列车起停附加时间。

6.4 开行方案评价模型

优度评价法是可拓学中评价一个对象(包括事物、策略、方法等)优劣的基本方法,通过建立多指标的综合评判模型、建立关联函数来确定待评对象的合格度和优度。该方法不仅能够评价一个方案的优劣,而且能够反映各方案偏离最佳方案的程度,为决策者从众多待选方案中确定最佳方案提供依据。

快慢车模式下开行方案的可拓学优度评价具体步骤如下。

1. 确定开行方案集

确定市域快线快慢车模式下的初始开行方案集 N'_j,并根据评价指标和指标量值建立物元集,包括待评价物元 $N_j = (N_1, N_2, \cdots, N_j)$,评价特征指标 C_i 以及每项指标的量值 V_{ij},即

$$R_j = \begin{bmatrix} N_j & C_1 & V_{1i} \\ & C_2 & V_{2i} \\ & \vdots & \vdots \\ & C_n & V_{ni} \end{bmatrix}, \quad i = 1, 2, \cdots, n; j = 1, 2, \cdots, m \tag{6-27}$$

2. 确定衡量条件量值域

确定指标的衡量条件通常有两种方法。第一种是从市场和企业角度,结合评价对象的实际情况,制订各项指标的评价标准。该方法确定的量值域通常为行业内普遍认可的标准,相对而言较为固定。当评价场景发生变化时,指标数值也会发生较大变动,因而这种方法存在标准灵活性较差的缺点。第二种是结合每轮评估中各项方案的实际情况确定衡量条件。该方法确定的量值域为部分指标,避免了没有规范标准的尴尬处境。本书评估的对象为快慢车,其存在运营时段(初期、近期和远期)的变化,因而第二种方法可以体现指标对评估场景的动态适应情况。本书对于衡量条件量值域的确定使用了上述两种方法。衡量条件集可以记作 $M = \{M_1, M_2, \cdots, M_n\}$,其中 $M_i = (C_i, V_i)$ 为特征元,V_i 是评价特征指标 C_i 的量值域,选用 X_{oi} 表示 V_i,则有 $X_{oi} = \langle a_{oi}, b_{oi} \rangle$。

3. 首次评价(筛选可行方案)

本书以线路通过能力作为首轮筛选指标,将其与满足最大断面客流量的列车开行数量进行比较,凡是低于该标准的视为不可行方案。根据高峰时段最大断面客流可计算出列车开行对数 N^*:

$$N^* = \frac{P_{\max}}{\lambda c_p} \tag{6-28}$$

式中 $P_{\max}$ ——高峰时段最大断面客流量;

  c_p ——列车定员,人/列;

  λ ——列车平均满载率。

采用式(6-28)计算各方案的列车开行对数,当且仅当计算结果满足(大于或等于)表 6-2 中的开行对数筛选标准时,该方案可被添加进可行方案集 N_j。

表 6-2 开行对数筛选标准

阶段	广州市域快线	
	18 号线	22 号线
初期	12	—
中期	16	14
远期	—	18

4. 确定综合权重

权重计算是快慢车模式下列车开行方案评估模型中较为关键的一步。传统评估模型的权重计算大多是以取得的信息量为依据,往往忽视了相关从业人员对开行方案中各项指标重要性的主观感受;但是,如果仅仅使用主观赋值法确定权重,又会受到评价者的知识水平、主观偏见等因素的限制,导致结果不够全面客观。组合权重恰恰克服了这种不足,将客观计算和主观赋值进行线性组合,最终得出组合权重值。本书充分利用了熵权法和层次分析法各自的优势,将两种分析方法有机结合,以此确定开行方案评价指标的组合权重。

1) 熵权法

熵权法在确定各项指标权重方面最大的优点是能够反映出各项指标的变动程度这一特性。若某个指标的各个监测数值波动程度较大,则在综合评价时认为该指标的熵较大,故而该指标的权重也会相应较大;反之,该指标的权重较小。

设有 m 个待评价方案,n 个评价指标,则可以构建待评价方案集矩阵:

$$\boldsymbol{R}_{ij} = (r_{ij})_{nm}, \quad i = 1, 2, \cdots, n; j = 1, 2, \cdots, m \tag{6-29}$$

式中 $\boldsymbol{R}_{ij}$ ——待评价方案集矩阵;

  r_{ij} ——矩阵中第 j 个待评价方案的第 i 项指标。

(1) 标准化处理。开行方案综合评价指标可以分为正向指标和负向指标两类,对每类指标进行标准化处理的方法如下:

① 效益型指标

$$p_{ij} = \frac{r_{ij} - r_j^{\min}}{r_j^{\max} - r_j^{\min}} \tag{6-30}$$

② 成本型指标

$$p_{ij} = \frac{r_j^{\max} - r_{ij}}{r_j^{\max} - r_j^{\min}} \tag{6-31}$$

③ 合理型指标

$$p_{ij} = \begin{cases} \dfrac{2 \cdot (r_{ij} - r_j^{\min})}{r_j^{\max} - r_j^{\min}}, & r_{ij} \in (r_j^{\min}, r_j^{M}) \\ \dfrac{2 \cdot (r_j^{\max} - r_{ij})}{r_j^{\max} - r_j^{\min}}, & r_{ij} \in (r_j^{M}, r_j^{\max}) \end{cases} \tag{6-32}$$

$$r_j^{M} = \frac{(r_j^{\min} + r_j^{\max})}{2} \tag{6-33}$$

上式中　p_{ij} ——r_{ij} 标准化处理后的结果;

$r_i^{\max}$, $r_i^{\min}$ ——指标 i 的最大值和最小值;

r_i^{M} ——指标 i 的合理值。

经过上述标准化处理即可得到第 j 个方案在指标 i 上的标准化矩阵 $\boldsymbol{P}_{ij} = (p_{ij})_{nm}$

(2) 对于标准化矩阵 $\boldsymbol{P}_{ij}$,计算第 j 个方案的第 i 个指标的权重 f_{ij}:

$$f_{ij} = \frac{p_{ij}}{\sum_{j=1}^{m} p_{ij}} \tag{6-34}$$

(3) 在开行方案抉择过程中,第 i 个指标的熵值 e_i 的计算公式为

$$e_i = -\frac{1}{\ln m} \sum_{j=1}^{m} f_{ij} \ln f_{ij} \tag{6-35}$$

式中,$f_{ij} \neq 0$。当 $f_{ij} = 0$ 时,$f_{ij} \ln f_{ij} = 0$。

(4) 进一步计算第 i 个指标的信息熵冗余度 d_i:

$$d_i = 1 - e_i \tag{6-36}$$

(5) 进而得到第 i 个指标的熵权 φ_i：

$$\varphi_i = \frac{d_i}{\sum_{i=1}^{n} d_i} \tag{6-37}$$

2) 层次分析法

在快慢车开行方案评价体系的基础上，利用 1-9 标度法对同一层级的指标进行两两比较，从而构造判断矩阵来记录指标间的相对重要程度。通过求解判断矩阵的特征向量，即可求出第二层指标针对其所属上层指标的权重单排序。同时，需要计算一致性指标 CI 和平均随机一致性指标 RI 的比值 CR，当 CR 值小于 0.1 时，通过一致性检验，再通过进一步计算可得到各项指标对总目标的最终权重，即 $\omega_i = (\omega_1, \omega_2, \cdots, \omega_n)$。

3) 组合赋权法

将由熵权法确定的客观权重和由层次分析法确定的主观权重进行加权集成，使得到的综合指标权重能够同时反映出主观经验和客观信息。组合赋权法的权重计算公式为

$$\mu_i = \frac{\omega_i \varphi_i}{\sum_{i=1}^{n} \omega_i \varphi_i} \tag{6-38}$$

5. 建立关联函数并计算关联度

在可拓学中关联函数 $K(x)$ 是用来描述事物可变性的一个工具。本章的量值域 V_i 均使用区间 $X_{oi} = \langle a_{oi}, b_{oi} \rangle$ 来表示，其中 a_{oi} 和 b_{oi} 分别表示区间的下限值和上限值。设指标 i 的值为 x，对于效益型指标，即指标 i 的期望值要求越大越好，采用简单关联度函数，则关联度 $K_i(x)$ 的计算公式为

$$K_i(x) = \frac{x - a_{oi}}{b_{oi} - a_{oi}}, \quad i = 1, 2, \cdots, n \tag{6-39}$$

对于成本型指标，即指标 i 的期望值要求越小越好，采用简单关联度函数，则关联度 $K_i(x)$ 的计算公式为

$$K_i(x) = \frac{b_{oi} - x}{b_{oi} - a_{oi}}, \quad i = 1, 2, \cdots, n \tag{6-40}$$

对于合理型指标，利用可拓距计算关联度，其计算式为

$$K_i(x) = -\frac{\rho(x, X_{oi})}{|X_{oi}|} = -\frac{\left|x - \frac{a_{oi} + b_{oi}}{2}\right| - \frac{b_{oi} - a_{oi}}{2}}{|b_{oi} - a_{oi}|} \tag{6-41}$$

在可拓学中，利用可拓距 $\rho(x, X_{oi})$ 的概念，可以根据距值的不同描述出点在区间内的不同位置，可拓距对点与区间位置关系的描述，使得评价从"类内即为同"发展到类同也有程度区别的定量描述。

将 x 替换成方案集,则各方案 $N_j(j=1,2,\cdots,m)$ 关于特征元 G_i 的关联度计算公式为

$$K_i = [K_i(N_1), K_i(N_2), \cdots, K_i(N_m)], \quad i=1,2,\cdots,n \tag{6-42}$$

6. 关联度规范化

由于各个衡量指标的量纲不同,需对其关联度进行规范,计算公式为

$$k_i^*(N_j) = \frac{K_i(N_j)}{\max\limits_{j \in \{1,2,\cdots,m\}} |K_i(N_j)|}, \quad i=1,2,\cdots,n \tag{6-43}$$

则各方案 $N_j(j=1,2,\cdots,m)$ 关于特征元 G_i 的规范关联度计算公式为

$$K_i^* = [(K_i^*(N_1), K_i^*(N_2), \cdots, K_i^*(N_m)], \quad i=1,2,\cdots,n \tag{6-44}$$

7. 计算优度

在优度评价中,$C(N_j)$ 表示评价方案 j 的优劣程度,算式为

$$C(N_j) = \mu K_i^* = \sum_{i=1}^{n} \mu_i K_i^*(N_j), \quad j=1,2,\cdots,m \tag{6-45}$$

8. 确定较优解

将各个待评价方案的优度值进行比较,取优度值最大者作为较优解。

7 快慢车模式下的列车运行图分析方法

市域快线具有各站客流量差异大、长距离出行旅客比例高的特点,可采用快慢车模式组织运营。为了判断快慢车运行图是否满足运营质量需求,本章建立了包含静态指标和动态指标的快慢车运行图综合评价体系。从企业生产效率和乘客服务质量两个维度分析其静态指标;利用 max-plus 代数运算规则将快慢车运行图转化为离散事件动态系统,通过稳态分析和恢复矩阵的参数评估来分析其动态指标。

7.1 快慢车模式下的列车运行图静态指标分析

为了直观地对比列车运行图的各项静态指标,从企业生产效率和乘客服务质量两个维度进行分析。其中,企业生产效率的静态指标包括技术速度、旅行速度、速度系数、输送能力、通过能力、通过能力利用率和列车对数统计;乘客服务质量的静态指标包括列车服务频率、断面运能适应性和高峰时段发车率比。

7.1.1 企业生产效率

1. 技术速度

列车平均技术速度 $v_{技}$,即列车在区段内各区间运行(包括起停附加时分,但不包括各站停留时间),平均每小时走行的公里数,其计算公式为

$$v_{技} = \frac{\sum nL}{\sum nt_{运}} \tag{7-1}$$

式中 $\sum nL$ ——列车总走行公里,km;

$\sum nt_{运}$ ——列车运行时分的总和(包括起停附加时分),h。

2. 旅行速度

列车平均旅行速度 $v_{旅}$,即列车在区段内运行(包括在各中间站的停留时间),平均每小时走行的公里数,其计算公式为

$$v_{旅} = \frac{\sum nL}{\sum nt_{运} + \sum nt_{停}} \tag{7-2}$$

式中,$\sum nt_{停}$ 为列车在各站停留时间的总和,h。

3. 速度系数

为了更好地表示旅行速度在快慢车运营中的静态性能,引入速度系数这个辅助指标,它是列车旅行速度与技术速度的比值,其计算公式为

$$\beta = \frac{v_{旅}}{v_{技}} \tag{7-3}$$

式中 $v_{旅}$ ——列车旅行速度,km/h;

$v_{技}$ ——列车技术速度,km/h。

4. 输送能力

输送能力 $N_{输送}$ 是指在一定的固定设备、机车车辆类型和行车组织方法条件下,在高峰时段内所能输送的最多的乘客人数,通常是单方向人数,其计算公式为

$$N_{输送} = c_p n_{高峰} \tag{7-4}$$

式中　$N_{输送}$——高峰小时输送能力,人/h;

　　　$n_{高峰}$——高峰小时开行的列车对数,列/h;

　　　c_p——列车定员,人/列。

5. 通过能力

通过能力是指采用一定类型的机车车辆和在一定的行车组织方法条件下,高峰时段内单方向所能通过的最多列车数。

6. 通过能力利用率

在计算通过能力利用率时,须分别计算高峰时段和平峰时段的通过能力利用率。

(1) 高峰时段的通过能力利用率是指高峰时段实际开行的列车数量与高峰时段线路通过能力的比值:

$$\eta^F = \frac{N^F_{实际}}{N^F_{计算}} \tag{7-5}$$

式中　η^F——高峰时段通过能力利用率;

　　　$N^F_{实际}$——高峰时段实际开行的列车数量,列/h;

　　　$N^F_{计算}$——高峰时段线路通过能力,列/h。

(2) 平峰时段的通过能力利用率是指平峰时段实际开行的列车数量与平峰时段线路通过能力的比值:

$$\eta^U = N^U_{实际} / N^U_{计算} \tag{7-6}$$

式中　η^U——平峰时段通过能力利用率;

　　　$N^U_{实际}$——平峰时段实际开行的列车数量,列/h;

　　　$N^U_{计算}$——平峰时段线路通过能力,列/h。

7. 列车对数统计

列车对数统计是指在全日内开行的列车对数,单位为"对/d"。

7.1.2 乘客服务质量

1. 列车服务频率

列车服务频率是指市域快线为每站(包括始发站)提供的停站列车的比例,分为高峰

时段和平峰时段。

2. 断面运能适应性

断面运能适应性反映的是某一时期列车运行图所提供的运输能力与实际乘客流量的适应情况,其计算公式为

$$\rho = \frac{Q}{N_{输送}} \tag{7-7}$$

式中　Q——该区段高峰小时最大断面流量;

　　　$N_{输送}$——高峰小时内列车的输送能力。

3. 高峰时段发车率比

高峰时段(如7:00—9:00,17:00—19:00)开行的列车数与一天内开行的所有列车数的比值,其计算公式为

$$p = \frac{f_{高峰}}{\sum_{i=1}^{R} f_i} \tag{7-8}$$

式中　$f_{高峰}$——早晚客流高峰时段开行的列车数;

　　　$\sum_{i=1}^{R} f_i$——一天内开行的所有列车数。

7.2　快慢车模式下的列车运行图动态指标分析

7.2.1　列车运行计划与离散事件动态系统

列车运行过程是典型的离散事件动态系统(Discrete Event Dynamic Systems,DEDS)。从宏观角度分析,列车运行过程就是处理列车在车站与区间之间的关系,规定列车在区间与车站的占用时间。一般情况下,不允许列车在区间停车,所有技术作业都必须在车站办理。相邻列车之间需要保持一定的运行间隔。另外,为了保证运输的安全性,市域快线一个闭塞分区在同一时间内只允许一列列车运行,以确保列车占用轨道线路的时空唯一性。因此,列车在运行过程中任何到达与出发时间都可看成离散的。然而,受非常规情况的影响,列车占用区间与占用车站的时间并不固定,经常动态地偏离列车运行图。将列车占用区间或停留车站看作一个固定事件,由列车、运行区间与停留车站之间的各种技术设备所组成的列车运行控制系统看作一个离散事件动态系统。

串行生产线的加工过程可以用 n 台机床 $M_1, M_2, \cdots, M_n$ 对 m 个工件 $P_1, P_2, \cdots,$

P_m 的顺序加工过程表征,每个工件 $P_i(i=1,2,\cdots,m)$ 都要经过 n 台机床 $M_1,M_2,\cdots,M_n$ 的顺序加工,而每台机床 $M_j(j=1,2,\cdots,n)$ 都对每个工件 $P_1,P_2,\cdots,P_m$ 进行一次加工,但同一个机床对不同工件的加工时长可能不同。如果将市域快线看作一条串行生产线,那么线路上运行的 m 列列车 $P_1,P_2,\cdots,P_m$ 相当于生产线上依次被加工的工件,而线路上的 n 个车站 $M_1,M_2,\cdots,M_n$ 相当于加工工件的机床,加工活动对应于列车运行活动(图 7-1)。

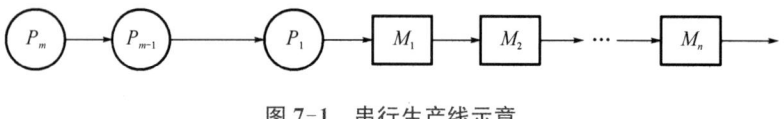

图 7-1 串行生产线示意

称机床对工件的加工为加工活动,工件和机床构成加工活动的共享资源。称工件的投料或机床的投入为资源输入,工件加工完毕或者机床退出运行为资源输出。一般来说,工件的加工路径和作业时间都是确定的。对串行生产线加工过程的建模,归结为推导反映加工的系统变量间的逻辑和时间关系,即状态方程和输出方程。

7.2.2 max-plus 方法基础理论

max-plus 方法由 G. Cohen 等人于 1985 年提出,并被成功地应用于离散事件动态系统的建模和分析中。max-plus 方法及其矩阵运算、线性系统等被广泛应用于分析周期性系统的稳定性、反馈控制等问题,以及各类离散事件过程。max-plus 方法最大的优点是可建成与传统线性系统理论相对应的模型。由于列车运行系统的离散动态特性,则可利用 max-plus 代数理论对市域快线快慢车运行图的相关问题进行分析和论证。

1. 基本结构

max-plus 代数方法,代数结构为 $R_{\max}=(R\cup\{-\infty\},\oplus,\otimes)$,其中变量的论域 $R\cup\{-\infty\}$ 为实数与负无穷的并集,$\oplus$ 表示 max-plus 加法,$\otimes$ 表示 max-plus 乘法,三元组共同表示离散事件之间的相互关系。定义对于 $\forall a,b\in R\cup\{-\infty\}$,有

$$a\oplus b=\max(a,b) \tag{7-9}$$

$$a\otimes b=a+b \tag{7-10}$$

2. 基本性质

$R_{\max}=(R\cup\{-\infty\},\oplus,\otimes)$ 是一个等幂半环。根据等幂半环的性质,max-plus 加法具有可交换性、关联性和幂等性 $(a\oplus a=a)$,并且有一个零元素 $\varepsilon=-\infty$;max-plus 乘法则具有关联性,并且有一个单位元素 $e=0$,max-plus 乘法与 max-plus 加法相比具有分配性,并且零元素具有吸收性 $(a\otimes\varepsilon=\varepsilon\otimes a=\varepsilon)$。max-plus 加法运算没有逆运算,max-plus 加法的幂等性防止了逆元素的存在。根据分配率,$\otimes$ 比 $\oplus$ 的优先级高,所以可以将

$a \otimes b$ 写为 ab。

3. 矩阵运算

max-plus 数量化的方法是通过一种标准方法将其延伸成矩阵。$\boldsymbol{R}_{\max}^{n \times n}$ 表示输入 $\boldsymbol{R}_{\max}$ 的 $n \times n$ 矩阵。矩阵 max-plus 加法和矩阵 max-plus 乘法的定义如下：对于 $\forall \boldsymbol{A} = (a_{ij})$，$\forall \boldsymbol{B} = (b_{ij}) \in \boldsymbol{R}_{\max}^{n \times n}$，有

$$[\boldsymbol{A} \oplus \boldsymbol{B}]_{ij} = a_{ij} \oplus b_{ij} = \max(a_{ij}, b_{ij}) \tag{7-11}$$

$$[\boldsymbol{A} \otimes \boldsymbol{B}]_{ij} = \bigoplus_{k=1}^{n} a_{ik} \otimes b_{kj} = \max_{k=1,\cdots,n}(a_{ik}, b_{kj}) \tag{7-12}$$

具有上述 max-plus 加法和 max-plus 乘法的方阵也是一个等幂半环。所有元素都等于 ε 的矩阵为零元矩阵 $\boldsymbol{E}_0$，单位矩阵 $\boldsymbol{E}$ 定义为对角元素都等于 e 的对角矩阵，即 $\boldsymbol{E}_{ii} = e$，且 $\boldsymbol{E}_{ij} = \varepsilon$，对于所有 $i \neq j$。对于方阵来说，矩阵幂级数递归定义为 $\boldsymbol{A}^0 = \boldsymbol{E}$ 且 $\boldsymbol{A}^l = \boldsymbol{A}^{l-1} \boldsymbol{A}$，对于所有 $l \in N$。矩阵 $\boldsymbol{A}$ 与实数的 max-plus 乘法定义为 $[c \otimes \boldsymbol{A}]_{ij} = c \otimes a_{ij}$，对于所有 $c \in \boldsymbol{R}_{\max}$。

4. 有向图与幂矩阵

矩阵的幂在 max-plus 方法中根据图论中的路径有特殊意义。方阵 $\boldsymbol{A} \in \boldsymbol{R}_{\max}^{n \times n}$ 的前趋图 $G(\boldsymbol{A})$ 为一个加权有向图，表示为 $G = (V, E, \omega)$，节点表示为 $V = \{1, \cdots, n\}$，弧表示为 $(j, i) \in E$，弧上权重表示为 $\omega(i, j) = a_{ij}$（对于每条弧 $a_{ij} \neq \varepsilon$）。有向图中一条路径的路径长度定义为在此路径中所包含的有向弧的段数。

由有向图 $G(\boldsymbol{A})$ 确定矩阵 $\boldsymbol{A}$ 的幂运算 $\boldsymbol{A}^N$ 的应用，在对串行生产线开环线性模型的求解中，即涉及矩阵的"星运算" $\boldsymbol{A}^*$。设 $G(\boldsymbol{A})$ 为给定 $p \times p$ 矩阵 $\boldsymbol{A}$ 的有向图，$(\boldsymbol{A}^N)_{ij}$ 为幂矩阵 $\boldsymbol{A}^N (N = 1, 2, \cdots, p-1)$ 的元，$\omega(i, j)^N$ 为 $G(\boldsymbol{A})$ 中由节点 v_i 到节点 v_j 的长度为 N 的有向通路的权重。定义星矩阵 $\boldsymbol{A}^*$ 的计算公式如下：

$$\boldsymbol{A}^* = \boldsymbol{E} \oplus \boldsymbol{A} \oplus \boldsymbol{A}^2 \oplus \boldsymbol{A}^3 \oplus \cdots \oplus \boldsymbol{A}^{p-1} \tag{7-13}$$

其中，$\boldsymbol{E}$ 为 max-plus 运算下的单位矩阵。那么对任意 $i, j = 1, 2, \cdots, p$，在星矩阵 $\boldsymbol{A}^*$ 与 $G(\boldsymbol{A})$ 的有向通路之间的关系如下：

$$\boldsymbol{A}^* = \boldsymbol{E} \oplus \boldsymbol{A} \oplus \boldsymbol{A}^2 \oplus \boldsymbol{A}^3 \oplus \cdots \oplus \boldsymbol{A}^{p-1} = \max\{\max\{(w)_{ij}^N\}, N = 0, 1, 2, \cdots, p-1\} \tag{7-14}$$

也就是 $G(\boldsymbol{A})$ 中由节点 v_i 到节点 v_j 的所有长度为 $1, 2, \cdots, p-1$ 的有向通路的权重中的最大值。

7.2.3 基于 max-plus 的市域快线快慢车运行图分析

假设市域快线上共有 q 个车站（$S_1, S_2, \cdots S_q$），并假设已确定列车开行方案，计划每

个周期从 S_1 站到 S_q 站开行 m 列列车,表示为 P_1,P_2,…,P_m。任一列车 P_i($i=1$,2,…,m)在每个非首末站都包含到达和出发两个事件,而在始发站仅有出发事件,在终点站仅有到达事件。为了表述列车在车站的到发作业时刻,将列车在每一站 S_j($j=1$,…,q)发生的事件一一对应(图 7-2),共建立了 ($2q-2$) 个车站作业点,为了便于下文标注,重新编号车站作业点为 M_1,M_2,…,M_n,其中 $n=2q-2$。

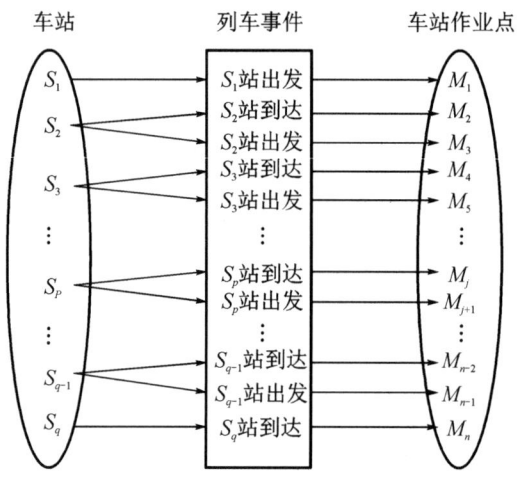

图 7-2 车站、列车事件和车站作业点的映射关系

结合市域快线快慢车运行图的特点,采用 max-plus 方法对运行图进行分析,主要包含以下内容。

1. 定义变量和参数

假设只存在 S_1 到 S_q 站单一交路,车底充足,不考虑车底衔接。列车运行图要素已知,即列车在区间和站点的作业时间、追踪列车间隔时间等均为已知参数,利用 max-plus 方法描述满足运行方案条件下的列车运行全过程,记录每一列车的运行状态迁移,求解列车到发事件发生时刻。

(1) 状态变量 x_{ij}:记录列车 P_i 运行状态跃迁至车站作业点 M_j 的时刻,即列车 P_i 在始发站 S_1 发车 (M_1) 时刻记为 x_{i1},以此类推,在第 p 个车站 S_p 的到达 (M_j) 时刻记为 x_{ij},出发 (M_{j+1}) 时刻记为 $x_{i,j+1}$,在终点站 S_q 的到达 (M_n) 时刻记为 x_{in}。

(2) 输入变量 u_i:记录每列车在始发站 S_1 的发车时刻。

(3) 输出变量 y_i:记录每列车在终点站 S_q 完成停站作业的时刻。

(4) 作业时间 t_{ij}:表示列车 P_i 的运行状态从一站作业点跃迁至另一站作业点所需的时间。例如,列车 P_i 在车站作业点 M_1 的作业时间,表示列车 P_i 从 S_1 站出发至 S_2 站的区间运行时分,记为 t_{i1};列车 P_i 在车站作业点 M_2 的作业时间,记录列车 P_i 从到达 S_2 站至由 S_2 站出发所花时间,即列车 P_i 在 S_2 站的停站作业时长,记为 t_{i2}。在实际问题求解过程中,区间运行时分不为零,停站作业时长可为零(表示列车在该站不停车通过)。

(5) 追踪间隔 z_{ij}：表示列车 P_i 在车站作业点 M_j 与下一列车 P_{i+1} 之间的追踪间隔时间 z_j。

(6) 周期 T，批次数 k：设定若干列车为一个列车群，在一个批次内从始发站间隔发车，此后列车运行计划按批次重复循环，列车运行复现时间间隔称为一个周期 T；k 表示列车处于第 k 个批次(图 7-3)。

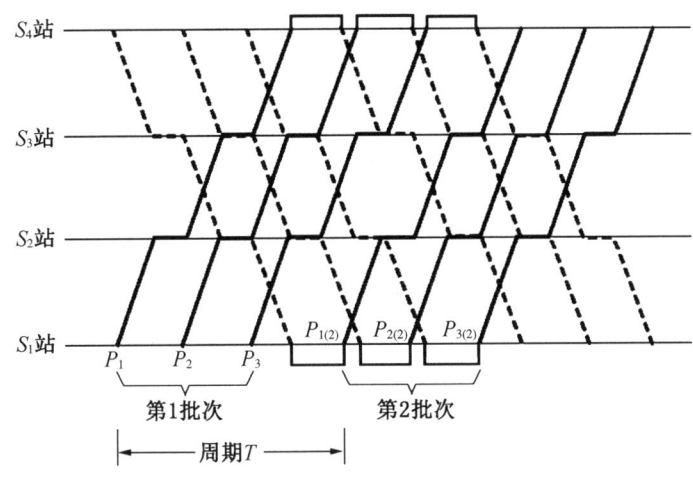

图 7-3 模型参数周期 T 和批次数 k 示意

2. 系统约束规则

针对列车运行图的一般特征，建立列车发车相关约束的规则如下。

(1) 首班车 P_1 状态：始发站出发时刻受初始既定时刻的约束，在非始发站的首班车的到发时刻受自身接续规则的约束。

$$x_{11}(k) = \max\{u_1\} = 0 \otimes u_1(k) \tag{7-15}$$

$$x_{1j}(k) = x_{1,j-1}(k) \otimes t_{1,j-1}, \quad j = 2, 3, \cdots, n \tag{7-16}$$

上式中　$x_{11}(k), x_{1,j-1}(k), x_{1,j}(k)$——在第 k 批次中，首班车 P_1 运行状态分别跃迁至车站作业点 M_1, M_{j-1}, M_j 的时刻；

　　　　$u_1(k)$——在第 k 批次中，首班车 P_1 计划在始发站 S_1 的发车时刻，数值上等于 $x_{11}(k)$；

　　　　$t_{1,j-1}$——首班车 P_1 从作业点 M_{j-1} 跃迁至作业点 M_j 所需时间。

(2) 非首班列车 $P_i(i \neq 1)$ 状态：始发站出发时刻受初始既定时刻和追踪列车间隔时间的约束，非始发站非首班车的到发时刻受自身接续规则和追踪列车间隔时间的约束。

$$x_{i1}(k) = \max\{u_i, x_{i-1,1} + z_{i-1,1}\} = 0 \otimes u_i(k) \oplus x_{i-1,1}(k) \otimes z_{i-1,1}, \quad i \neq 1 \tag{7-17}$$

$$x_{ij}(k) = x_{i-1,j}(k) \otimes z_{i-1,j} \oplus x_{i,(j-1)}(k) \otimes t_{i,(j-1)}, \quad i \neq 1, j = 2, 3, \cdots, n \tag{7-18}$$

上式中　$x_{i1}(k)$, $x_{i,j-1}(k)$, $x_{ij}(k)$ ——在第 k 批次中，列车 P_i 运行状态分别跃迁至车站作业点 M_1、M_{j-1}、M_j 的时刻；

$x_{i-1,1}(k)$、$x_{i-1,j}(k)$ ——在第 k 批次中，列车 P_i 的前列列车 P_{i-1} 运行状态跃迁至车站作业点 M_1、M_j 的时刻；

$u_i(k)$ ——在第 k 批次中，列车 P_i 计划在始发站 S_1 的发车时刻；

$t_{i,j-1}$ ——列车 P_i 从作业点 M_{j-1} 跃迁至作业点 M_j 所需时间；

$z_{i-1,1}$、$z_{i-1,j}$ ——列车 P_i 的前列列车 P_{i-1} 分别在车站作业点 M_1、M_j 时与列车 P_i 之间的追踪间隔时间。

（3）输出条件 y_i：$y_1 \sim y_m$ 表征在一个周期内第 $i(i=1, 2, \cdots, m)$ 列车在最后一站完成停站作业的时刻。

$$y_i(k) = x_{in}(k) \otimes t_{in}, \quad i = 1, 2, \cdots, m \tag{7-19}$$

3. 列车运行系统在 max-plus 下的开环线性模型

以式(7-17)为例，max-plus 的主要优点是可通过极大加代数运算将逻辑型非线性方程线性化。基于上述系统变量间的时间关系和式(7-15)—式(7-19)给出的逻辑规则，用 max-plus 代数语言描述每个列车事件发生时所对应的状态转移方程，并引入矩阵表示。n,m 分别为市域快线上的车站数和一个周期内单向开行的列车数；开环模型为单批次运行过程，即 $k=1$。输入变量的向量形式为 $\boldsymbol{u} = [u_1, u_2 \cdots, u_m]^T$；状态变量的向量形式为 $\boldsymbol{x} = [x_{11}, x_{12}, \cdots, x_{1n}, x_{21}, x_{22}, \cdots, x_{2n}, \cdots, x_{m1}, x_{m2}, \cdots, x_{mn}]^T$，$\dim(\boldsymbol{x}) = mn$；输出变量的向量形式为 $\boldsymbol{y} = [y_1, y_2, \cdots, y_m]^T$，$\dim(\boldsymbol{u}) = \dim(\boldsymbol{y}) = m$。构建与传统线性系统理论相对应的模型：

$$\boldsymbol{x}(k) = \boldsymbol{A}\boldsymbol{x}(k) \oplus \boldsymbol{B}\boldsymbol{u}(k) \tag{7-20}$$

$$\boldsymbol{y}(k) = \boldsymbol{C}\boldsymbol{x}(k) \tag{7-21}$$

其中，对应地引入系统参数的矩阵表示，$\boldsymbol{A}$ 为系统矩阵，$\boldsymbol{B}$ 为输入矩阵，$\boldsymbol{C}$ 为输出矩阵。在确定快慢车模式系统参数矩阵 $\boldsymbol{A}$、$\boldsymbol{B}$、$\boldsymbol{C}$ 之前，首先运用 max-plus 建立站站停运行模型。列车 $P_1, P_2, \cdots, P_m$ 按间隔时间依次发车，每列车依次通过每个车站，并依次到达终点站完成一个周期的运行过程，其间前后接续列车的次序保持固有顺序（图 7-4）。

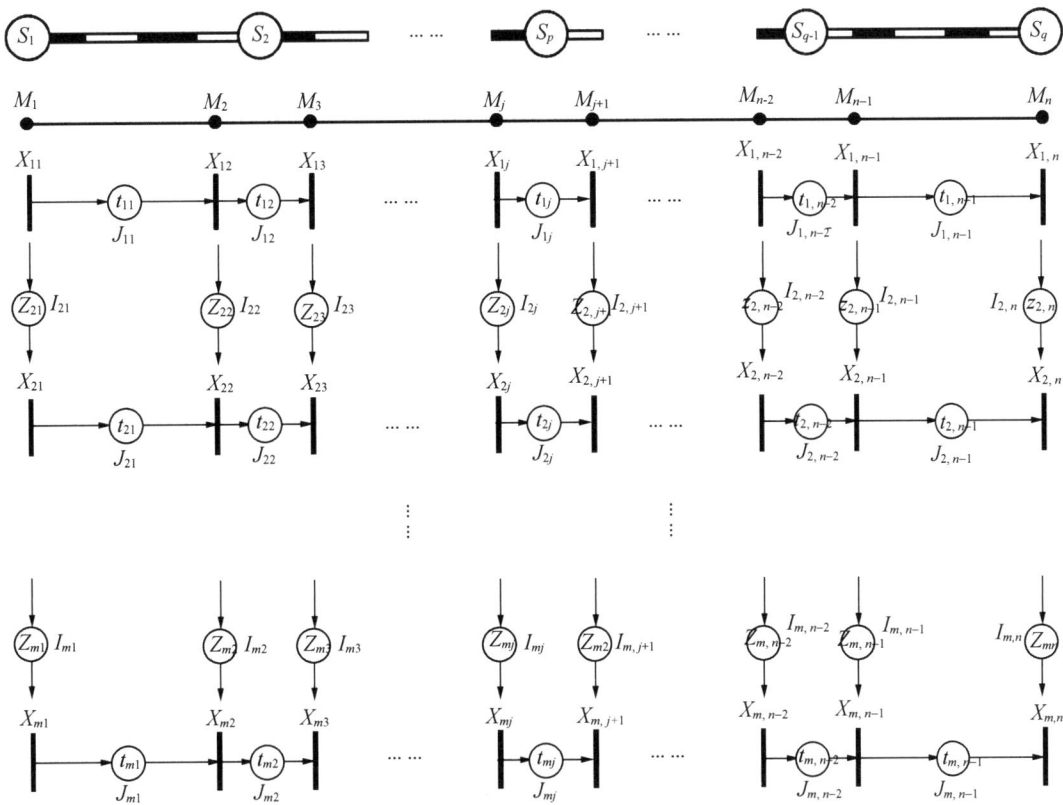

图 7-4 站站停列车运行计时事件图

因此,站站停模式下系统矩阵 $\boldsymbol{A} \in \bar{\boldsymbol{R}}^{mn \times mn}$,其分块矩阵形式为

$$\boldsymbol{A} = \begin{bmatrix} \boldsymbol{J}_1 & & & \\ \boldsymbol{I}_2 & \boldsymbol{J}_2 & & \\ & \ddots & \ddots & \\ & & \boldsymbol{I}_m & \boldsymbol{J}_m \end{bmatrix}, \text{其中} \boldsymbol{J}_i = \begin{bmatrix} \varepsilon & & & \\ t_{i,1} & \varepsilon & & \\ & \ddots & \ddots & \\ & & t_{i,n-1} & \varepsilon \end{bmatrix}, \boldsymbol{I}_i = \begin{bmatrix} z_{i1} & & \\ & \ddots & \\ & & z_{in} \end{bmatrix}$$

每个块阵均为 $n \times n$ 矩阵,未标注的元均为 ε 元。其中,分块矩阵 $\boldsymbol{J}_i(i=1,2,\cdots,m)$ 定义为自身接续约束矩阵,非零元记录第 $i(i=1,2,\cdots,m)$ 列车依次在第 $1,2,\cdots,(n-1)$ 个车站作业点的作业时长;分块矩阵 $\boldsymbol{I}_i(i=1,2,\cdots,m)$ 定义为追踪列车间隔时间约束矩阵,非零元记录第 $i(i=1,2,\cdots,m)$ 列车依次在第 $1,2,\cdots,(n-1)$ 个车站"发发"追踪时间 $z_{i1},z_{i3},\cdots,z_{i,n-1}$ 和"到到"追踪时间 $z_{i2},z_{i4},\cdots,z_{in}$。因平图中同一区间列车运行时分相同,同一车站停站时长相同,可知 $\boldsymbol{J}_1 = \boldsymbol{J}_2 \cdots = \boldsymbol{J}_m$,$\boldsymbol{I}_1 = \boldsymbol{I}_2 \cdots = \boldsymbol{I}_m$。

$$输入矩阵\ \boldsymbol{B} = \begin{bmatrix} 0 & \varepsilon & \cdots & & & & \\ & & & 0 & \varepsilon & \cdots & \\ & & & & & \ddots & \\ & & & & & & 0 & \varepsilon & \cdots \end{bmatrix}^{\mathrm{T}},$$

$$输出矩阵\ \boldsymbol{C} = \begin{bmatrix} \varepsilon & \cdots & t_{1n} & & & & & & \\ & & & \varepsilon & \cdots & t_{2n} & & & \\ & & & & & & \ddots & & \\ & & & & & & & \varepsilon & \cdots & t_{mn} \end{bmatrix},$$

其中，$\boldsymbol{B} \in \bar{\boldsymbol{R}}^{mn \times m}$，$\boldsymbol{C} \in \bar{\boldsymbol{R}}^{m \times mn}$，未标注的元均为 ε 元。矩阵 $\boldsymbol{B}$ 中的单位元素分布在第 1 行和第 n 的整数倍 $+1$ 行，矩阵 $\boldsymbol{C}$ 中的非零元分布在第 n 的整数倍列。

对于式(7-20)，在表达式两端逐次左圈乘矩阵 $\boldsymbol{E}$，$\boldsymbol{A}$，$\boldsymbol{A}^2$，$\cdots$，$\boldsymbol{A}^{p-2}$，$\boldsymbol{A}^{p-1}$，再将各个方程迭代相加，可推导出

$$\boldsymbol{x}(k) = \boldsymbol{A}^* \boldsymbol{B} \boldsymbol{u}(k) \tag{7-22}$$

其中，$\boldsymbol{A}^* = \boldsymbol{E} \oplus \boldsymbol{A} \oplus \boldsymbol{A}^2 \oplus \boldsymbol{A}^3 \oplus \cdots \oplus \boldsymbol{A}^{p-1}$，代入式(7-22)，输出解的表达式为

$$\boldsymbol{y}(k) = \boldsymbol{C} \boldsymbol{A}^* \boldsymbol{B} \boldsymbol{u}(k) \tag{7-23}$$

4. 快慢车模式下开环线性模型的变换

在快慢车模式下，由于存在快车越行慢车的情况，运行图编制特点在于考虑列车停站分布和运行顺序变换，在列车运行系统线性模型中，对应于系统状态矩阵参数的重新赋值与排序。假设开行一列快车 P_3，且设定在"小站" S_2 站越行(图 7-5)。

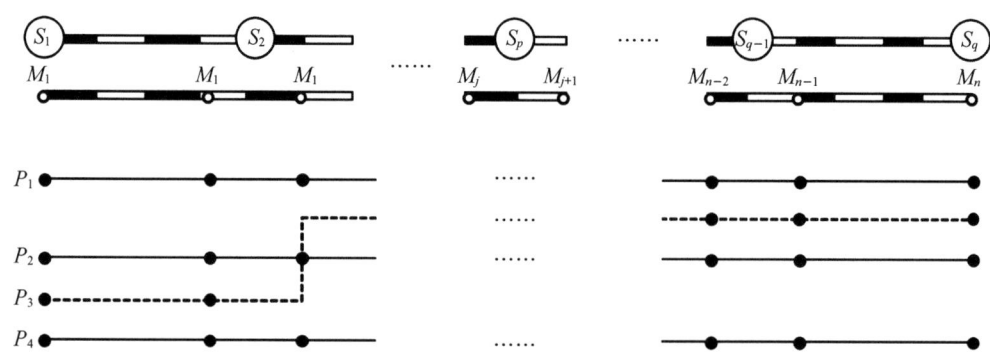

图 7-5　列车 P_3 在车站 S_2 越行前后方案示意

快车 P_3 在 S_2 站办理通过作业，即停站时长为零，在系统状态矩阵中表示为 $t_{32} = 0 < t_{22} = t_{42}$。同时，由于快车在"小站"降速通过，不用完全制动，因此在 S_2 站前后相邻的两个区间内运行速度高于慢车，快车在 S_2 站前后两区间的运行时分有 $t_{31} < t_{21} = t_{41}$，$t_{33} <$

$t_{23} = t_{43}$。

在列车运行开环线性模型中,由图 7-5 可知,越行不会改变列车自身接续约束,即自身接续约束矩阵 $J_i(i=1, 2, \cdots, m)$ 无变化,而是对快车 P_3、越行前列车 P_2 和越行后的列车 P_4 三列列车在越行后次序的影响,即三列列车在车站作业点 $M_3, M_4, \cdots, M_n$ 的状态方程都发生了改变。以三列列车在车站作业点 M_3 的状态方程变换为例,

越行前:$\begin{cases} x_{23} = t_{22} \otimes x_{22} \oplus z_{13} \otimes x_{13} \\ x_{33} = t_{32} \otimes x_{32} \oplus z_{23} \otimes x_{23} \\ x_{43} = t_{42} \otimes x_{42} \oplus z_{33} \otimes x_{33} \end{cases}$,越行后:$\begin{cases} x_{23} = t_{22} \otimes x_{22} \oplus z_{33} \otimes x_{33} \\ x_{33} = t_{32} \otimes x_{32} \oplus z_{13} \otimes x_{13} \\ x_{43} = t_{42} \otimes x_{42} \oplus z_{23} \otimes x_{23} \end{cases}$。

以越行站的出站作业点 M_3 为分界点,将分块矩阵 $I_i(i=2, 3, 4)$ 拆分为 I'_i 和 I''_i,有 $I_i = I'_i \oplus I''_i$,其中:

$$I'_i = \begin{bmatrix} z_{i1} & & & & \\ & z_{i2} & & & \\ & & \varepsilon & & \\ & & & \ddots & \\ & & & & \varepsilon \end{bmatrix}, \quad I''_i = \begin{bmatrix} \varepsilon & & & & \\ & \varepsilon & & & \\ & & z_{i3} & & \\ & & & \ddots & \\ & & & & z_{in} \end{bmatrix}, \quad i = 2, 3, 4$$

状态方程的改变在系统矩阵 A 中可对应为相应列车追踪约束矩阵 I''_2、I''_3、I''_4 的横向移动。在作业点 M_3 完成越行后,列车 P_2 的前列列车由 P_1 变换为 P_3,即 I_2 中对应位置的 I''_2 向右移动 $2n$ 列;列车 P_3 的前列列车由 P_2 变换为 P_1,即 I_3 中对应位置的 I''_3 向左移动 n 列;列车 P_4 的前列列车由 P_3 变换为 P_2,即 I_4 中对应位置的 I''_4 向左移动 n 列,则快慢车模式下系统矩阵 A 变换为

$$A = \begin{bmatrix} J_1 & & & & & & & \\ I'_2 & J_2 & I''_2 & & & & & \\ I''_3 & I'_3 & J_3 & & & & & \\ & I''_4 & I'_4 & J_4 & & & & \\ & & & I_5 & J_5 & & & \\ & & & & \ddots & \ddots & & \\ & & & & & & I_m & J_m \end{bmatrix}$$

除了 A 矩阵元素位置转移外,z_{13}、z_{23} 的取值也发生变动。在站站停模式下,z_{13}、z_{23} 均表示 S_2 站列车发发追踪间隔时间,即 $z_{13} = z_{23}$;在快慢车模式下,z_{13}、z_{23} 表示 S_2 站列车同向通发、发通追踪间隔时间。此外,输入矩阵 B、输出矩阵 C 和其他变量矩阵不做状态置换。

5. 列车运行系统在 max-plus 下的闭环线性模型

编制规律性的列车运行计划有利于提高乘客出行选择黏性。为使系统形成周期性运行节奏,建立列车运行系统闭环模型。引入反馈方程,即 $U(k)=\boldsymbol{K}\otimes\boldsymbol{Y}(k-1)$,式中,$\boldsymbol{K}$ 为 $m\times m$ 的常数矩阵,其元素满足如下关系式:

$$K_{i,j}=\begin{cases}\varepsilon, & i\neq j \\ K_i, & i=j\end{cases} \quad i,j=1,2,\cdots,q \tag{7-24}$$

物理直观上,反馈常数 K_i 表示批次间列车发车间隔约束,即第 i 个资源从第 $(k-1)$ 批加工过程的释放时刻到第 k 批加工过程的最早投入时刻之间的时间间隔。那么系统的闭环线性模型为

$$\boldsymbol{y}(k)=\boldsymbol{M}\boldsymbol{y}(k-1), \quad k=2,3,\cdots \tag{7-25}$$

$$\boldsymbol{x}(k)=\boldsymbol{N}\boldsymbol{x}(k-1), \quad k=2,3,\cdots \tag{7-26}$$

其中,$q\times q$ 矩阵 $\boldsymbol{M}=\boldsymbol{CA}^*\boldsymbol{BK}$,$q\times q$ 矩阵 $\boldsymbol{N}=\boldsymbol{A}^*\boldsymbol{BKC}$。

6. 列车运行系统在 max-plus 下的特征结构

从列车运行系统的闭环线性模型可知,系统"批次"运行过程的行为和性能完全由系统闭环矩阵 $\boldsymbol{M}$ 和 $\boldsymbol{N}$ 所决定,特别是由它们的特征结构所决定。以下简述可简约/不可简约矩阵及其在极大代数上的特征值表达和含义。

1) 矩阵的可简约/不可简约性

设 $G(\boldsymbol{M})$ 为对应系统矩阵 $\boldsymbol{M}$ 的有向图,当且仅当 $G(\boldsymbol{M})$ 是强连通的,也即 $G(\boldsymbol{M})$ 中从任一结点到其他任一结点之间都存在有向通路,则称该矩阵 $\boldsymbol{M}$ 是不可简约的;如果矩阵 $\boldsymbol{M}$ 所对应的有向图 $G(\boldsymbol{M})$ 是非强连通的,则称该矩阵是可简约的。大量实例分析表明,对于串行生产线一类的离散线性系统,通常输出闭环线性模型 $\boldsymbol{y}(k)=\boldsymbol{M}\boldsymbol{y}(k-1)$ 为不可简约,即矩阵 $\boldsymbol{M}$ 为不可简约,状态闭环线性模型 $\boldsymbol{x}(k)=\boldsymbol{N}\boldsymbol{x}(k-1)$ 则为可简约,即矩阵 $\boldsymbol{N}$ 为可简约。

2) 不可简约矩阵在极大代数上的特征值

与传统代数上矩阵的特征值有所不同的是,对不可简约矩阵 $\boldsymbol{M}$,只有唯一一个在极大代数上的特征值 $\lambda\neq\varepsilon$ 和一个 q 维实向量 $\boldsymbol{h}\neq\boldsymbol{\Phi}$,使得 $\boldsymbol{M}\otimes\boldsymbol{h}=\lambda\otimes\boldsymbol{h}$,称 λ 和 $\boldsymbol{h}$ 分别为矩阵 $\boldsymbol{M}$ 在极大代数上的特征值和特征向量。计算 λ 的代数算法如下:对 $q\times q$ 不可简约系统矩阵 $\boldsymbol{M}$,定义一个特征矩阵:

$$\boldsymbol{H}=\boldsymbol{M}\oplus(\boldsymbol{M}^2/2)\oplus(\boldsymbol{M}^3/3)\oplus\cdots\oplus(\boldsymbol{M}^q/q) \tag{7-27}$$

其中,"/"代表传统意义上的除运算,则计算矩阵 $\boldsymbol{M}$ 在极大代数上的特征值 λ 的算式为

$$\lambda = tr\boldsymbol{H} = \sum_{i=1}^{q}(\boldsymbol{H})_{ii} \quad (7\text{-}28)$$

其中，$tr\boldsymbol{H}$ 为矩阵 $\boldsymbol{H}$ 在极大代数上的迹，$(\boldsymbol{H})_{ii}$ 为特征矩阵 $\boldsymbol{H}$ 的第 i 个对角元。

7.2.4 动态性能分析

式(7-27)和式(7-28)表达的闭环线性模型,对列车系统运行过程给出了输出和状态按"批次"的递推关系,可用于分析列车"批次"运行过程的动态行为,特别是稳态周期性过程。

事实上,在列车实际运行过程中,由于受到轨道交通系统内部和外部各种随机因素的影响,列车运行系统参数值的波动是不可避免的。因此,研究和建立使系统某个性能不受参数波动影响的条件(即鲁棒性条件)具有重要意义。

以下将在判断系统闭环输出矩阵 $\boldsymbol{M}$ 为不可简约矩阵的基础上,计算系统输出演化过程中的周期性稳态特征参量和 $\boldsymbol{M}$ 矩阵单参数摄动情形的鲁棒性。

1. 稳态分析

直观地说,系统输出演化过程的稳定性是指演化过程的有界性和对其平衡状态的有限节拍的收敛性。已有研究表明,max-plus 下的离散线性系统输出演化过程的有界性总是可以保证的。因此,稳定性问题归结为演化过程是否能在有限个节拍内收敛到其平衡状态。对于这里讨论的列车运行系统,输出平衡状态是一个周期性过程。通常,称此周期性过程为周期性稳态。

1) 不可简约系统的周期性稳态分析

对不可简约系统 $\boldsymbol{y}(k) = \boldsymbol{M}\boldsymbol{y}(k-1)$, $k = 2, 3, \cdots$, 必存在一个正整数 k_0, 使得式(7-29)成立:

$$\boldsymbol{y}(k+d) = \lambda^d \boldsymbol{y}(k), \quad \forall k \geqslant k_0 \quad (7\text{-}29)$$

其中,d 和 λ 分别为系统矩阵 $\boldsymbol{M}$ 的周期性阶数和极大代数上的特征值,且式中"+"为传统代数加法,其他均为极大代数上的运算。

式(7-29)的直观含义为,经过 k_0 个批次后,工件产品(列车)的输出进入稳态且呈现周期性过程,输出稳态过程以每 d 批而重复,一个周期时间为 λ^d 即通常的 $d\lambda$, 输出一批工件(列车)的平均时间为 λ。参数 k_0 表示输出演化过程的过渡过程节拍数,d 表示稳态周期过程中一个周期内输出的工件产品(列车)批量,λ^d(即通常的 $d\lambda$)表示一个周期的时间,λ 表示平均的批稳态周期。

可见,系统的周期性稳态由参量 (d, λ, k_0) 完全表征。同时,参量 (d, λ, k_0) 由新系统矩阵 $\boldsymbol{M}$ 的周期性和特征结构所决定。因此,从本质上来说,周期性稳态是由系统的结构所决定的。

2) 系统能力利用率与稳定性

一般地,真实的周期时间应该超过最小周期时间(最大特征值),如果 λ 超过运行图周期时间 T,那么系统是不稳定的。此处,不稳定表示关键环中没有松弛时间,即关键环中的所有列车将晚点,且晚点还有可能传播给线网中的其他列车。轨道交通系统的线网能力利用率 ρ 与稳定性有关,可定义为

$$\rho = \frac{\lambda}{T} \tag{7-30}$$

式中　λ ——最小周期时间;
　　　T ——运行图周期时间。

对于一个稳定的轨道交通系统而言,$0 < \rho < 1$。当 $\rho = 1$ 时,对应饱和情况,此时关键环上列车的周期均值恰好等于 T (或 T 的倍数)。当 $\rho < 1$ 时,系统在低于其最大(理论)性能运行,因此包含补偿晚点的缓冲时间。也就是说,稳定性和能力利用率之间有如下关系:如果 λ 增长,那么稳定性将降低,由 ρ 衡量的能力利用率将提高;反之,则相反。

2. 鲁棒性分析

1) 单参数摄动情形的鲁棒性分析

假设闭环线性系统 $y(k) = My(k-1)$ 的 $q \times q$ 不可简约系统矩阵 M 中,包含且只包含一个可摄动元素 $m_{ij} \neq \varepsilon$,且摄动为增性的 ($\Delta m_{ij} = \bar{m}_{ij} - m_{ij} > 0$)。再定义如下一个标量:

$$m_{ij}^+ = \begin{cases} \lambda & , i = j \\ \min_{1 \leq k \leq q-1} \{(k+1)\lambda - (M^k)_{ji}\} & , i \neq j \end{cases} \tag{7-31}$$

则系统稳态参量(即特征值) λ 对于元素 m_{ij} 的增性摄动是鲁棒的。

可以通过设定相关的准则来定量刻画稳态参量 λ 相对于系统矩阵各元素 m_{ij} 的鲁棒性,常用的准则包括以下几种:

$$RF(m_{ij}) = (\bar{\lambda} - \lambda)/(\bar{m}_{ij} - m_{ij}) \tag{7-32}$$

$$RM(m_{ij}) = |(m_{ij}^+ - m_{ij})/m_{ij}| \tag{7-33}$$

即对于所有可能的摄动元 $\bar{m}_{ij} \in [m_{ij}, m_{ij}^+]$,$\lambda$ 均是鲁棒的,鲁棒性准则 $RF(m_{ij})$ 函数均成立,$RF(m_{ij}) = (\bar{\lambda} - \lambda)/(\bar{m}_{ij} - m_{ij}) \equiv 0$。

对于实际的列车运行过程来说,满足列车发车间隔下的列车正常运行应该是无阻塞的。对于时间参数的减摄动来说,系统的稳态特性没有变化。对于时间参数的增摄动来说,只要时间参数中所有的摄动元均不超过列车的发车间隔,那么系统的稳态特性没有变

化;但是只要有一个摄动元超过了发车间隔,那么系统将会出现阻塞,此时就需要对列车的运行进行调整。所以,当时间参数在规定的发车间隔内摄动时,系统具有鲁棒性,当超过这个范围时,系统就会出现阻塞,此时需要对列车的运行进行调整。$\bar{m}_{ij} \in [m_{ij}^-, m_{ij}^+]$ 即为可摄动元 m_{ij} 的允许摄动范围。同理,若 $RM(m_{ij})=0$,那么 λ 对于 m_{ij} 是非鲁棒的;否则,λ 对于 m_{ij} 是鲁棒的,并且 $RM(m_{ij})$ 的值越大,λ 对于 m_{ij} 的鲁棒性程度越高。

2) 稳定性余量分析

鲁棒性指标还可由稳定性余量 Δ_1 表示,是对列车运行图晚点敏感度的衡量,可定义为

$$\Delta_1 = T - \lambda \tag{7-34}$$

Δ_1 确定了关键环的缓冲时间平均总量。

3. 恢复矩阵

一般情况下,列车运行图在编制时会包含一定的缓冲时间(冗余时间),以消除和吸收因列车晚点造成的晚点传播,运行图的抗干扰能力就是由这些缓冲时间的大小及分布决定的。

由任意两个列车发车事件间的缓冲时间组成的矩阵被称为列车运行图恢复矩阵,即 $\mathbf{R} = (r_{ij})_{n \times n}$。恢复矩阵是一个 n 阶方阵,其中 r_{ij} 表示发车事件 i 到 j 的所有路径中最短路径包含的缓冲时间。通过计算恢复矩阵元素的取值及分布就能衡量运行图在面对延误时的稳定性。

恢复矩阵中元素的值存在三种情况:等于零、无穷或者实数。其中,$r_{ij} = \infty$ 表示发车事件 i 和 j 之间前者晚点影响后者的概率很小;$r_{ij} = 0$ 则说明两事件紧密相连,前者无晚点余地,否则必将引起晚点传播;r_{ij} 为实数表示当前者发车事件的延误大于 r_{ij} 时,必定会对后者的发车事件造成影响,如式(7-35)和式(7-36)所示。

$$r_{ij} = d_i^0 - d_j^0 - [\mathbf{A}_T^+]_{ij} \tag{7-35}$$

$$\mathbf{A}_T^+ = \mathbf{A}^+(T^{-1}) = [\bigoplus_{l=0}^{p} \mathbf{A}_l T^{-1}]^+ \tag{7-36}$$

式中 $d_i(0)$——计划运行图里发车事件 i 的初始时间;

$d_j(0)$——计划运行图里发车事件 j 的初始时间;

$[\mathbf{A}_T^+]_{ij}$——以 T 为周期的列车运行图发车事件网络的最大路径矩阵。

1) 零元素占比

$$P(0) = (n_0/n^2) \times 100\% \tag{7-37}$$

式中 n_0——恢复矩阵中 0 元素的个数;

n^2——恢复矩阵中元素总数。

恢复矩阵中 0 元素比例越大说明稳定性越差,因为比例越大表示发车事件 i 和 j 之间关联密切,前者延迟必将导致后者延迟。

2) 零元素集中程度

将恢复矩阵划分为若干元素数目相等(或近似相等)的子矩阵。N_e 表示恢复矩阵所有元素的数目,设每个子矩阵的元素数目为 N_s,则子矩阵的数目为 $N_0 = \dfrac{N_e}{N_s}$。再设某子矩阵中 0 元素的个数为 $N_s(0)$,对于 $\dfrac{N_s(0)}{N_s} > \lambda P(0)$ 的矩阵,称其为集中子矩阵,这里 λ 为条件调节系数,$\lambda > 1$。设集中子矩阵的数目为 n_1,则零元素的集中程度 $D(0)$ 可表示为

$$D(0) = n_1/n_0 \tag{7-38}$$

零元素集中程度越小,说明运行图的稳定性越好。

3) 平均缓冲时间

对于恢复矩阵中元素的值为实数的情况,平均缓冲时间可按式(7-39)计算:

$$T_a = \sum_{i=1}^{n} \sum_{j=1}^{n} r_{ij}/N \quad (r_{ij} \neq 0 \text{ 且 } r_{ij} \neq \infty) \tag{7-39}$$

式中,N 为实数元素的个数。如果 $r_{ij} \neq 0$ 且 $r_{ij} \neq \infty$,说明发车事件 i 和 j 之间有关联但存在一定的缓冲时间,前者的延迟对后者的影响将随缓冲时间的增大而减小。

8 广州市域快线 18 号线和 22 号线快慢车运营组织

8.1 两线客流特征分析

8.1.1 两线线路概况

1. 广州市域快线 18 号线

1) 功能定位

在广州市城市总体规划及城市轨道交通线网规划中,市域快线 18 号线(以下简称"18 号线")沿线经过南沙区、番禺区、海珠区和天河区,自南向北依次连接了南沙新区万顷沙枢纽、番禺区的番禺广场、海珠区的琶洲片区以及天河区的珠江新城和广州东站。18 号线定位为南沙快线,实现广州中心城区、南沙新区的快速轨道交通联系,支持南沙新区、南沙自贸区发展,同时连通中心城区线网,补充南北轴向客流走廊,并增强广州东站的综合交通枢纽功能。

2) 工程概况

18 号线线路全长 61.3 km,均为地下线;共设 9 座车站,分别为万顷沙站、横沥站、番禺广场站、南村万博站、沙溪站、龙潭站、磨碟沙站、冼村站和广州东站,如图 8-1 所示。全线设 1 座车辆段和 1 座停车场,分别是万顷沙车辆段和陇枕停车场。线路采用最高运营速度为 160 km/h 的 8 节编组市域 D 型车。

3) 线路基本走向

18 号线线路大致呈南北走向,南起万顷沙枢纽,沿南江三路北行,下穿横沥水道后在横沥北路路口设置横沥站,并与规划中的轨道交通 15 号线、22 号线换乘,之后线路转向西再依次下穿上横沥水道、蕉门水道、西沥后,沿番禺大道南行进至沙湾水道南侧,从西侧避让东涌一级水源保护区后,向北沿广场东路行进至番禺广场站,并与已投入运营的轨道交通 3 号线及规划中的 17 号线、22 号线换乘。出站后线路沿着番禺大道北继续向北行进,在汉溪大道路口设置南村万博站,并与轨道交通 7 号线换乘。接着线路沿着华南快速西侧向北行进,在沙溪大道交叉口设沙溪站,在海珠湿地公园北侧,新滘中路设置龙潭站,并与轨道交通 11 号线换乘。之后线路向北沿海洲路行进,在新港东路路口设置磨碟沙站,并与轨道交通 8 号线和规划中的 19 号线换乘。出站后线路转向西并下穿珠江,之后沿着冼村路北行,在冼村路与黄埔大道西路口设置冼村站,与轨道交通 13 号线换乘。最后,线路沿林和中路行进至广州东站,并与轨道交通 1 号线、3 号线及 11 号线换乘。

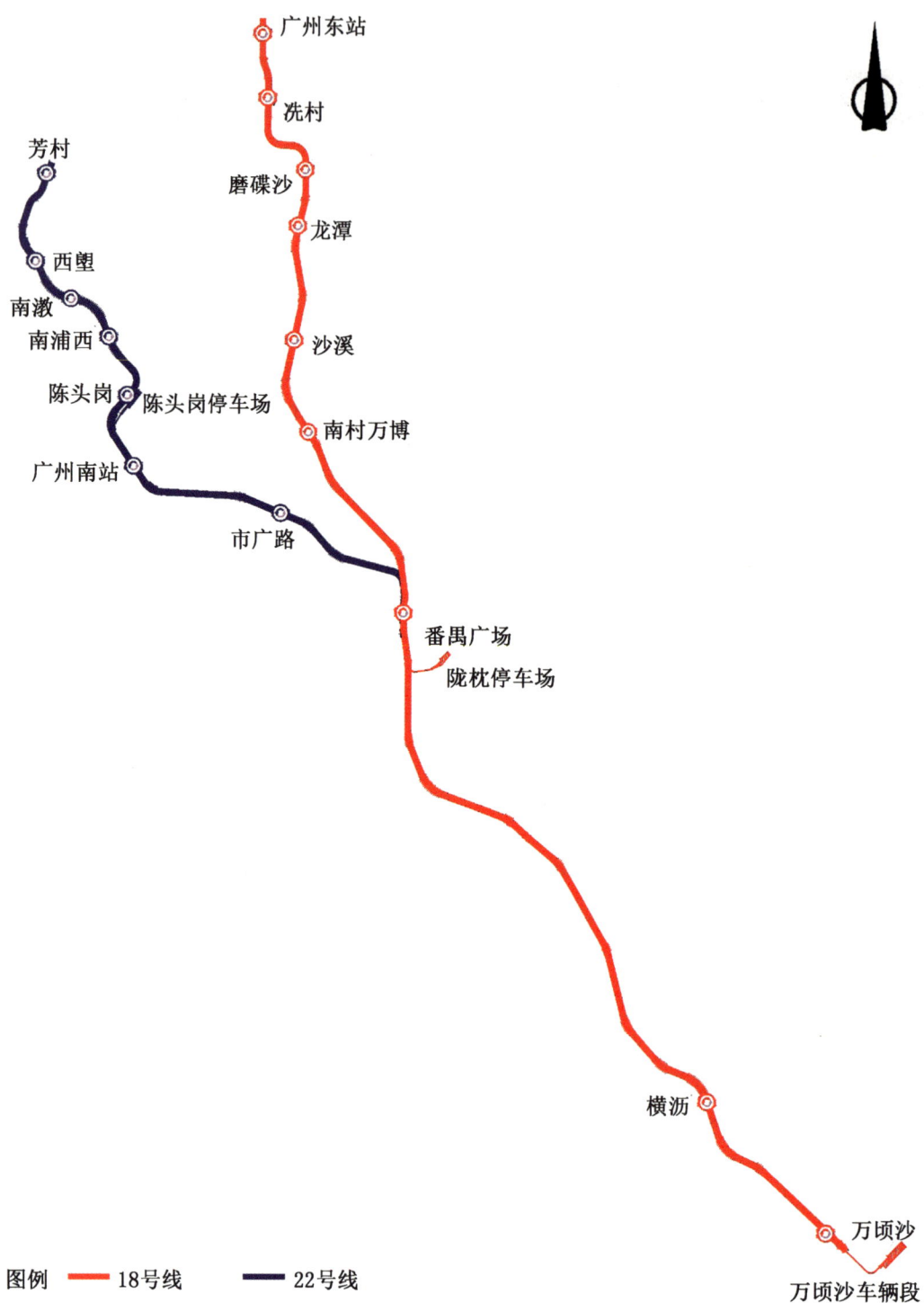

图 8-1 广州市域快线 18 号线、22 号线走向及站点

2. 广州市域快线 22 号线

1) 功能定位

在广州市城市总体规划及城市轨道交通线网规划中,市域快线 22 号线(以下简称"22 号线")沿线经过南沙区、番禺区和荔湾区,自南向北依次连接了南沙新区万顷沙枢纽、番禺区的番禺广场、广州南站地区和荔湾区的芳村地区。

22 号线作为南站快线,实现了南沙、番禺、荔湾与广州南站的快速轨道交通联系,同时也增强了广州南站的综合交通枢纽功能。

2) 工程概况

22 号线线路全长 30.8 km,均为地下线;共设 8 座车站,分别为番禺广场站、市广路站、广州南站、陈头岗站、南浦西站、南漖站、西塱站和芳村站,如图 8-1 所示。全线设 1 座停车场,即陈头岗停车场。线路采用最高运营速度为 160 km/h 的 8 节编组市域 D 型车。

3) 线路基本走向

22 号线起始于番禺广场站,并与已投入运营的轨道交通 3 号线及规划中的 17 号线、18 号线换乘,出站后线路下穿部分村房,之后转向西依次沿着东环路、市广路行进,并在 X939 路口设置市广路站。线路下穿钟村后转向兴业大道西向西行进,之后线路转向石浦大道向北行进至广州南站,并与轨道交通 2 号线、7 号线及在建的广佛环线等换乘。出站后线路依次沿着石浦大道北、钟南大道北行进,之后再转向东沿着规划路行进,在广珠动车所东侧设置陈头岗站,此站为陈头岗停车场的接轨站。线路自陈头岗站出站后下穿大石水道,沿东新高速西侧向北行进,至西三村南侧设南浦西站,之后线路下穿珠江转向西北,在玉兰路及环翠南路交叉口东侧设南漖站。继而线路下穿环城高速后北上行进至西塱站,站位位于西塱储运公司南侧,并与已运营的 1 号线、广佛线及规划中的 10 号线换乘。之后线路沿着东漖北路、花地大道继续北上行进至芳村,在芳村大道与花地大道交叉口设置芳村站,并与轨道交通 1 号线及在建的 11 号线和规划中的 28 号线换乘。

8.1.2 站点客流集散量分布

1. 18 号线不同时期早高峰站点客流集散量

18 号线各站点客流集散量与站点的区位条件、交通功能及系统连接方式等因素有着密切关系。站点按照换乘吸引原则大致可以归纳为 3 种类型。

(1) 换乘站:车站客流主要以换乘客流为主。

(2) 换乘吸引站:既有较大的换乘客流,又有较大的本站吸引客流。这种站点一般位于地区中心与交通枢纽点相结合的地方,该处具有强大的放射型交通网络,能产生人员集聚效果。

(3) 非换乘站:普通客流吸引站,客流集散以步行方式占主导,公交换乘次之。

18 号线初期、近期有 7 座换乘站,远期有 8 座换乘站。图 8-2 所示是 18 号线不同时期早高峰各站点的客流集散量。

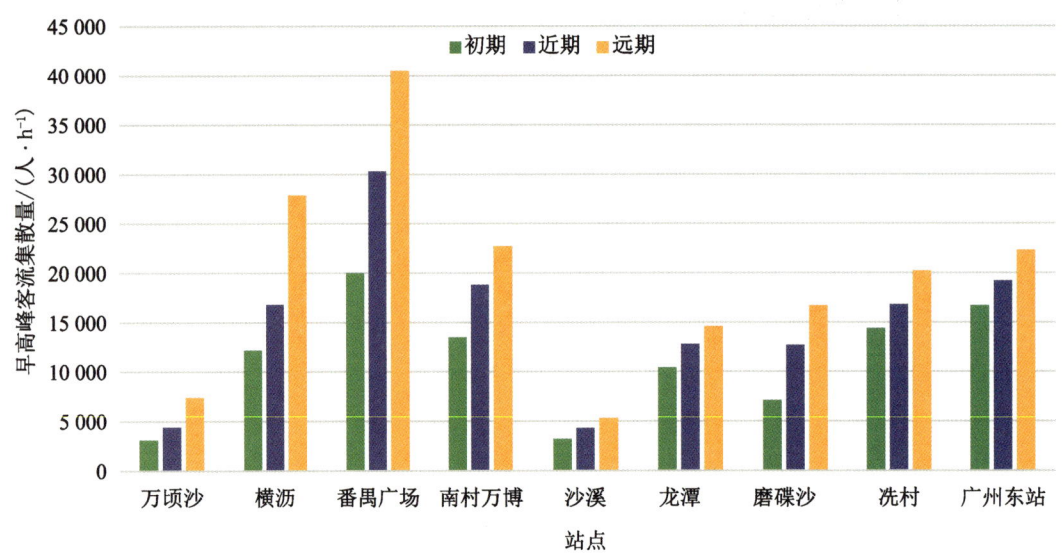

图 8-2　18 号线不同时期早高峰各站点客流集散量

2. 22 号线不同时期早高峰站点客流集散量

同样地,22 号线各站点的客流集散量与站点的区位条件、交通功能及系统连接方式等因素也有着密切关系。与 18 号线一样,22 号线各站点按照换乘吸引原则也可以大致归纳为 3 种类型:换乘站、换乘吸引站和非换乘站。图 8-3 所示是 22 号线不同时期早高峰各站点的客流集散量。

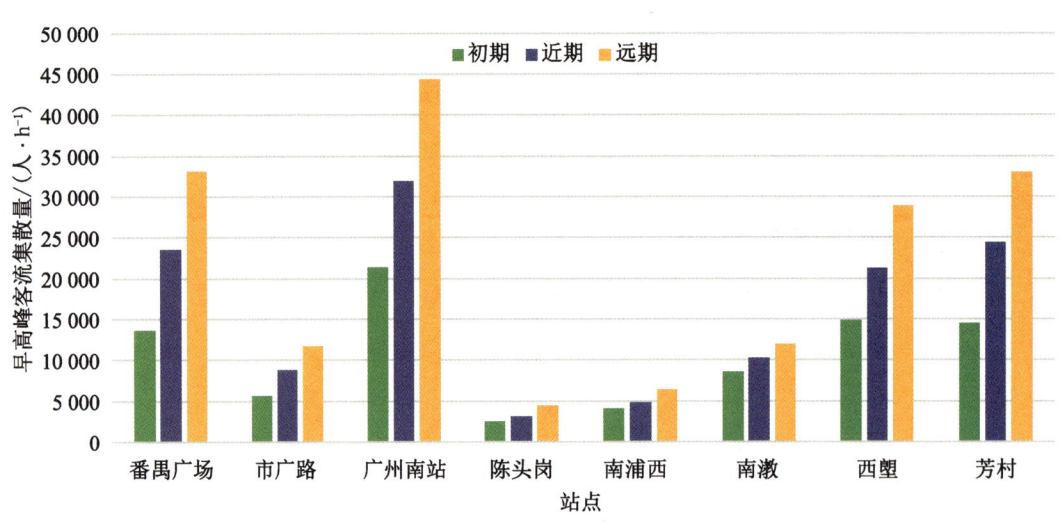

图 8-3　22 号线不同时期早高峰各站点客流集散量

8.1.3　断面客流分析与计算

为方便描述与计算,对 18 号线和 22 号线各区间进行编号(表 8-1)。

表 8-1 广州市域快线 18 号线和 22 号线区间编号

区间编号	18 号线	22 号线
1	万顷沙—横沥	番禺广场—市广路
2	横沥—番禺广场	市广路—广州南站
3	番禺广场—南村万博	广州南站—陈头岗
4	南村万博—沙溪	陈头岗—南浦西
5	沙溪—龙潭	南浦西—南漖
6	龙潭—磨碟沙	南漖—西塱
7	磨碟沙—冼村	西塱—芳村
8	冼村—广州东站	—

1. 18 号线

18 号线不同时期早高峰各区间上、下行方向断面客流量如图 8-4—图 8-6 所示。其中,远期早高峰单向最大断面客流量约为 2.85 万人次/h,故 18 号线属于中大运量轨道交通线路。

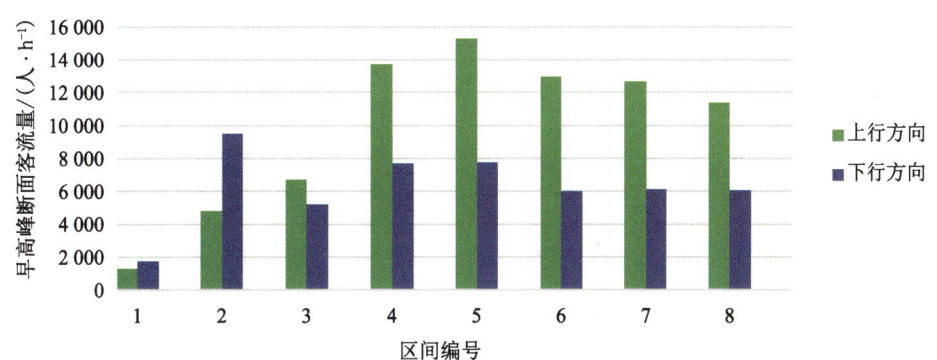

图 8-4 18 号线初期早高峰断面客流量

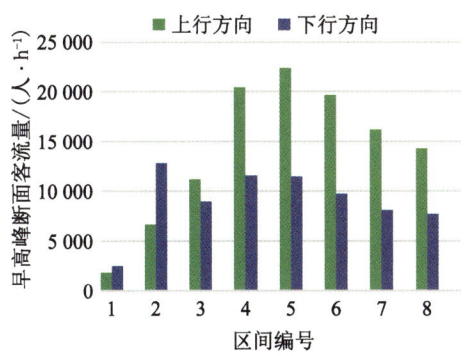

图 8-5 18 号线近期早高峰断面客流量

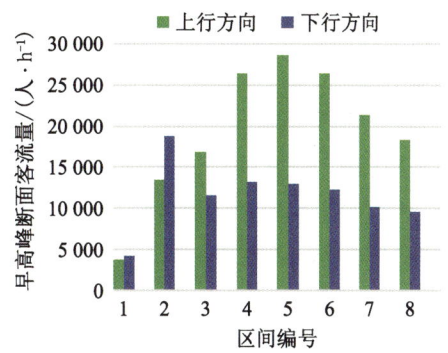

图 8-6 18 号线远期早高峰断面客流量

2. 22 号线

22 号线不同时期早高峰各区间上、下行方向断面客流量如图 8-7—图 8-9 所示。其中,远期早高峰单向最大断面客流量约为 2.32 万人次/h,故 22 号线属于中运量轨道交通线路。

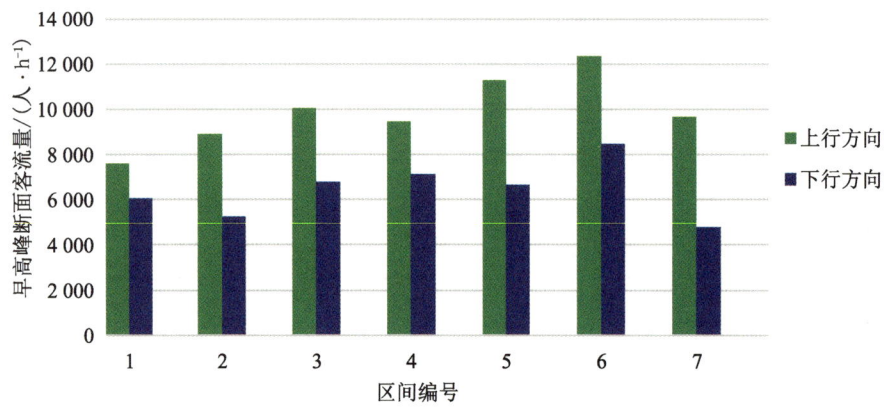

图 8-7　22 号线初期早高峰断面客流量

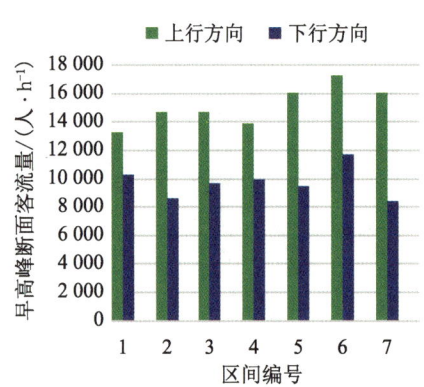

图 8-8　22 号线近期早高峰断面客流量

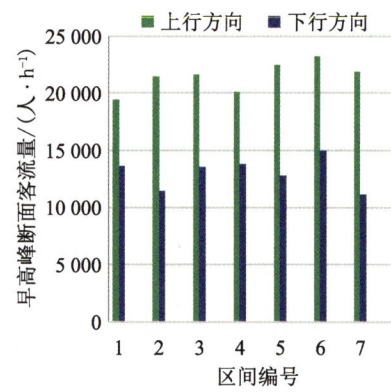

图 8-9　22 号线远期早高峰断面客流量

8.1.4　运距分布

1. 18 号线

18 号线初期全日平均运距为 18.8 km,近期全日平均运距为 18.5 km,远期全日平均运距为 19.6 km。远期全日客流出行距离累积分布如图 8-10 所示。

2. 22 号线

22 号线初期全日平均运距为 11.1 km,近期全日平均运距为 11.8 km,远期全日平均运距为 12.1 km。远期全日客流出行距离累积分布如图 8-11 所示。

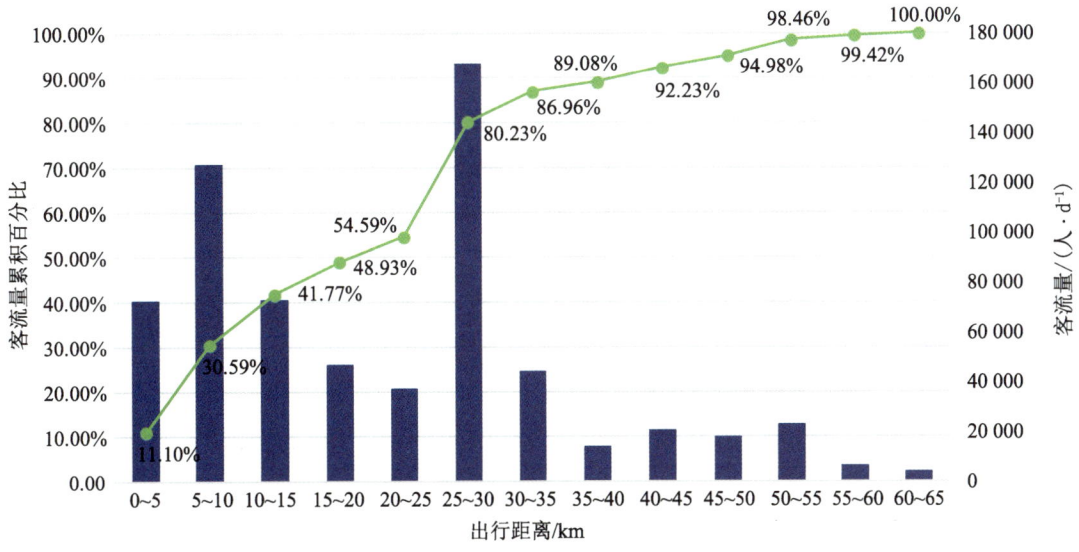

图 8-10　18 号线远期全日客流出行距离累积分布

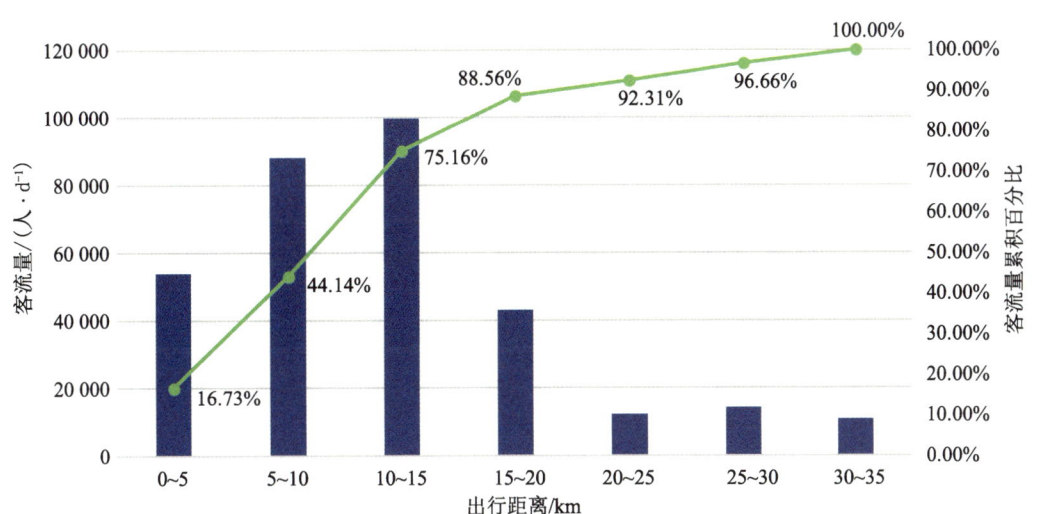

图 8-11　22 号线远期全日客流出行距离累积分布

8.1.5　客流特征总结

1. 18 号线客流特征

对各项指标数据进行分析可以得出 18 号线的客流特征如下。

(1) 客流规模大。18 号线远期早高峰单向最大断面客流量约为 2.85 万人/h,属于中大运量轨道交通线路。18 号线建成初期,全日客运量为 32.4 万人/d;近期受整体客运需求增加、轨道网络进一步完善等影响,全日客运量增至 49 万人/d;从近期至远期,18 号线客流增长趋于平缓,远期全日客运量为 75.1 万人/d(表 8-2)。

表 8-2　18 号线客流特征

项目		初期	近期	远期
设计年度		2023 年	2030 年	2045 年
运营线路长度/km		61.3	61.3	61.3
全日	全日客运量/(万人·d^{-1})	32.4	49.0	75.1
	全日客运量年均增长率	—	6.1%	2.9%
	日客运强度/(万人·km^{-1})	0.5	0.8	1.2
	日平均运距/km	18.8	18.5	19.6
	高峰小时客流量/(万人·h^{-1})	5.2	7.4	10.1
	高峰小时客流强度/(人·km^{-1})	855	1 217	1 661
高峰小时	早高峰单向最大断面客流量/(人·h^{-1})	15 283	22 310	28 535
	晚高峰单向最大断面客流量/(人·h^{-1})	14 447	20 924	26 444

高峰小时最大断面客流量与全日客运量呈现同步增长趋势,且增长速度为先快后慢。18 号线初期、近期、远期早高峰最大断面客流量均出现在沙溪—龙潭,远期高峰小时最大断面客流量约为 2.85 万人/h,表明 18 号线在广州城市交通,特别是南沙与广州中心城区间的交通出行中负担着比较重的客流输送任务,凸显本市域快线的重要性。

(2) 客流具有明显的时段性、方向性和潮汐现象。18 号线客流具有明显的早晚高峰现象,其中早高峰客流量占全日客流的 16% 左右。18 号线作为南沙与广州中心城区联系的骨干线,其早晚高峰以通勤客流为主,早高峰上行方向(往中心城区)客流大于下行方向(往南沙)客流,晚高峰反之,客流具有向心性,潮汐现象明显。

(3) 高峰小时高断面比较集中,持续区间较多。18 号线横沥—广州东站断面客流量均较高,不同时期最大断面客流量均出现在沙溪—龙潭区间。

(4) 18 号线 9 座车站远期有 8 座换乘站,换乘站点多,换乘客流量大。18 号线(万顷沙—广州东站)初期早高峰小时全线集散量约为 10 万人,平均约为 1.1 万人/站,远期早高峰小时全线集散量达到 17.7 万人,平均约为 2.0 万人/站。初期集散量最大的车站为番禺广场站,早高峰小时集散量为 2.0 万人;其次为广州东站,早高峰小时集散量为 1.7 万人。远期集散量最大的车站仍为番禺广场站,早高峰小时集散量为 4.0 万人;其次为横沥站,早高峰小时集散量为 2.8 万人。

换乘客流量较大且成为 18 号线的主要客流来源,这说明 18 号线具有很强的换乘功能,18 号线的建设增强了已建线网的换乘能力,同时也提高了全网的接驳能力。为了提高换乘效率,需做好换乘站设计。

2. 22 号线客流特征

对各项指标数据进行分析可以得出 22 号线的客流特征如下。

(1) 客流规模较大。22 号线远期早高峰单向最大断面客流量约为 2.32 万人/h,属于中运量轨道交通线路。22 号线建成初期,全日客运量为 26.7 万人/d;近期受整体客运需求增加、轨道网络进一步完善等影响,全日客运量增至 43.9 万人/d;从近期至远期,22 号线客流增长趋于平缓,远期客运量为 63.7 万人/d(表 8-3)。

高峰小时最大断面客流量与全日客运量呈现同步增长趋势,与 18 号线一样,增长速度也是先快后慢。22 号线初期、近期、远期早高峰时段最大断面客流均出现在南漖—西塱,远期高峰小时最大断面客流量约为 2.32 万人/h,表明 22 号线在广州城市交通,特别是南沙与广州中心城区间的交通出行中负担着比较重的客流输送任务,凸显本市域快线的重要性。

表 8-3　22 号线客流特征

项目		初期	近期	远期
设计年度		2023 年	2030 年	2045 年
运营线路长度/km		30.8	30.8	30.8
全日	全日客运量/(万人·d^{-1})	26.7	43.9	63.7
	全日客运量年均增长率	—	7.3%	2.5%
	其中换入客流比例	56.2%	60.4%	62.9%
	日客运强度/(万人·km^{-1})	0.9	1.4	2.1
	日平均运距/km	11.1	11.8	12.1
	高峰小时客流量/(万人·h^{-1})	4.3	6.4	8.7
	其中换入客流比例	60.7%	65.3%	68.3%
	高峰小时客流强度/(人·km^{-1})	1 398	2 104	2 850
高峰小时	早高峰单向最大断面客流量/(人·h^{-1})	12 322	17 246	23 196
	晚高峰单向最大断面客流量/(人·h^{-1})	12 395	16 622	22 163

(2) 客流具有明显的时段性、方向性和潮汐现象。22 号线客流具有明显的早晚高峰现象,其中早高峰客流量占全日客流的 16% 左右。22 号线作为南沙与广州中心城区联系的骨干线,其早晚高峰以通勤客流为主,早高峰上行方向(往中心城区)客流大于下行方向(往南沙)客流,晚高峰反之,客流具有向心性,潮汐现象明显。

(3) 22 号线近、远期整体断面客流量较为均衡,但客流量相比 18 号线要小。

(4) 22号线8座车站远期有4座换乘站,换乘站点多,换乘客流量大。22号线(番禺广场—芳村)初期早高峰小时全线集散量约为8.5万人,平均约为1.06万人/站;远期达到17.4万人,平均约为2.18万人/站。初期集散量最大的车站为广州南站,早高峰小时集散量为2.1万人;其次为西塱站,早高峰小时集散量为1.5万人。远期集散量最大的车站仍为广州南站,早高峰小时集散量为4.4万人;其次为番禺广场站,早高峰小时集散量为3.3万人。

与18号线一样,换乘客流量较大且成为22号线的主要客流来源,这说明22号线具有很强的换乘功能,22号线的建设增强了已建线网的换乘能力,同时也提高了全网的接驳能力。为了提高换乘效率,需做好换乘站设计。

8.2 通过能力计算

8.2.1 18号线通过能力计算

1. 列车运行参数

为了计算18号线的线路通过能力,需要分析列车运行的相关参数,包括列车停站时间、区间运行时间、追踪间隔时间和快车最高越行速度。

1) 列车停站时间

18号线采用快慢车运输组织模式,快车和慢车的停站时间标准有所区别(表8-4)。除了通过车站外,快车在其他车站的停站时间与慢车相同。

表8-4 18号线快慢车停站时间标准

车站	慢车停站时间/s	快车停站时间/s
万顷沙	35	35
横沥	40	40
番禺广场	45	45
南村万博	60	—
沙溪	35	—
龙潭	50	—
磨碟沙	45	—
冼村	50	50
广州东站	70	70

表 8-4 不仅给出了快慢车的停站时间标准,也体现了列车停站方案,如图 8-12 所示。其中,在南村万博站、沙溪站、龙潭站和磨碟沙站,快车均不停站通过,且这 4 个车站均具备越行条件,可见快车越行时是不停站通过车站;而在其他站,快慢车均需停站。

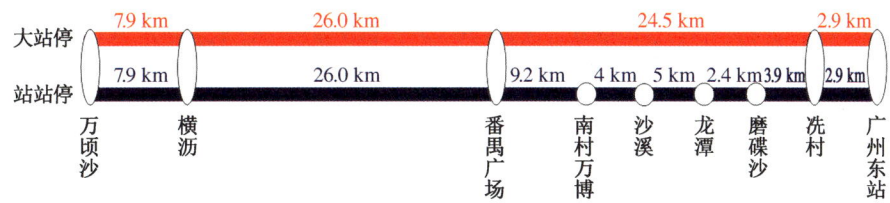

图 8-12 18 号线快慢车停站方案

2) 区间运行时间

18 号线快慢车区间运行时间标准如表 8-5 所列。其中,在万顷沙—横沥、横沥—番禺广场、冼村—广州东站这 3 个区间快车和慢车的运行时间是相同的,而在其余区间快慢车运行时间不同。这主要是快慢车停站方案不同和区间长度不等导致快慢车区间最高运行速度不同,进而影响区间运行时间。

表 8-5 18 号线快慢车区间运行时间标准

车站	区间长度/km	慢车运行时间/(分:秒)	快车运行时间/(分:秒)
万顷沙	7.9	3:47	3:47
横沥	26	10:41	10:41
番禺广场	9.2	4:35	3:55
南村万博	4	2:51	1:27
沙溪	5	3:15	1:51
龙潭	2.4	2:16	0:54
磨碟沙	3.9	2:57	2:31
冼村	2.9	2:01	2:01
广州东站	—	—	—

3) 追踪间隔时间

18 号线快慢车追踪间隔时间标准如表 8-6 所列,表中给出了不同车站的 6 种不同的追踪间隔时间标准。可以看到,对于同一车站,不同类型的追踪间隔时间标准有所不同;同时,对于同一类型的追踪间隔时间,在不同车站的取值也不同。追踪间隔时间与不同车站的站型、运输组织方法、设施设备等因素有关。

表 8-6 18 号线快慢车追踪间隔时间标准

车站	发发/(分:秒)	发到/(分:秒)	到到/(分:秒)	到通/(分:秒)	通发/(分:秒)	通通/(分:秒)
广州东站	2:20	0	2:20	0	0	0
冼村	2:00	0	2:00	0	0	0
磨碟沙	2:05	1:20	2:05	1:30	0:35	1:30
龙潭	2:10	1:30	2:05	1:30	0:30	1:30
沙溪	2:05	1:30	2:00	1:30	0:30	1:30
南村万博	2:20	1:30	2:20	1:30	0:30	1:30
番禺广场	2:20	0	2:20	0	0	0
横沥	2:10	0	2:10	0	0	0
万顷沙	2:20	0	2:20	0	0	0

4) 快车最高越行速度

18 号线共设 4 个越行站(南村万博站、沙溪站、龙潭站、磨碟沙站),均为单岛四线布置。快车在不同越行站越行慢车时所能达到的最高越行速度如表 8-7 所列。其中,在南村万博站、沙溪站和龙潭站,快车均能以 160 km/h 的最高速度全速越行;而在磨碟沙站,由于线路前后曲线限速,快车最高越行速度只能达到 110 km/h。

表 8-7 快车最高越行速度

车站	最高越行速度/(km·h^{-1})
南村万博、沙溪、龙潭	160
磨碟沙	110

2. 基于扣除系数的通过能力计算

通过对 18 号线列车运行参数的分析可以发现,在计算其通过能力时存在多种非理想情况,包括快慢车在区间不能以相同的最高速度运行、慢车在不同车站的停站时间不固定、不同类型的最小间隔时间采取不同标准、快车在个别越行站不能全速越行。因此,在采用扣除系数法计算通过能力时,难以根据理想情况下快车扣除系数取值,而是需要结合具体情况以及扣除系数的本质来计算其取值。

下面分别在越行 1 次和越行 2 次的情况下,采用扣除系数法计算 18 号线通过能力。

1) 越行 1 次

18 号线共有 4 个车站具备越行条件,即南村万博站、沙溪站、龙潭站和磨碟沙站。当快车越行 1 次时,越行站可有 4 种选择。因此,首先需要在设定条件下,计算这 4 种不同越行位置下的快车扣除系数,然后据此计算线路通过能力。

本书在计算线路通过能力时，假定快慢车按一定周期开行。下面以快慢比为 1∶2、快车在沙溪站越行这一情况为例，说明快车越行 1 次时采用扣除系数法计算线路通过能力的一般步骤。

当快慢比为 1∶2、快车越行 1 次时，其中一列慢车待避 1 次，而另一列慢车全程无待避，则快车在沙溪站越行时的列车运行图如图 8-13 所示。

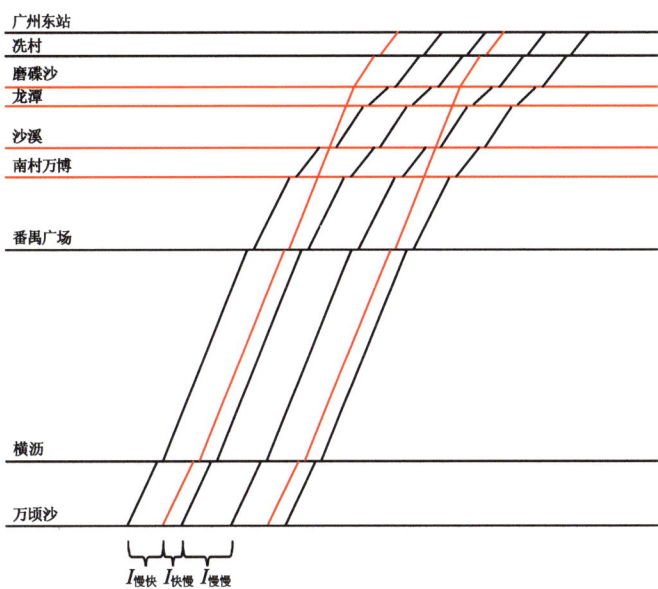

图 8-13 快慢比为 1∶2，在沙溪站越行时的列车运行图

根据图 8-13，运行图周期可以看成由 3 部分组成，即慢车与快车的发车间隔、快车与慢车的发车间隔以及慢车与慢车的发车间隔，分别用 $I_{慢快}$、$I_{快慢}$ 和 $I_{慢慢}$ 表示，则快车扣除系数 $\varepsilon_{快}$ 应为

$$\varepsilon_{快} = \frac{I_{慢快} + I_{快慢} + I_{慢慢} - 2I}{I} \tag{8-1}$$

根据各项列车运行参数的取值，当快车在沙溪站越行时 $I_{慢快}=277$ s，$I_{快慢}=140$ s，$I_{慢慢}=381$ s。

I 取 140 s，则快车扣除系数为

$$\varepsilon_{快} = \frac{(277+140+381)-2\times140}{140} = 3.70$$

根据式(4-47)，快车在沙溪站越行时的线路通过能力 N 为

$$N = \frac{(1+\gamma)N_{平}}{1+\varepsilon_{快}\gamma} = \frac{(1+1/2)\times\frac{3\,600}{140}}{1+3.7\times1/2} = 13.53(列/h)$$

若采用一般情况下的计算方法,列车运行周期为 277+140+381=798 s,则 1 h 内能开行(3 600/798)列快车,根据式(4-42),线路通过能力 N 为

$$N = \frac{3\,600}{I} - (\varepsilon_{\text{快}}-1) \times \frac{3\,600}{798} = \frac{3\,600}{140} - (3.7-1) \times \frac{3\,600}{798} = 13.53(\text{列}/\text{h})$$

由此可见,快慢车周期开行时,按一般情况计算和按周期铺画计算这两种方法具有同等适用性。同理,计算得到快慢比为 1∶2、越行 1 次时基于扣除系数法的 18 号线通过能力计算结果,如表 8-8 所列。

表 8-8 快慢比为 1∶2,越行 1 次时基于扣除系数法的 18 号线通过能力计算结果

越行站	$I_{\text{慢快}}$/s	$I_{\text{快慢}}$/s	$I_{\text{慢慢}}$/s	快车扣除系数	通过能力/(列·h^{-1})
南村万博	140	140	518	3.70	13.53
沙溪	277	140	381		
龙潭	400	140	258		
磨碟沙	536	140	140	3.83	13.23

根据表 8-8 可以看出,快慢比为 1∶2、越行 1 次时,快车在南村万博站、沙溪站和龙潭站越行时的快车扣除系数均为 3.70,线路通过能力均为 13.53 列/h;而将越行站选在磨碟沙站时,快车扣除系数增至 3.83,线路通过能力减至 13.23 列/h。

可以发现,在前 3 个越行站,$I_{\text{快慢}}$均为 140 s,$I_{\text{慢慢}}$均大于 140 s,结合图 8-13,表明在这 3 种情况下,快车的前一列无待避慢车铺画的制约点在于终点站的到达间隔,其后一列无待避慢车铺画的制约点在于起点站的发车间隔。如前文所述,开行一列快车的时间影响范围相同,因此无论选择这 3 个越行站中的哪一个,快车的时间影响范围不变,显然快车扣除系数也不变。而当选择磨碟沙站作为越行站时,虽然 $I_{\text{快慢}}$依旧为 140 s,但 $I_{\text{慢慢}}$由其他越行站情况下的大于 140 s 减至 140 s,这表明快车的前一列无待避慢车铺画的制约点已不再是终点站的到达间隔,而变成起点站的发车间隔,此时开行一列快车的时间影响范围变大,快车扣除系数和通过能力计算结果都相应地发生了变化。

2) 越行 2 次

由于 18 号线有 4 个车站具备越行条件,当快车越行 2 次时,越行站共有 6 种选择。因此,首先需要在设定条件下,计算这 6 种不同越行位置下的快车扣除系数,然后据此计算线路通过能力。

假定快慢车按一定周期开行,下面以快慢比为 1∶2、快车在沙溪站和龙潭站越行为例,说明越行 2 次时采用扣除系数法计算线路通过能力的一般步骤。

当快慢比为 1∶2、快车越行 2 次时,两列慢车全程均待避 1 次,快车在沙溪站和龙潭站越行时的列车运行图如图 8-14 所示。

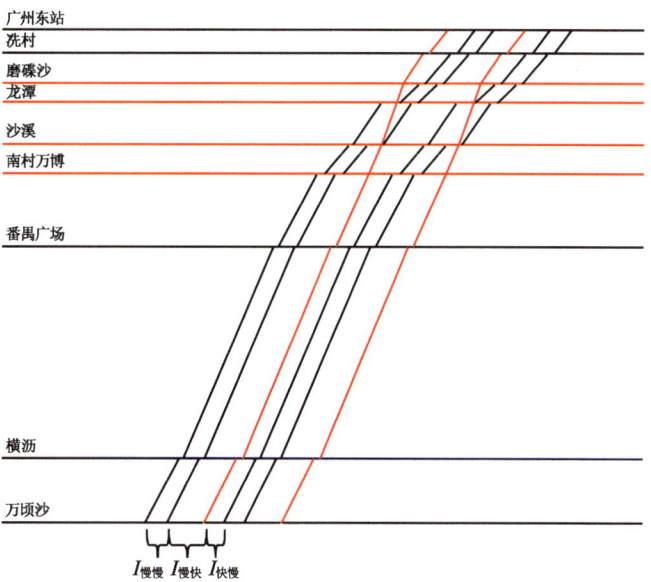

图 8-14 快慢比为 1∶2,在沙溪站、龙潭站越行时的列车运行图

根据图 8-14,运行图周期可以看成由 3 部分组成,即慢慢发车间隔、慢快发车间隔和快慢发车间隔,分别用 $I_{慢慢}$、$I_{慢快}$ 和 $I_{快慢}$ 表示,则快车扣除系数 $\varepsilon_{快}$ 的计算式同式(8-1)。

根据各项列车运行参数的取值,当快车在沙溪站和龙潭站越行时 $I_{慢慢}=150$ s,$I_{慢快}=277$ s,$I_{快慢}=140$ s。

I 取 140 s,则快车扣除系数为

$$\varepsilon_{快}=\frac{(150+277+140)-2\times 140}{140}=2.05$$

根据式(4-47),快车在沙溪站和龙潭站越行时的线路通过能力 N 为

$$N=\frac{(1+\gamma)N_{平}}{1+\varepsilon_{快}\gamma}=\frac{(1+1/2)\times\dfrac{3\,600}{140}}{1+2.05\times 1/2}=19.05(列/h)$$

同理,计算得到快慢比为 1∶2、越行 2 次时基于扣除系数法的 18 号线通过能力计算结果,如表 8-9 所列。

表 8-9 快慢比为 1∶2,越行 2 次时基于扣除系数法的 18 号线通过能力计算结果

越行站	$I_{慢慢}$/s	$I_{慢快}$/s	$I_{快慢}$/s	快车扣除系数	通过能力/(列·h^{-1})
沙溪、南村万博	150	140	316	2.33	17.82
沙溪、龙潭	150	277	140	2.05	19.05
龙潭、磨碟沙	150	400	140	2.93	15.65

(续表)

越行站	$I_{慢慢}$/s	$I_{慢快}$/s	$I_{快慢}$/s	快车扣除系数	通过能力/(列·h^{-1})
磨碟沙、沙溪	259	277	140	2.83	15.97
龙潭、南村万博	260	140	189	2.21	18.32
磨碟沙、南村万博	396	140	140	2.83	15.97

通过对比表 8-9 和表 8-8 可以看出,在相同的快慢车开行比例下,越行 2 次相较于越行 1 次能够有效地减小快车扣除系数。同时,若将越行 2 次时的越行站分别定在沙溪站和龙潭站,线路通过能力最大,每小时上行方向能开行约 19 列。

以上分析计算的是同一快慢车开行比例、不同越行位置时的线路通过能力,下面分析计算同一越行位置不同快慢车开行比例下的线路通过能力。设定快车越行站为沙溪站和南村万博站,快慢比由 1∶2 至 1∶10 变化,计算不同开行比例下的快车扣除系数和线路通过能力,结果如表 8-10 所列。

表 8-10　同一越行位置不同快慢车开行比例下线路通过能力计算结果

快慢比	快车扣除系数	通过能力/(列·h^{-1})
1∶2	2.33	17.82
1∶3	2.70	18.05
1∶4	2.70	19.19
1∶5	2.70	20.04
1∶6	2.70	20.69
1∶7	2.70	21.21
1∶8	2.70	21.63
1∶9	2.70	21.98
1∶10	2.70	22.27

由表 8-10 可知,当设定越行站为沙溪站和南村万博站时,随着快慢车比例不断减小,线路通过能力不断增大,当快慢比为 1∶10 时,通过能力可达 22.27 列/h。经分析,当快慢比增大时,运行图的平图特性增强,线路通过能力也会增大。同时,当快慢比从 1∶3 至 1∶10 变化时,快车扣除系数恒为 2.70,这说明开行一列快车对开行慢车的影响是相同的。换句话说,快车与快车之间是相互独立的,不存在时间占用上的重叠。而当快慢比为 1∶2 时,快车扣除系数为 2.33,小于其他快慢比情况下的快车扣除系数,主要原因是快车在运行图中的时间占用存在重叠,因此导致快车扣除系数减小。

若不规定越行位置,在"慢车最多待避 1 次"的前提下,计算不同越行位置、越行次数、快慢比情况下的线路通过能力,结果如图 8-15 所示。

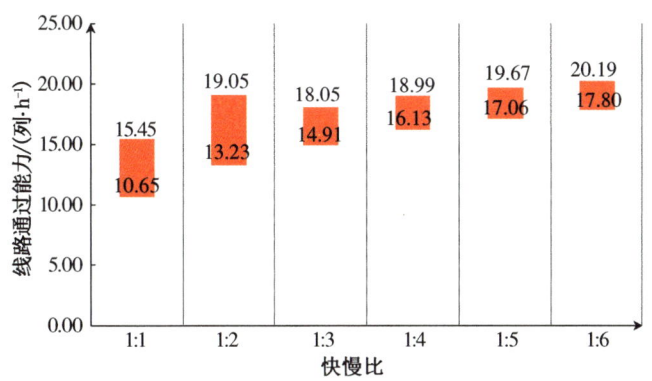

图 8-15 不同越行位置、越行次数、快慢比情况下的线路通过能力(越行 1~2 次)

由图 8-15 可知,当快慢比从 1∶1 至 1∶6 变化时,线路通过能力整体呈上升趋势。同时,该图也反映了某一快慢比下的通过能力范围。例如,当快慢比为 1∶3 时,线路通过能力取值范围为 14.91~18.05 列/h,具体与越行位置的选择有关。值得注意的是,当快慢比为 1∶3 时的最大通过能力并非大于当快慢比为 1∶2 时的通过能力,这主要是由于计算过程中设定了快车越行次数最多为 2 次,实际上当快慢比为 1∶3 时,快车最多可越行慢车 3 次,若设定快车越行 3 次慢车,则快慢比为 1∶3 时的最大通过能力将大于 19.05 列/h。

接着计算不同快慢车开行比例下,快车无越行、越行 1 次和越行 2 次情况下的线路通过能力。其中,越行 1 次的越行站为沙溪站,越行 2 次的越行站为沙溪站和龙潭站,计算结果如表 8-11 所列。

表 8-11 18 号线不同快慢比和越行次数下的通过能力计算结果

快慢比	越行次数	快车扣除系数	通过能力/(列·h⁻¹)	快车数/列	快车旅行时间	慢车数/列	慢车旅行时间
1∶1	0	4.70	9.06	4.53	29:50	4.53	38:28
	1	2.33	15.44	7.72	29:50	7.72	39:53
1∶2	0	4.70	11.51	3.84	29:50	7.67	38:28
	1	3.70	13.53	4.51	29:50	9.02	39:53/38:28
	2	2.05	19.05	6.35	29:50	12.70	40:05/39:55
1∶3	0	4.70	13.36	3.34	29:50	10.02	38:28
	1	3.70	15.35	3.84	29:50	11.51	39:53/38:28
	2	2.70	18.05	4.51	29:50	13.54	40:05/39:55/38:28
1∶4	0	4.70	14.78	2.96	29:50	11.82	38:28
	1	3.70	16.70	3.34	29:50	13.36	39:53/38:28
	2	2.77	18.99	3.80	29:50	15.19	40:05/39:55/38:28

3. 基于计算机模拟的线路通过能力计算

根据前述研究,采用计算机模拟法计算线路通过能力,即通过计算机模拟铺画列车运行图的方式,在一定的快慢车开行比例下,考虑列车运行间隔等各类约束,使得一个快慢车运行周期占用时间最少的过程。

本书利用 MATLAB 软件编写小程序，在一定的快慢车比例下，求解不同越行条件时的最小运行周期，下面分别以快慢比为 1∶1、1∶2 和 1∶3 的情况为例进行说明。

1) 快慢比 1∶1

当快慢比为 1∶1 时，快车最多越行慢车 1 次，本书认为从线路通过能力最大的角度出发，应当组织快车越行慢车，快慢比为 1∶1 时的快车越行次数为 1 次。通过计算机模拟铺画列车运行图，得到快慢比为 1∶1 时的 4 种方案(图 8-16)。

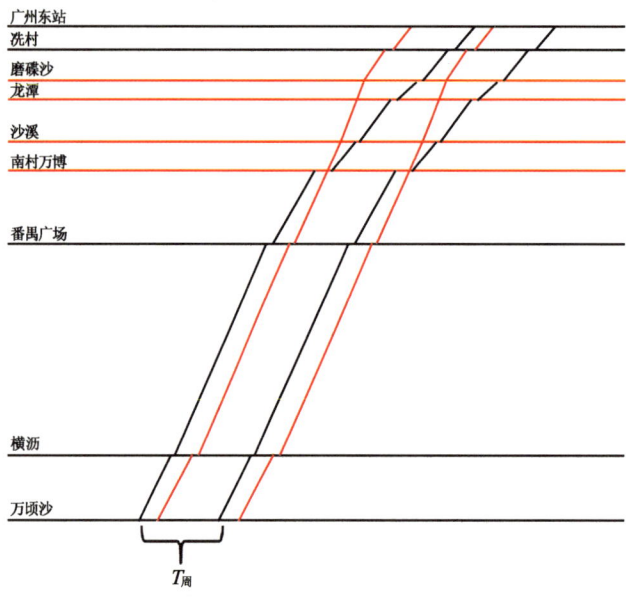

(a) 南村万博站

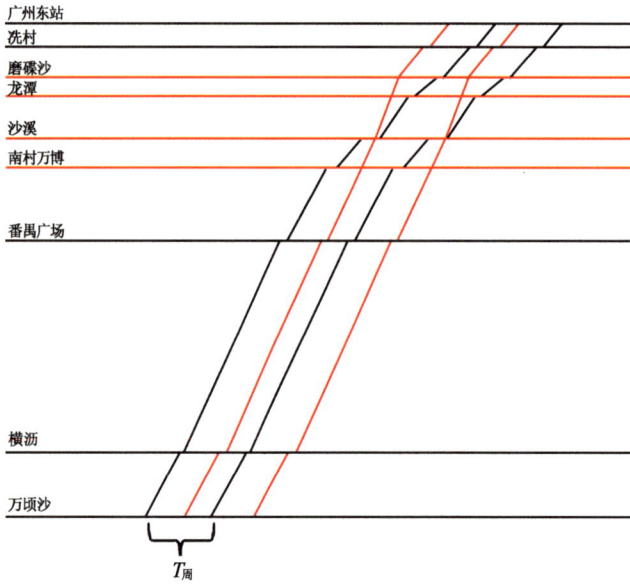

(b) 沙溪站

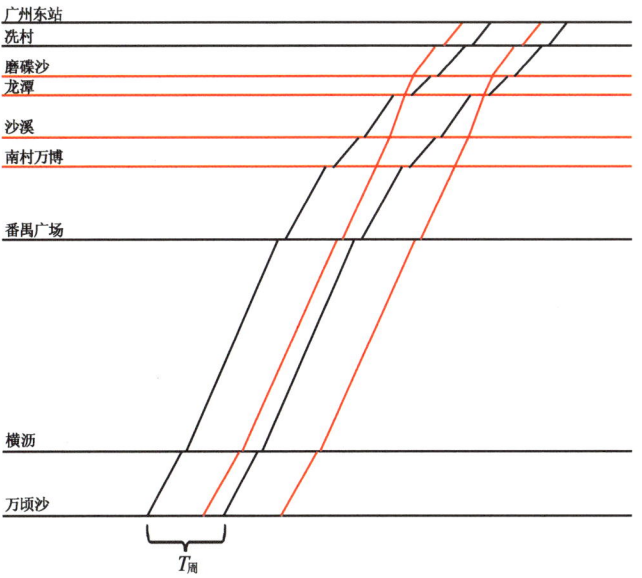

(c)龙潭站

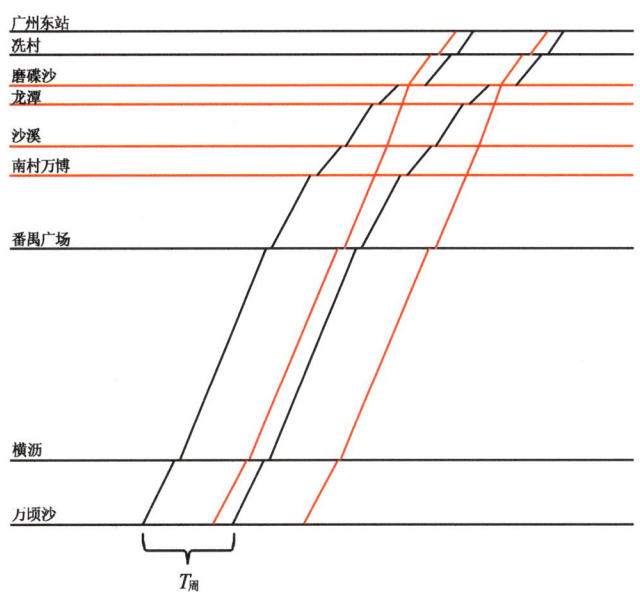

(d)磨碟沙站

图 8-16 快慢比为 1∶1 时计算机模拟结果

根据计算机模拟结果,快车在南村万博站、沙溪站、龙潭站和磨碟沙站越行时的 $T_{周}$ 分别为 589 s、466 s、540 s 和 676 s。然后,按照式(8-2)计算通过能力:

$$N=\frac{3\,600}{T_{周}}K \qquad (8\text{-}2)$$

式中 $T_{周}$——快慢车运行周期,s;

K ——一个快慢车周期中所包含的列车数。

经计算,快慢比为 1∶1 时的通过能力计算结果如表 8-12 所列。

表 8-12　当快慢比为 1∶1 时线路通过能力计算结果

方案	越行位置	快慢车周期/s	通过能力/(列·h^{-1})
①	南村万博	589	12.22
②	沙溪	466	15.45
③	龙潭	540	13.33
④	磨碟沙	676	10.65

根据计算机模拟结果,当快慢比为 1∶1 时,快车在沙溪站越行时的快慢车周期最小,为 466 s,此时通过能力最大,为 15.45 列/h。

2) 快慢比 1∶2

当快慢比为 1∶2 时,快车最多越行慢车 2 次,从线路通过能力最大的角度出发,同样考虑组织快车越行慢车,通过计算机模拟铺画列车运行图,得到快慢比为 1∶2 时共 10 种方案。其中,越行 1 次时有 4 种方案,越行 2 次时有 6 种方案,计算通过能力如表 8-13 所列。

表 8-13　当快慢比为 1∶2 时线路通过能力计算结果

方案	越行位置	快慢车周期/s	通过能力/(列·h^{-1})
①	南村万博	798	13.53
②	沙溪	798	13.53
③	龙潭	798	13.53
④	磨碟沙	816	13.23
⑤	沙溪、南村万博	606	17.82
⑥	沙溪、龙潭	567	19.05
⑦	龙潭、磨碟沙	690	15.65
⑧	磨碟沙、沙溪	676	15.97
⑨	龙潭、南村万博	589	18.32
⑩	磨碟沙、南村万博	676	15.97

根据计算机模拟结果,当快慢比为 1∶2 时,快车在沙溪站和龙潭站越行 2 次时的快慢车周期最小,为 567 s,此时通过能力最大,为 19.05 列/h。

将表 8-13 与表 8-8 和表 8-9 进行对比可以看出,在一定的快慢车开行比例下,采用计算机模拟法计算线路通过能力与采用扣除系数法的计算结果是一致的,这也在一定程度上验证了两种方法的有效性。

3) 快慢比 1∶3

当快慢比为 1∶3 时，快车最多可越行慢车 3 次，但本书在采用计算机模拟法时，仅考虑了快车越行 1 次和越行 2 次的情况，因此得到快慢比为 1∶3 时共 10 种方案。其中，越行 1 次时有 4 种方案，越行 2 次时有 6 种方案，计算通过能力如表 8-14 所列。

表 8-14　当快慢比为 1∶3 时线路通过能力计算结果

方案	越行位置	快慢车周期/s	通过能力/(列·h^{-1})
①	南村万博	948	15.19
②	沙溪	948	15.19
③	龙潭	948	15.19
④	磨碟沙	966	14.91
⑤	沙溪、南村万博	798	18.05
⑥	沙溪、龙潭	798	18.05
⑦	龙潭、磨碟沙	830	17.35
⑧	磨碟沙、沙溪	816	17.65
⑨	龙潭、南村万博	798	18.05
⑩	磨碟沙、南村万博	816	17.65

根据计算机模拟结果，当快慢比为 1∶3 时，快车在沙溪站和南村万博站、沙溪站和龙潭站、龙潭和南村万博站这 3 种方案越行 2 次时的快慢车周期最小，均为 798 s，此时通过能力最大，为 18.05 列/h。

对比表 8-14 和表 8-13 可以看出，在相同的越行方案下，一般地，快慢车比例减小能够提高线路通过能力，但也有例外的情况。例如，当越行站选择在沙溪站和龙潭站，快慢比为 1∶2 时的通过能力为 19.05 列/h，而快慢比为 1∶3 时的通过能力为 18.05 列/h。又如，当越行站选择在龙潭站和南村万博站，快慢比为 1∶2 时的通过能力为 18.32 列/h，而快慢比为 1∶3 时的通过能力为 18.05 列/h，这与实际的列车运行参数取值有直接关系。

由于本书仅模拟了越行 1 次和越行 2 次的情况，但是在保证慢车待避次数不大于 1 次的前提下，快慢比为 1∶3 时快车越行不同慢车的次数能够达到 3 次。结合本书第 2 章中列车运行调整的思路，可通过增加越行次数使得下一周期运行线前移的方式来缩短运行周期，从而进一步提高通过能力。

以快车在沙溪站和龙潭站越行为例，此时通过能力为快慢比 1∶3 且越行不超过 2 次条件下的最大值，为 18.05 列/h，列车运行图如图 8-17 所示。

通过观察图 8-17 可以发现，前一周期最后一列慢车与后一周期第一列慢车的发车间隔较大，同时在沙溪站和龙潭站之后还有磨碟沙站具备越行条件，因此可以考虑通过列车运行调整，使得后一周期快车在磨碟沙站越行前一周期慢车，从而使得快慢车运行周期减小以提高线路通过能力。经调整后的列车运行图如图 8-18 所示。

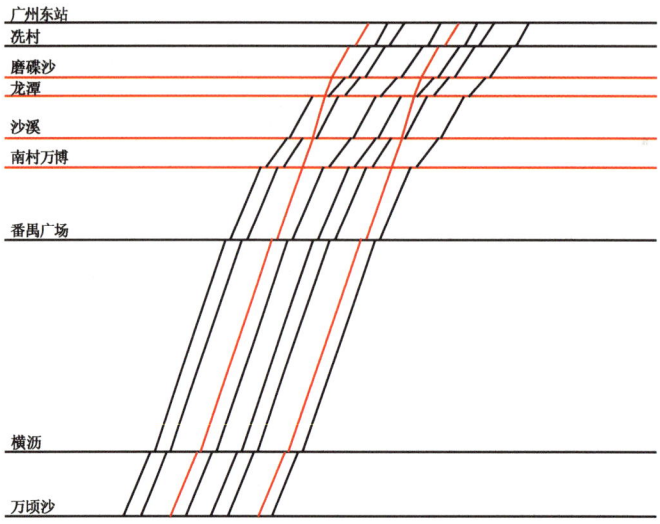

图 8-17　快慢比为 1∶3,在沙溪站和龙潭站越行时的列车运行图

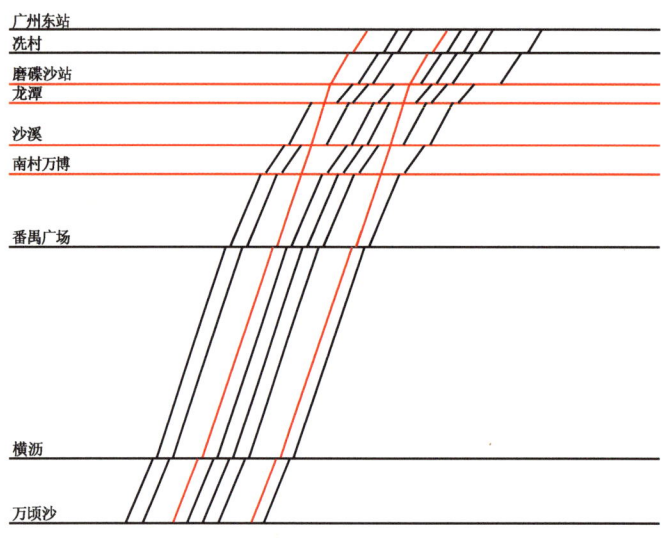

图 8-18　快慢比为 1∶3,经调整后快车越行 3 次的列车运行图

根据计算机模拟结果,此时的快慢车周期为 717 s,相较调整之前的 798 s 减小了 81 s;相反地,线路通过能力由原来的 18.05 列/h 增加到 20.08 列/h。可见,在快车越行次数不受限制的情况下,通过列车运行调整,增加快车越行次数能够有效提高线路通过能力。

4) 列车运行调整与增加越行次数的等同性

根据前文研究,通过列车运行调整来提高线路通过能力实质上是增加了快车的越行次数。经对比可以发现,调整列车运行线与直接增加越行次数来铺画运行图的效果是等同的,下面以一个例子进行验证。

假设快慢车开行比例为 1∶2,在越行 1 次的情况下,设定快车在南村万博站越行,经计算机模拟后的列车运行图如图 8-19 所示。

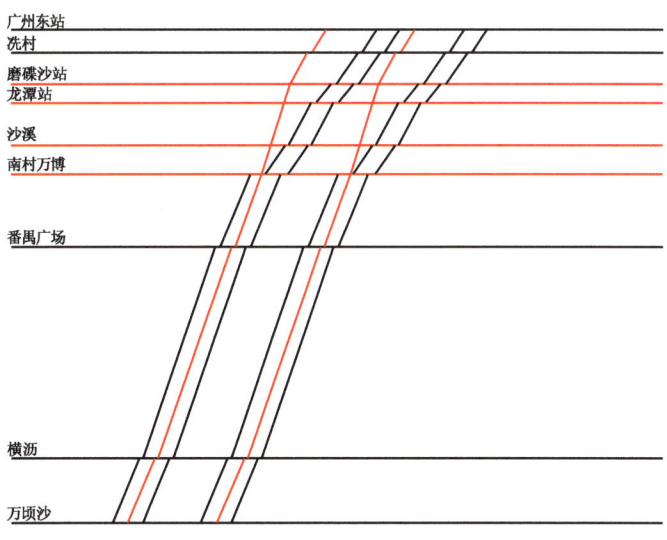

图 8-19　快慢比为 1∶2,在南村万博站越行时的列车运行图

根据前述模拟结果,此时快慢车运行周期为 798 s,通过能力为 13.53 列/h。接着在此基础上进行列车运行调整,设定后一周期快车在沙溪站越行前一周期慢车,经调整后的列车运行图如图 8-20 所示。

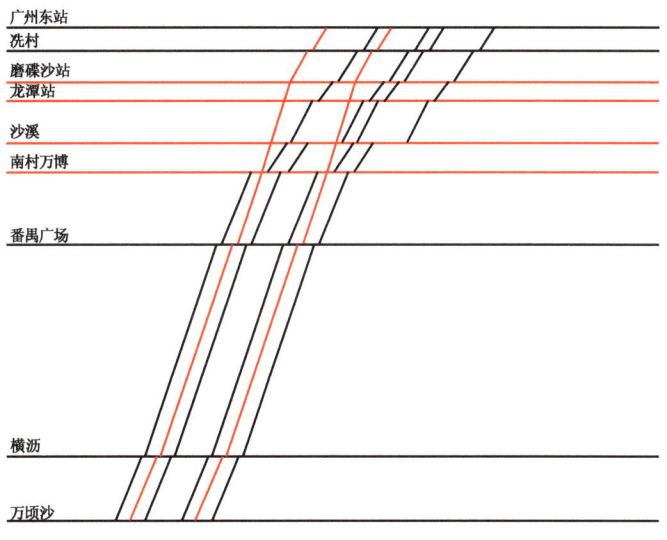

图 8-20　快慢比为 1∶2,经调整后的列车运行图

模拟结果表明,在列车运行调整之后,后一周期整体前移了 192 s,此时快慢车运行周期为 606 s,通过能力为 17.82 列/h。

接下来直接设定快车越行 2 次,且在南村万博站和沙溪站越行,计算机模拟铺画的列车运行图如图 8-21 所示。

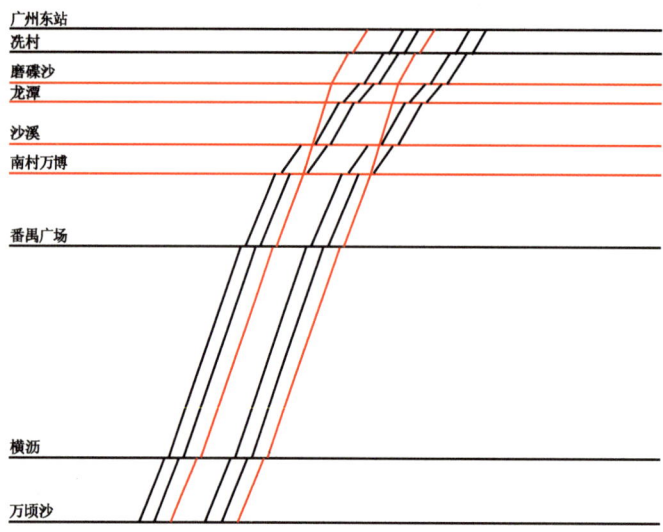

图 8-21 快慢比为 1∶2,在南村万博站和沙溪站越行时的列车运行图

此时,快慢车周期为 606 s,通过能力为 17.82 列/h,与在设定越行 1 次所铺画列车运行图的基础上进行调整后的通过能力相同。通过对比图 8-20 和图 8-21 可以看出,二者的区别在于一个周期中第一列慢车的待避时间,图 8-20 中的慢车待避时间虽然更长,但并不影响整体的快慢车运行周期。由此可见,列车运行调整与直接增加越行次数进行运行图铺画相比,在计算通过能力的效果上是等同的。

5) 增加慢车待避次数提高通过能力

在前文通过能力计算过程中,当快慢比为 1∶1 时,快车最多越行慢车 1 次;当快慢比为 1∶2 时,快车最多越行慢车 2 次,这主要是以"慢车待避次数≤1 次"这一约束为求解前提的。但若结合实际运营需要,增加慢车待避次数虽在一定程度上增加了慢车旅行时间,却能在一定程度上更加充分地利用线路通过能力。

若将慢车待避次数约束由"≤1 次"改为"≤2 次",则后一周期快车可越行前一周期已待避 1 次的慢车,那么当快慢比为 1∶1 时,快车最多可越行慢车 2 次;当快慢比为 1∶2 时,快车最多可越行慢车 3 次。下面以 18 号线为例,在"慢车待避次数≤2 次"的前提下,计算快慢比分别为 1∶1 和 1∶2 时的线路通过能力。

(1) 快慢比为 1∶1

提高待避次数时线路通过能力的求解过程可参照本书第 4 章中列车运行调整的步骤进行,包括快车越行调整、慢车运行线调整和下一周期整体前移三大步骤。当增加慢车待避次数时,快车的越行方案增多。图 8-22 为"慢车待避次数≤1 次"时快车在南村万博站越行时的运行图。若增加慢车待避次数,则后一周期快车可选择在沙溪站、龙潭站或磨碟沙站进行 2 次越行,从而在原有方案基础上增加了 3 个方案。同理,在其余原有越行方案的基础上,也会因慢车待避次数的增加而多出几个越行方案。

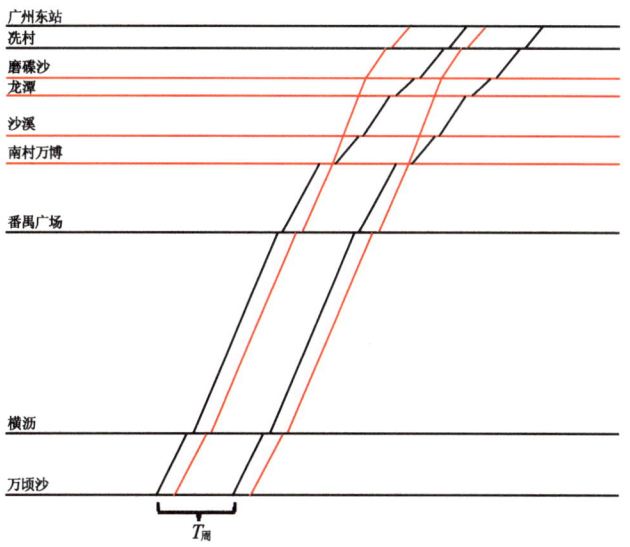

图 8-22 快慢比为 1∶1 时的计算机模拟结果(在南村万博站越行)

需要注意的是,并非所有增加的越行方案均能够真正实现慢车待避次数的增加。以下分为无法增加待避次数、增加待避次数后不合理、合理地增加待避次数这 3 种情况,分别举例说明。

① 无法增加待避次数。

无法增加待避次数是指在原有越行方案的基础上,选定下一慢车待避站作为新的方案,该方案从一开始便是不可行的。如图 8-23 所示,原有的越行方案快慢比为 1∶1,快车在龙潭站越行,现将磨碟沙站选作新的慢车待避站,经观察可知,由于后一周期慢车与前一周期快车在始发站发车间隔的约束,无法通过列车运行调整使得后一周期快车在磨碟沙站越行前一周期慢车,因此该方案从设定初始便是不可行方案。

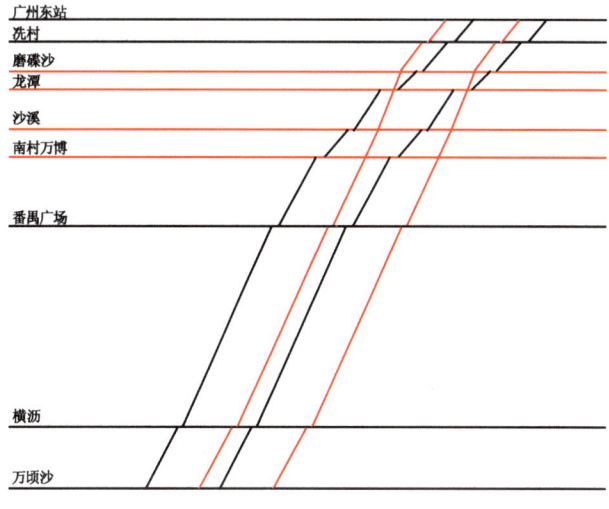

图 8-23 无法增加待避次数的情形

② 增加待避次数后不合理。

增加待避次数后不合理是指在原有越行方案的基础上,选定下一慢车待避站作为新的方案,该方案具有列车运行调整的空间,但最终的调整结果却出现了不合理的情形。如图 8-24(a)所示,原有的越行方案快慢比为 1∶1,快车在南村万博站越行,现将沙溪站选作新的慢车待避站,运行图调整结果如图 8-24(b)所示。

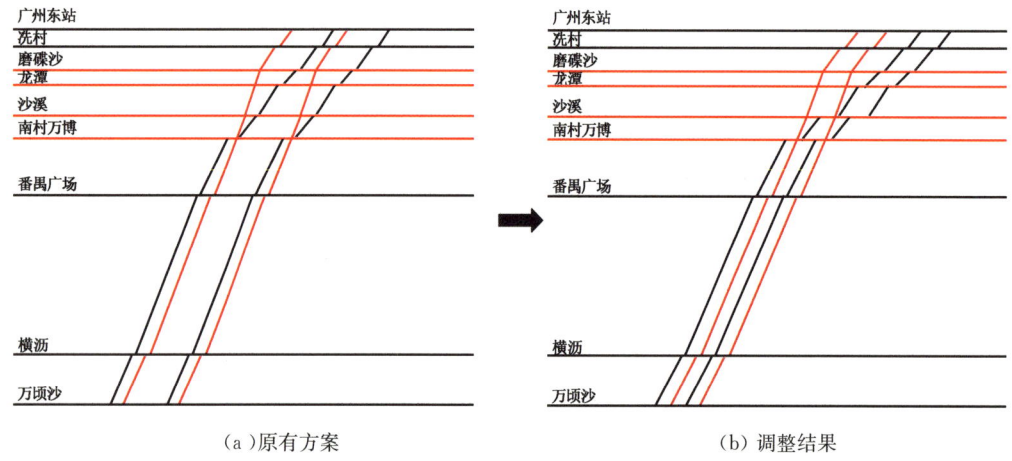

(a)原有方案　　　　　　　　　　(b)调整结果

图 8-24　增加待避次数后不合理的情形

虽然,后一周期快车具有列车运行调整的空间,但如图 8-24(b)所示,第三个周期的快车会与第一个周期的慢车产生运行冲突,为了更加直观地体现列车间的运行冲突,在该运行图的基础上增加两个周期,结果如图 8-25 所示。

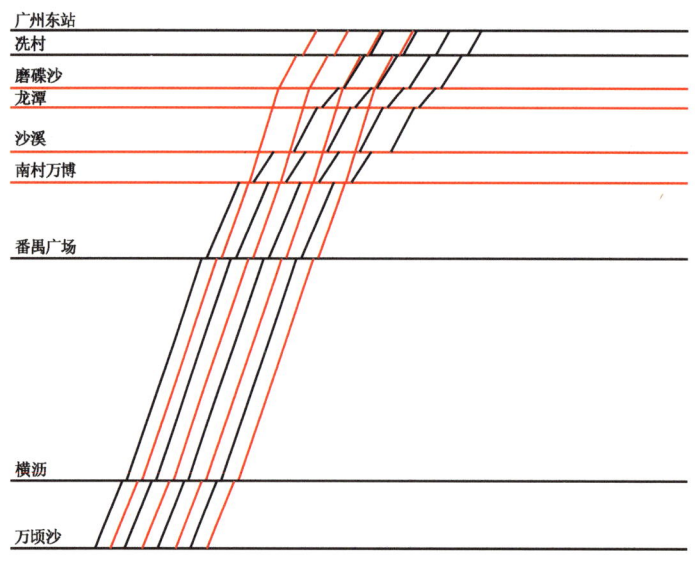

图 8-25　快慢车运行冲突示意

由图 8-25 可知,快车与慢车会在磨碟沙站产生运行冲突,若采取快车在磨碟沙站越行慢车的方式来解决这一冲突,关键点在于增大快慢车在磨碟沙站的到通间隔以及磨碟沙站之后的慢车运行线调整。虽然磨碟沙站之后的慢车运行线具有可调整的空间,但是快慢车在磨碟沙站的到通间隔无法进一步增至合理值。因此,将沙溪站选为慢车待避站的方案是不可行的。

③ 合理地增加待避次数。

合理地增加待避次数是指在原有越行方案的基础上,选定下一慢车待避站作为新的方案,该方案具有列车运行调整的空间,且最终的调整结果能保证不同列车运行不产生相互干扰。如图 8-26(a)所示,原有越行方案快慢比为 1∶1,快车在南村万博站越行,现将磨碟沙站选作新的慢车待避站,观察可知后一周期快车具有列车运行调整的空间。根据调整结果,如图 8-26(b)所示,列车运行线之间不会产生相互干扰,运行图能够以周期性铺画,因此该方案是可行的。

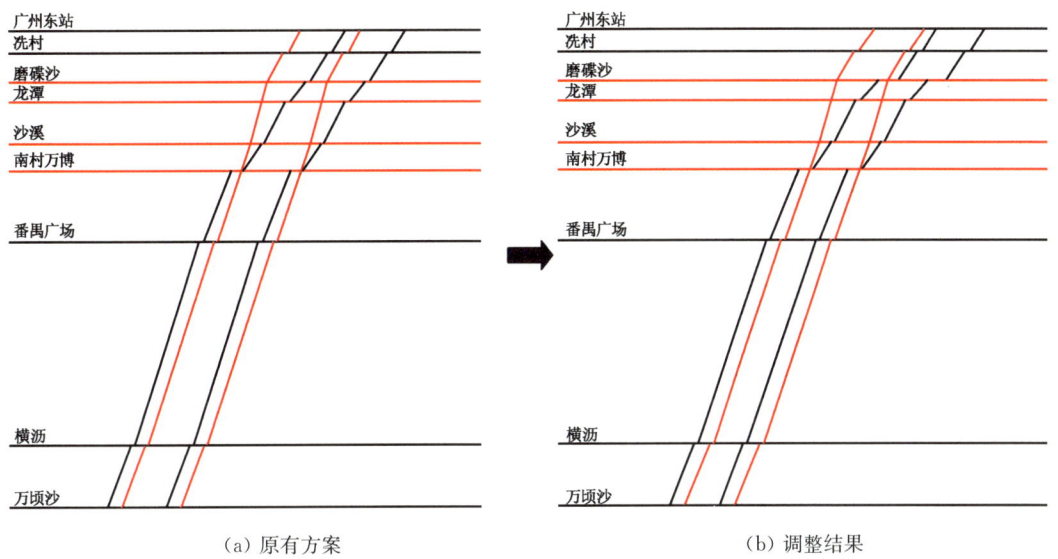

(a) 原有方案　　　　　　　　　　(b) 调整结果

图 8-26　合理地增加待避次数的情形

根据以上对 3 种增加待避次数情形的分析,在快慢比为 1∶1 的越行方案基础上,对于增加慢车待避次数情况下的各方案进行计算机模拟,求解不同方案的快慢车周期,并计算线路通过能力,再与原方案进行对比,从而得到快慢比为 1∶1 时增加慢车待避次数线路通过能力的计算结果,如表 8-15 所列。

从表 8-15 可以看出,增加慢车待避次数后,可在原有越行方案的基础上新增 6 个方案,其中 4 个方案为可行方案,最大通过能力可达 21.75 列/h,对应的越行方案为慢车在南村万博站和龙潭站待避快车,快车全程越行 2 次,对应的列车运行图如图 8-27 所示。总之,增加慢车的待避次数在一定程度上能够提高线路通过能力,但这会使得慢车旅行时间有不同程度的增加,从而影响慢车的运输服务质量,因此可根据实际运营需要确定合适的越行方案。

表 8-15 快慢比为 1∶1 时增加慢车待避次数的线路通过能力计算结果

原越行站	新增待避站	方案是否可行	快慢车周期/s	原通过能力/(列·h⁻¹)	现通过能力/(列·h⁻¹)	原慢车旅行时间/(分:秒)	现慢车旅行时间/(分:秒)
南村万博	沙溪	否	—	12.22	—	39:39	—
	龙潭	是	331	12.22	21.75	39:39	40:49
	磨碟沙	是	467	12.22	15.42	39:39	42:15
沙溪	龙潭	是	417	15.45	17.27	39:53	44:32
	磨碟沙	是	417	15.45	17.27	39:53	43:42
龙潭	磨碟沙	否	—	13.33	—	39:38	—
磨碟沙	—	—	—	10.65	—	41:04	—

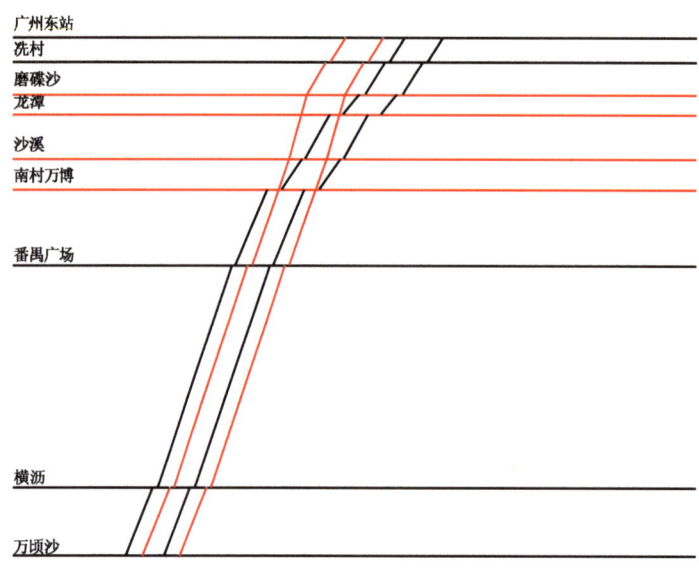

图 8-27 快慢比为 1∶1,慢车在南村万博站和龙潭站待避时的列车运行图

(2) 快慢比为 1∶2

当快慢比为 1∶2 时,快车最多可越行慢车 3 次。参照快慢比为 1∶1 时的求解过程,在快慢比为 1∶2 的越行方案基础上,对增加慢车待避次数情况下的各方案进行计算机模拟,求解不同方案的快慢车周期,并计算其通过能力,再与原有方案进行对比,得到快慢比为 1∶2 时增加慢车待避次数的线路通过能力计算结果,如表 8-16 所列。

表 8-16　快慢比为 1∶2 时增加慢车待避次数的线路通过能力计算结果

原越行站	新增待避站	方案是否可行	快慢车周期/s	原通过能力/(列·h⁻¹)	现通过能力/(列·h⁻¹)	原慢车旅行时间/(分:秒)	现慢车旅行时间/(分:秒)
沙溪、南村万博	龙潭	是	468	17.82	23.08	40:06/39:56	40:08/43:06
	磨碟沙	是	484	17.82	22.31	40:06/39:56	40:06/42:32
沙溪、龙潭	磨碟沙	否	—	19.05	—	40:05/39:55	—
龙潭、磨碟沙	—	—	—	15.65	—	41:18/41:08	—
磨碟沙、沙溪	—	—	—	15.97	—	41:04/39:53	—
龙潭、南村万博	磨碟沙	是	540	18.32	20.00	39:38/39:39	41:08/43:28
磨碟沙、南村万博	—	—	—	15.97	—	41:04/39:39	—

从表 8-16 可以看出,增加慢车待避次数后,可在原有越行方案的基础上新增 4 个方案,其中 3 个方案为可行方案,最大通过能力可达 23.08 列/h,对应的越行方案为慢车在南村万博站、沙溪站和龙潭站待避快车,快车全程越行 3 次,对应的列车运行图如图 8-28 所示。

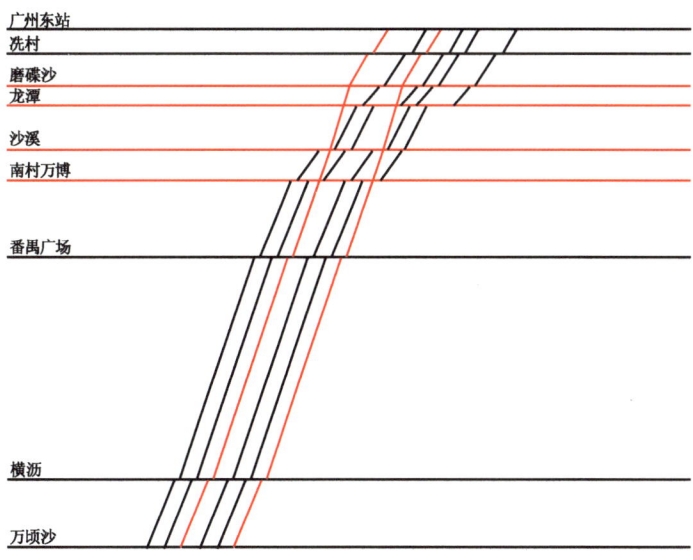

图 8-28　快慢比为 1∶2,慢车在南村万博站、沙溪站和龙潭站待避时的列车运行图

4. 关于不限越行站的讨论

以上关于18号线通过能力的计算都是在特定的越行站方案下进行的,即快车可在南村万博站、沙溪站、龙潭站和磨碟沙站越行,并且快车在这4个站均是不停站通过。

为了更好地研究越行站数量和越行站位置对18号线通过能力的影响,假定除起终点站外的7个中间站均可作为越行站,利用计算机模拟法铺画各个方案下的列车运行图并计算线路通过能力。其中,快车的停站方案为在所选取的越行站不停站通过、在其余车站停站,快慢比为1∶2。

1) 设置4个越行站

若线路上设置4个越行站,则越行站方案的组合共有35种,如表8-17所列。

表 8-17　设置 4 个越行站时的方案组合

编号	越行站方案	编号	越行站方案
1	横沥、番禺广场、南村万博、沙溪	19	横沥、沙溪、磨碟沙、冼村
2	横沥、番禺广场、南村万博、龙潭	20	横沥、龙潭、磨碟沙、冼村
3	横沥、番禺广场、南村万博、磨碟沙	21	番禺广场、南村万博、沙溪、龙潭
4	横沥、番禺广场、南村万博、冼村	22	番禺广场、南村万博、沙溪、磨碟沙
5	横沥、番禺广场、沙溪、龙潭	23	番禺广场、南村万博、沙溪、冼村
6	横沥、番禺广场、沙溪、磨碟沙	24	番禺广场、南村万博、龙潭、磨碟沙
7	横沥、番禺广场、沙溪、冼村	25	番禺广场、南村万博、龙潭、冼村
8	横沥、番禺广场、龙潭、磨碟沙	26	番禺广场、南村万博、磨碟沙、冼村
9	横沥、番禺广场、龙潭、冼村	27	番禺广场、沙溪、龙潭、磨碟沙
10	横沥、番禺广场、磨碟沙、冼村	28	番禺广场、沙溪、龙潭、冼村
11	横沥、南村万博、沙溪、龙潭	29	番禺广场、沙溪、磨碟沙、冼村
12	横沥、南村万博、沙溪、磨碟沙	30	番禺广场、龙潭、磨碟沙、冼村
13	横沥、南村万博、沙溪、冼村	31	南村万博、沙溪、龙潭、磨碟沙
14	横沥、南村万博、龙潭、磨碟沙	32	南村万博、沙溪、龙潭、冼村
15	横沥、南村万博、龙潭、冼村	33	南村万博、沙溪、磨碟沙、冼村
16	横沥、南村万博、磨碟沙、冼村	34	南村万博、龙潭、磨碟沙、冼村
17	横沥、沙溪、龙潭、磨碟沙	35	沙溪、龙潭、磨碟沙、冼村
18	横沥、沙溪、龙潭、冼村		

利用计算机模拟法得到上述35种不同方案下快车越行1次时的线路通过能力,将它们从大到小排列,如表8-18所列。

表 8-18 4 个越行站、快车越行 1 次时各方案的线路通过能力

编号	通过能力/(列·h⁻¹)	编号	通过能力/(列·h⁻¹)	编号	通过能力/(列·h⁻¹)
6	14.12	28	13.85	33	13.67
5	14.03	35	13.85	2	13.58
7	14.03	9	13.76	4	13.58
17	14.03	11	13.76	14	13.58
19	14.03	13	13.76	16	13.58
18	13.94	20	13.76	32	13.58
27	13.94	22	13.76	15	13.50
29	13.94	3	13.67	24	13.50
1	13.85	21	13.67	26	13.50
8	13.85	23	13.67	25	13.42
10	13.85	30	13.67	34	13.42
12	13.85	31	13.67		

方案 6 的越行站方案为横沥站、番禺广场站、沙溪站、磨碟沙站，此时线路通过能力为 14.12 列/h，列车运行图如图 8-29 所示。

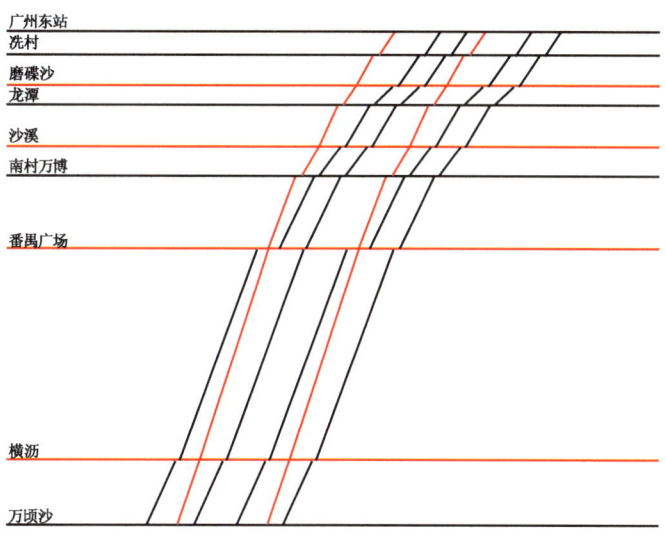

图 8-29 方案 6 对应的列车运行图(4 个越行站，快车越行 1 次)

当快车越行 2 次时，不同的越行站方案下线路通过能力从大到小排列结果如表 8-19 所列。

表 8-19　4 个越行站、快车越行 2 次时各方案的线路通过能力

编号	通过能力/(列·h⁻¹)	编号	通过能力/(列·h⁻¹)	编号	通过能力/(列·h⁻¹)
1	20.57	25	19.82	18	19.29
35	20.19(连续设置)	26	19.82	19	19.29
2	19.82	13	19.64	20	19.29
5	19.82	23	19.64	31	19.29
11	19.82	3	19.46	32	19.29
12	19.82	6	19.46	33	19.29
14	19.82	8	19.46	34	19.29
15	19.82	10	19.46	27	19.12
16	19.82	4	19.29	28	19.12
21	19.82	7	19.29	29	19.12
22	19.82	9	19.29	30	19.12
24	19.82	17	19.29		

方案 1 的越行站方案为横沥站、番禺广场站、南村万博站、龙潭站,此时线路通过能力为 20.57 列/h,列车运行图如图 8-30 所示。

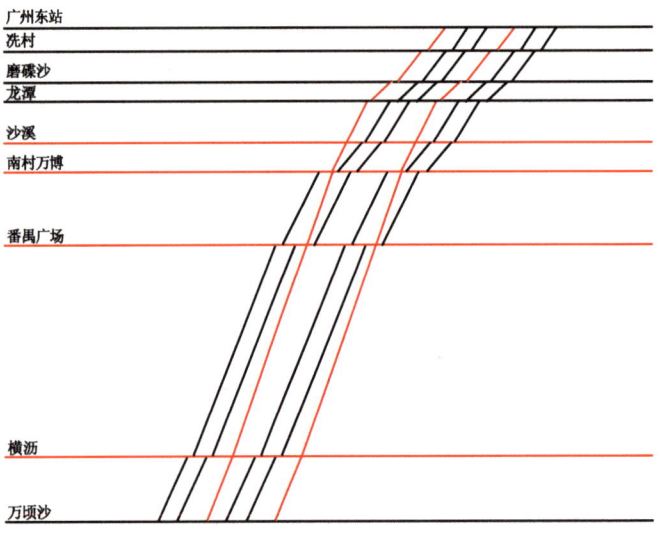

图 8-30　方案 1 对应的列车运行图(4 个越行站,快车越行 2 次)

2) 设置 3 个越行站

若线路上设置 3 个越行站,则越行站方案的组合共有 35 种,如表 8-20 所列。

表 8-20 设置 3 个越行站时的方案组合

编号	越行站方案	编号	越行站方案
1	横沥、番禺广场、南村万博	19	番禺广场、南村万博、冼村
2	横沥、番禺广场、沙溪	20	番禺广场、沙溪、龙潭
3	横沥、番禺广场、龙潭	21	番禺广场、沙溪、磨碟沙
4	横沥、番禺广场、磨碟沙	22	番禺广场、沙溪、冼村
5	横沥、番禺广场、冼村	23	番禺广场、龙潭、磨碟沙
6	横沥、南村万博、沙溪	24	番禺广场、龙潭、冼村
7	横沥、南村万博、龙潭	25	番禺广场、磨碟沙、冼村
8	横沥、南村万博、磨碟沙	26	南村万博、沙溪、龙潭
9	横沥、南村万博、冼村	27	南村万博、沙溪、磨碟沙
10	横沥、沙溪、龙潭	28	南村万博、沙溪、冼村
11	横沥、沙溪、磨碟沙	29	南村万博、龙潭、磨碟沙
12	横沥、沙溪、冼村	30	南村万博、龙潭、冼村
13	横沥、龙潭、磨碟沙	31	南村万博、磨碟沙、冼村
14	横沥、龙潭、冼村	32	沙溪、龙潭、磨碟沙
15	横沥、磨碟沙、冼村	33	沙溪、龙潭、冼村
16	番禺广场、南村万博、沙溪	34	沙溪、磨碟沙、冼村
17	番禺广场、南村万博、龙潭	35	龙潭、磨碟沙、冼村
18	番禺广场、南村万博、磨碟沙		

利用计算机模拟法得到上述 35 种不同方案下快车越行 1 次时的线路通过能力,将它们从大到小排列,如表 8-21 所列。

表 8-21 3 个越行站、快车越行 1 次时各方案的线路通过能力

编号	通过能力/(列·h^{-1})	编号	通过能力/(列·h^{-1})	编号	通过能力/(列·h^{-1})
2	16.88	33	16.49	28	16.24
10	16.74	6	16.36	35	16.24
4	16.62	13	16.36	7	16.12
11	16.62	14	16.36	8	16.12
20	16.62	16	16.36	18	16.12
32	16.62	22	16.36	9	16.00
34	16.62	25	16.36	17	16.00
3	16.49	27	16.36	19	16.00
5	16.49	1	16.24	29	16.00
12	16.49	23	16.24	31	16.00
15	16.49	24	16.24	30	15.88
21	16.49	26	16.24		

方案2的越行站方案为横沥站、番禺广场站、沙溪站，此时线路通过能力为16.88列/h，列车运行图如图8-31所示。

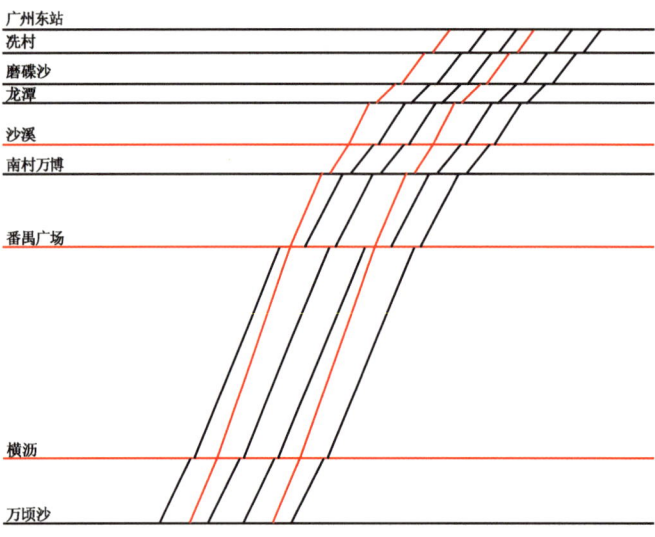

图8-31　方案2对应的运行图(3个越行站，快车越行1次)

当快车越行2次时，不同的越行站方案下线路通过能力从大到小排列如表8-22所列。

表8-22　3个越行站、快车越行2次时各方案的线路通过能力

编号	通过能力/(列·h^{-1})	编号	通过能力/(列·h^{-1})	编号	通过能力/(列·h^{-1})
16	22.74	10	20.19	12	19.82
32	22.74	17	20.19	13	19.82
26	22.50	20	20.19	15	19.82
35	22.50	27	20.19	18	19.82
1	21.60(连续设置)	28	20.19	19	19.82
33	20.97	30	20.19	21	19.82
29	20.77	31	20.19	22	19.82
6	20.38	34	20.19	23	19.82
2	20.19	7	19.82	25	19.82
3	20.19	8	19.82	14	19.64
4	20.19	9	19.82	24	19.64
5	20.19	11	19.82		

方案 16 和方案 32 的通过能力最大,均为 22.74 列/h,对应的越行站方案分别为番禺广场站、南村万博站、沙溪站和沙溪站、龙潭站、磨碟沙站。其中,方案 16 对应的列车运行图如图 8-32 所示。

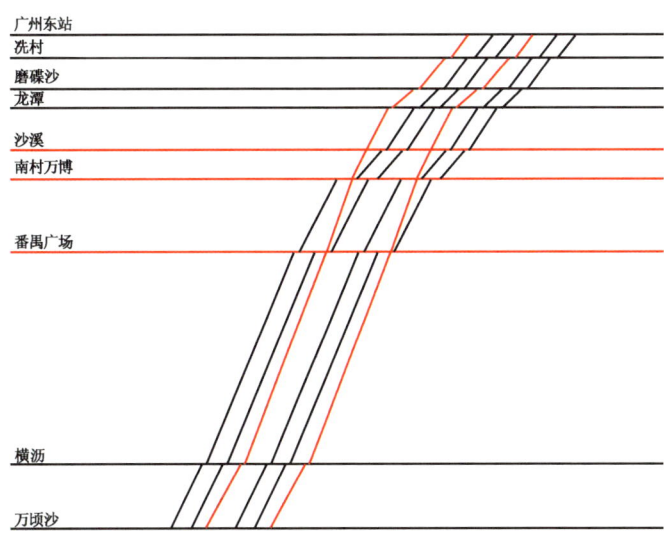

图 8-32　方案 16 对应的运行图(3 个越行站,快车越行 2 次)

3) 设置 2 个越行站

若线路上设置 2 个越行站,则越行站方案的组合共有 21 种,如表 8-23 所列。

表 8-23　设置 2 个越行站时的方案组合

编号	越行站方案	编号	越行站方案
1	横沥、番禺广场	12	南村万博、沙溪
2	横沥、南村万博	13	南村万博、龙潭
3	横沥、沙溪	14	南村万博、磨碟沙
4	横沥、龙潭	15	南村万博、冼村
5	横沥、磨碟沙	16	沙溪、龙潭
6	横沥、冼村	17	沙溪、磨碟沙
7	番禺广场、南村万博	18	沙溪、冼村
8	番禺广场、沙溪	19	龙潭、磨碟沙
9	番禺广场、龙潭	20	龙潭、冼村
10	番禺广场、磨碟沙	21	磨碟沙、冼村
11	番禺广场、冼村		

利用计算机模拟法得到上述 21 种不同方案下快车越行 1 次时的线路通过能力,将它们从大到小排列,如表 8-24 所列。

表 8-24　2 个越行站、快车越行 1 次时各方案的线路通过能力

编号	通过能力/(列·h⁻¹)	编号	通过能力/(列·h⁻¹)	编号	通过能力/(列·h⁻¹)
1	20.57	8	20.00	6	19.64
16	20.57	19	20.00	10	19.64
17	20.38	20	20.00	13	19.64
3	20.19	2	19.82	9	19.46
12	20.19	5	19.82	11	19.46
18	20.19	7	19.82	14	19.46
21	20.19	4	19.64	15	19.29

方案 1 和方案 16 的通过能力最大,均为 20.57 列/h,对应的越行站方案分别为横沥站、番禺广场站和沙溪站、龙潭站。其中,方案 1 对应的列车运行图如图 8-33 所示。

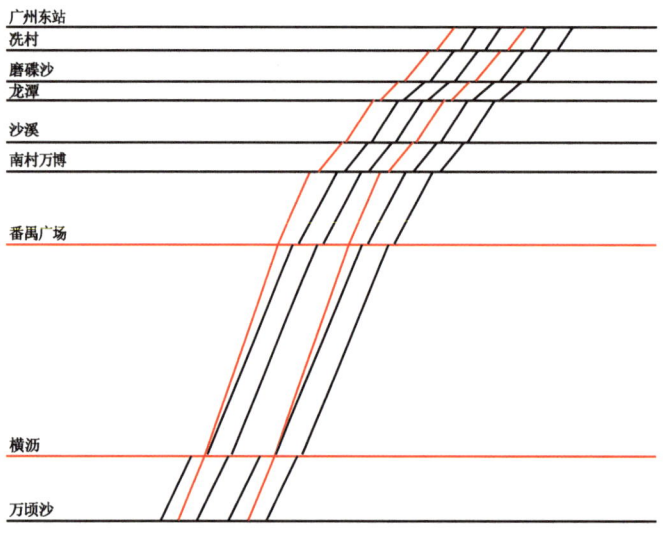

图 8-33　方案 1 对应的运行图(2 个越行站,快车越行 1 次)

当快车越行 2 次时,不同的越行站方案下线路通过能力从大到小排列如表 8-25 所列。

表 8-25　2 个越行站、快车越行 2 次时各方案的线路通过能力

编号	通过能力/(列·h⁻¹)	编号	通过能力/(列·h⁻¹)	编号	通过能力/(列·h⁻¹)
2	24.55	15	24.55	20	23.48
4	24.55	5	24.27	1	23.23
6	24.55	10	24.27	19	23.23
7	24.55	14	24.27	21	23.23
9	24.55	3	23.74	16	22.74
11	24.55	8	23.74	18	22.74
13	24.55	12	23.74	17	22.50

方案 2、4、6、7、9、11、13、15 的通过能力最大,且均为 24.55 列/h。其中,方案 2 对应的列车运行图如图 8-34 所示。

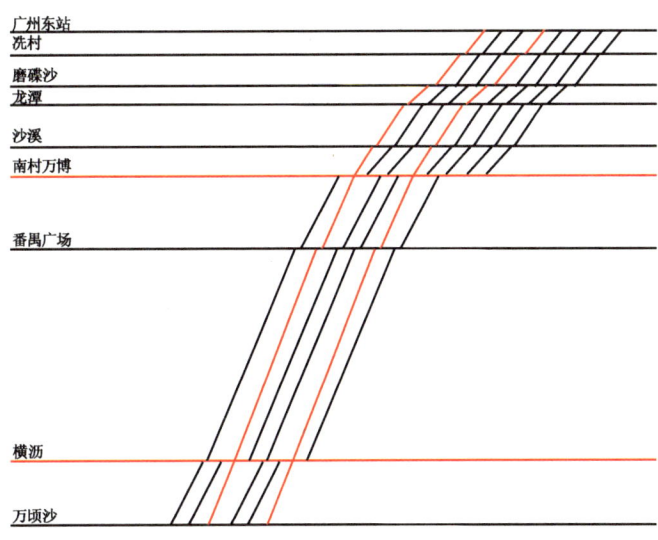

图 8-34　方案 2 对应的运行图(2 个越行站,快车越行 2 次)

4) 不限越行站研究结论

通过以上对不限越行站时 18 号线通过能力的计算分析,可以得到以下 2 点结论:

(1) 若规定快车在所有越行站不停站通过,对于快车越行 1 次的情况,越行站连续布置不利于线路通过能力的提升;而对于快车越行 2 次的情况,越行站连续布置则有利于线路通过能力的提升。

根据表 8-19 和表 8-22 可以看出,当设置 4 个越行站、快车越行 2 次时,通过能力最大的 2 个方案(方案 1 和方案 35)的越行站是连续设置的;当设置 3 个越行站、快车越行 2 次时,通过能力排名前 5 的方案(方案 16、32、26、35、1)也均为越行站连续设置。而根据表 8-18 和表 8-21,当快车越行 1 次时,线路通过能力最大的方案均未将越行站连续设置。

经分析,这主要是由于越行 1 次时,快慢车速差是制约线路通过能力的主要因素,若将越行站连续设置,快慢车速差会增大,这不利于运行图中时间的利用;而越行 2 次时,制约线路通过能力的主要因素由速差转变为对到通、通发等间隔时间的利用,此时通过连续设置越行站能增大快慢车速差,从而更好地利用运行图的时间。

(2) 若规定快车在所有越行站不停站通过,越行站数量越少越有利于提高线路通过能力。

根据上文对不同数量越行站下的线路通过能力进行计算,当快车越行次数相同时,越行站数量越少,线路通过能力整体越大。这是因为越行站数量越少,快慢车速差越小,列车运行图更接近平行运行图,线路通过能力因此增大。

从以上结论出发,当不考虑预留车站越行条件时,越行站设置数量应等于最大越行次数;若需预留车站越行条件,快车应在未越行的越行站停站或者通过不同越行方案的组合来提升线路通过能力。

8.2.2 22号线通过能力计算

1. 列车运行参数

为了计算22号线的线路通过能力,需要分析列车运行的相关参数,包括列车停站时间、区间运行时间、追踪间隔时间和快车最高越行速度。

1) 列车停站时间

22号线采用快慢车运输组织模式,快车和慢车的停站时间标准有所区别,如表8-26所列。

表8-26 22号线快慢车停站时间标准

车站	慢车停站时间/s	快车停站时间/s
番禺广场	55	55
市广路	35	—
广州南站	70	70
陈头岗	35	—
南浦西	35	35
南漖	40	40
西塱	55	55
芳村	50	50

表8-26不仅给出了快慢车的停站时间标准,也体现了列车停站方案。其中,在市广路站和陈头岗站,快车不停站通过,且这两个车站均具备越行条件,可见快车越行时为不停站通过车站;而在其他站,快慢车均需停站且停站时间相同(图8-35)。

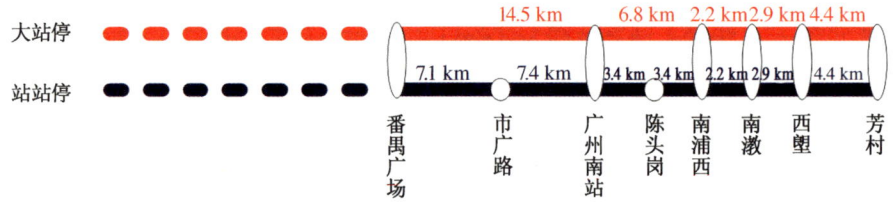

图8-35 22号线快慢车停站方案

2) 区间运行时间

22号线快慢车区间运行时间标准如表8-27所示。其中,在南浦西—南漖、南漖—西堑、西塱—芳村这 3 个区间快车和慢车的运行时间是相同的,而在其余区间快慢车运行时间不同。这主要是快慢车停站方案不同和区间长度不等导致快慢车区间最高运行速度不同,进而影响区间运行时间。

表 8-27　22 号线快慢车区间运行时间标准

车站	区间长度/km	慢车运行时间/(分:秒)	快车运行时间/(分:秒)
番禺广场	6.9	4:02	3:27
市广路	7.3	3:49	3:08
广州南站	3.2	2:09	1:57
陈头岗	3.2	2:14	2:03
南浦西	2.3	1:42	1:42
南漖	2.4	1:56	1:56
西塱	4.2	2:51	2:51
芳村	—	—	—

3) 追踪间隔时间

22 号线快慢车追踪间隔时间标准如表 8-28 所列,表中给出了不同车站的 6 种不同的追踪间隔时间标准。可以看到,对于同一车站,不同类型的追踪间隔时间标准有所不同;同时,对于同一类型的追踪间隔时间,在不同车站的取值也不同。追踪间隔时间与不同车站的站型、运输组织方法、设施设备等因素有关。

表 8-28　22 号线快慢车追踪间隔时间标准

车站	发发/(分:秒)	发到/(分:秒)	到到/(分:秒)	到通/(分:秒)	通发/(分:秒)	通通/(分:秒)
芳村	2:20	0	2:20	0	0	0
西塱	2:00	0	2:00	0	0	0
南漖	2:00	0	2:00	0	0	0
南浦西	2:00	0	2:00	0	0	0
陈头岗	2:00	1:20	2:00	1:30	0:40	1:30
广州南站	2:20	0	2:20	0	0	0
市广路	2:10	1:30	2:10	1:30	0:30	1:30

注:番禺广场站的数据在 18 号线已体现,此处省略。

4) 快车最高越行速度

22号线共设市广路站和陈头岗站2个越行站,快车在不同越行站越行慢车时所能达到的最高越行速度如表8-29所列。其中,在市广路站,快车能以160 km/h的最高速度全速越行;而在陈头岗站,由于受到站型等因素的限制,快车最高越行速度只能达到80 km/h。

表8-29 快车最高越行速度

车站	最高越行速度/(km·h^{-1})
市广路	160
陈头岗	80

2. 通过能力计算

根据上文中的列车运行参数,分别采用扣除系数法和计算机模拟法计算22号线的通过能力。以下分别在越行1次和越行2次的情况下,采用扣除系数法计算通过能力。

1) 越行1次

22号线有2站具备越行条件,即市广路站和陈头岗站。当快车越行1次时,越行站共有2种选择。因此,首先需要在设定条件下,计算在这2种不同越行位置下的快车扣除系数,然后根据扣除系数计算线路通过能力。

假定快慢车按一定周期开行。下面以快慢比为1∶2条件下计算快车越行1次时22号线的通过能力。

(1) 在市广路站越行

快车在市广路站越行时的列车运行图如图8-36所示。

根据图8-36,运行图周期可以看成由3部分组成,即慢车与快车的发车间隔、快车与慢车的发车间隔以及慢车与慢车的发车间隔,分别用 $I_{慢快}$、$I_{快慢}$ 和 $I_{慢慢}$ 表示,则快车扣除系数 $\varepsilon_{快}$ 的计算公式见式(8-1)。

根据各项列车运行参数的取值,当快车在市广路站越行时 $I_{慢快}=140$ s,$I_{快慢}=169$ s,$I_{慢慢}=169$ s。

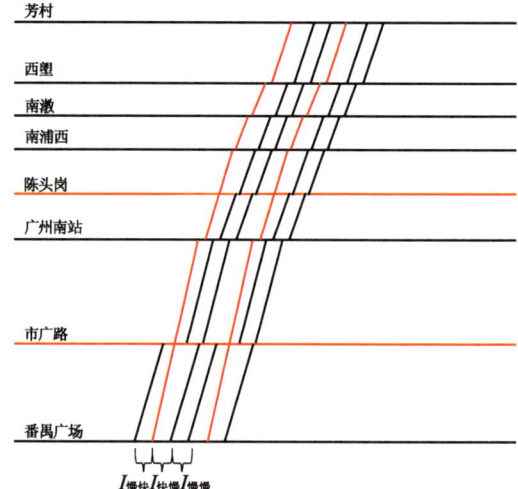

图8-36 快慢比为1∶2,在市广路站越行时的列车运行图

I 取140 s,则快车扣除系数为

$$\varepsilon_{快} = \frac{(140+169+169)-2\times 140}{140} = 1.41$$

根据式(4-47),快车在市广路站越行时的线路通过能力 N 为

$$N=\frac{(1+\gamma)N_{\text{平}}}{1+\varepsilon_{\text{快}}\gamma}=\frac{(1+1/2)\times\frac{3\,600}{140}}{1+1.41\times1/2}=22.62(\text{列}/\text{h})$$

(2) 在陈头岗站越行

快车在陈头岗站越行时的列车运行图如图 8-37 所示。

根据各项列车运行参数取值,当快车在陈头岗站越行时 $I_{\text{慢快}}=251$ s, $I_{\text{快慢}}=140$ s, $I_{\text{慢慢}}=140$ s。

I 取 140 s,则快车扣除系数为

$$\varepsilon_{\text{快}}=\frac{(251+140+140)-2\times140}{140}=1.79$$

快车在陈头岗站越行时的线路通过能力 N 为

$$N=\frac{(1+\gamma)N_{\text{平}}}{1+\varepsilon_{\text{快}}\gamma}=\frac{(1+1/2)\times\frac{3\,600}{140}}{1+1.79\times1/2}=20.35(\text{列}/\text{h})$$

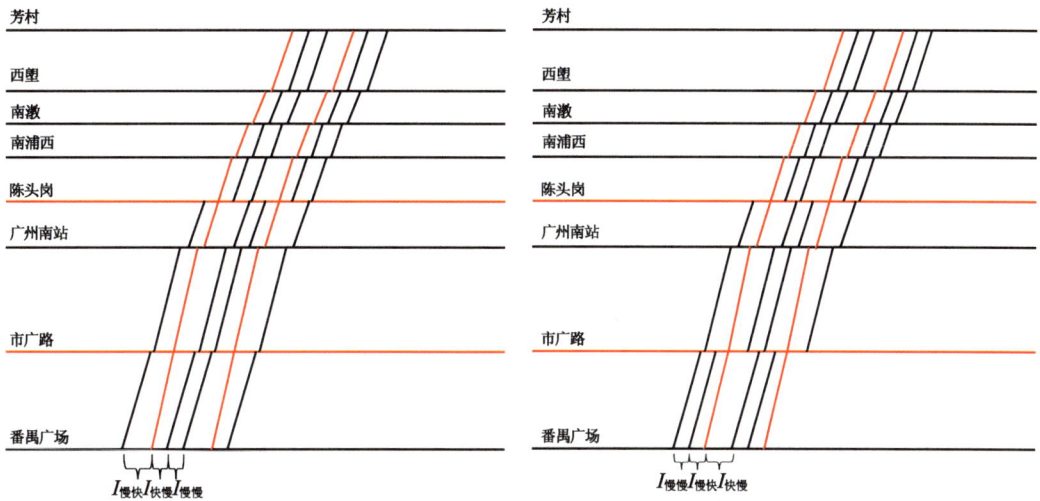

图 8-37 快慢比为 1∶2,在陈头岗站越行时的列车运行图

图 8-38 快慢比为 1∶2,在市广路站和陈头岗站越行时的列车运行图

2) 越行 2 次

当快车越行 2 次时,由于仅有 2 个越行站,则越行站的选择只有 1 种。以快慢比为 1∶2 计算在越行 2 次的情况下 22 号线的通过能力。

快车在市广路站和陈头岗站越行时的列车运行图如图 8-38 所示。

根据图 8-38,运行图周期可以看成由 3 部分组成,即慢车与慢车的发车间隔、慢车与快车的发车间隔以及快车与慢车的发车间隔,分别用 $I_{\text{慢慢}}$、$I_{\text{慢快}}$ 和 $I_{\text{快慢}}$ 表示,则快车扣除系

数 $\varepsilon_{快}$ 的计算公式同式(8-1)。

根据各项列车运行参数的取值,当快车在市广路站和陈头岗站越行时 $I_{慢慢}=140$ s, $I_{慢快}=140$ s, $I_{快慢}=251$ s。

I 取 140 s,则快车扣除系数为

$$\varepsilon_{快}=\frac{(140+140+251)-2\times 140}{140}=1.79$$

快车在市广路站和陈头岗站越行时的线路通过能力 N 为

$$N=\frac{(1+\gamma)N_{平}}{1+\varepsilon_{快}\gamma}=\frac{(1+1/2)\times\frac{3600}{140}}{1+1.79\times 1/2}=20.35(列/h)$$

根据上述计算结果,在市广路站和陈头岗站越行 2 次时的快车扣除系数与在陈头岗站越行 1 次时的快车扣除系数均为 1.79,线路通过能力相同,为 20.35 列/h,而在市广路站越行 1 次时线路的通过能力为 22.62 列/h。由此可见,在相同的快慢车开行比例下,越行次数增加,通过能力不一定随之增大。经分析,这主要是由于 22 号线的快慢车速差较小,快车越行慢车时的到通、通发间隔未能得到充分利用,造成快慢车发车间隔增加,从而限制了线路通过能力的利用,这与实际列车运行参数、越行位置等都有直接联系。

下面分别计算不同快慢车开行比例下,快车无越行、越行 1 次和越行 2 次情况下的线路通过能力。其中,越行 1 次的越行站为市广路站,越行 2 次的越行站为市广路站和陈头岗站,计算结果如表 8-30 所列。

表 8-30　22 号线不同快慢比和越行次数下的通过能力计算结果

快慢比	越行次数	快车扣除系数	通过能力/(列·h^{-1})	快车数/列	快车旅行时间/(分:秒)	慢车数/列	慢车旅行时间/(分:秒)
1:1	0	2.21	16.02	8.01	20:24	8.01	23:13
	1	1.41	21.34	10.67	20:24	10.67	26:02
1:2	0	2.21	18.32	6.11	20:24	12.22	23:13
	1	1.41	22.62	7.54	20:24	15.08	26:02/23:13
	2	1.79	20.36	6.79	20:24	13.57	27:24
1:3	0	2.21	19.74	4.93	20:24	14.81	23:13
	1	1.41	23.32	5.83	20:24	17.49	26:02/23:13
	2	1.79	21.48	5.37	20:24	16.11	27:24/23:13
1:4	0	2.21	20.70	4.14	20:24	16.56	23:13
	1	1.41	23.76	4.75	20:24	19.01	26:02/23:13
	2	1.79	22.20	4.44	20:24	17.76	27:24/23:13

3. 南浦西站、南漖站设为小站对通过能力的影响分析

在原有的 22 号线停站方案中,仅将市广路站和陈头岗站作为小站,这会导致 22 号线开行快慢车的优势不明显。根据车站分级结果,可将南浦西站和南漖站也归并至小站,优化后的快慢车停站方案如图 8-39 所示。

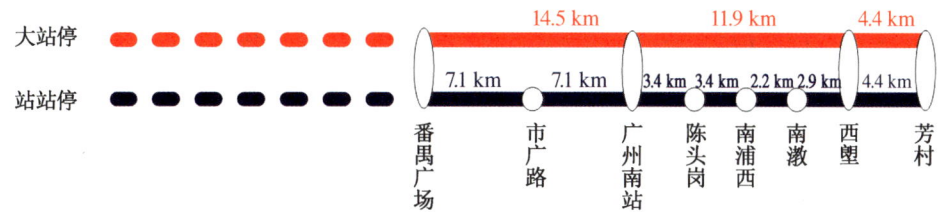

图 8-39　22 号线优化后的快慢车停站方案

以下将分析南浦西站和南漖站设为小站对线路通过能力的影响。设定快慢车开行比例为 1∶2,分别在越行 1 次和越行 2 次的情况下,采用计算机模拟铺画列车运行图的方式计算不同越行位置情况下的线路通过能力,并与原有停站方案下的通过能力计算结果进行对比。其中,越行 1 次时两种停站方案下的线路通过能力计算结果如表 8-31 所列。

表 8-31　越行 1 次时两种停站方案下的通过能力计算结果对比

分类	越行站	$I_{慢快}$/s	$I_{快慢}$/s	$I_{慢慢}$/s	快车扣除系数	通过能力/(列·h^{-1})
原有停站方案	市广路	140	169	169	1.41	22.62
	陈头岗	251	140	140	1.79	20.35
优化停站方案	市广路	140	169	284	2.24	18.21
	陈头岗	251	140	173	2.03	19.15
	南浦西	298	140	140	2.13	18.69
	南漖	354	140	140	2.53	17.03

从表 8-31 可以看出,当越行 1 次时,在原有停站方案情况下,快车在市广路站越行时的线路通过能力最大,为 22.62 列/h;在优化停站方案情况下,快车的越行站有 4 种选择,当在陈头岗站越行时,线路通过能力最大,为 19.15 列/h,而在市广路站越行时线路通过能力则由原有停站方案的 22.62 列/h 降至 18.21 列/h。

快车在市广路站越行时,原有停站方案下和优化停站方案下的运行图分别如图 8-40 和图 8-41 所示。

对比图 8-40 和图 8-41 可以看出,优化停站方案下的列车运行图周期相比原有停站方案下的周期有所增大,结合表 8-31,二者运行图周期相差了 115 s。经分析,造成这种差

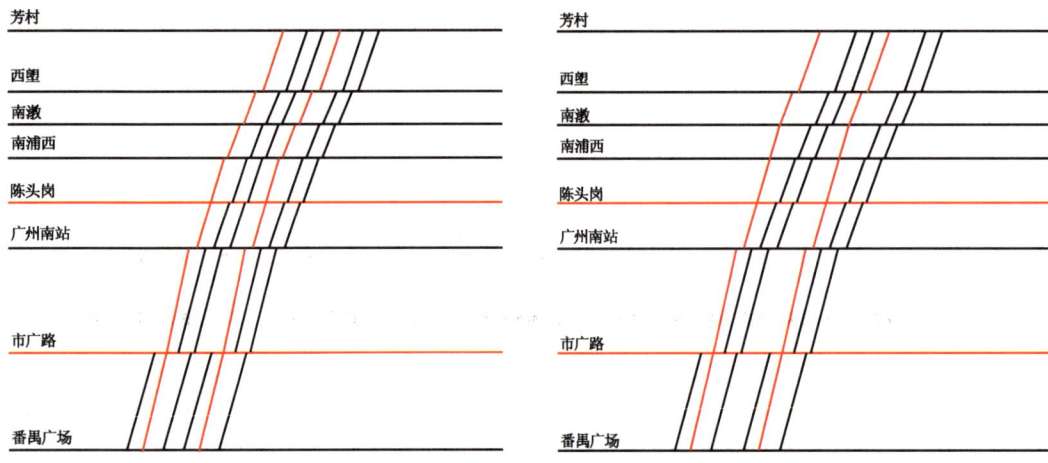

图 8-40　原停站方案下市广路站越行时列车运行图　　图 8-41　优化停站方案下市广路站越行时列车运行图

异的原因是快车在南浦西站和南漖站不停站通过,使得快慢车的旅行时间差进一步增加,由于南浦西站和南漖站的停站时间分别为 35 s 和 40 s,再加上由于起停附加时分节省的 40 s,三者合计 115 s,这导致了下一周期的第一列慢车与前一周期的最后一列慢车的始发站发车间隔增加了 115 s,通过能力便相应减小。

越行 2 次时两种停站方案下的线路通过能力计算结果如表 8-32 所列。

表 8-32　越行 2 次时两种停站方案下通过能力计算结果对比

分类	越行站	$I_{慢慢}$/s	$I_{慢快}$/s	$I_{快慢}$/s	快车扣除系数	通过能力/(列·h^{-1})
原有停站方案	市广路、陈头岗	140	140	251	1.79	20.35
优化停站方案	市广路、陈头岗	140	140	210	1.50	22.04
	市广路、南浦西	140	140	173	1.24	23.84
	市广路、南漖	184	140	169	1.52	21.91
	陈头岗、南浦西	140	213	140	1.52	21.91
	陈头岗、南漖	140	213	140	1.52	21.91
	南浦西、南漖	140	269	140	1.92	19.67

从表 8-32 可以看出,当越行 2 次时,在原有停站方案情况下,快车的越行站选择方式只有 1 种,通过能力为 20.35 列/h;在优化停站方案情况下,快车的越行站有 6 种选择,当在市广路站和南浦西站越行时,线路通过能力最大,为 23.84 列/h,优化停站方案情况下快车在市广路站和南浦西站越行时的列车运行图如图 8-42 所示。

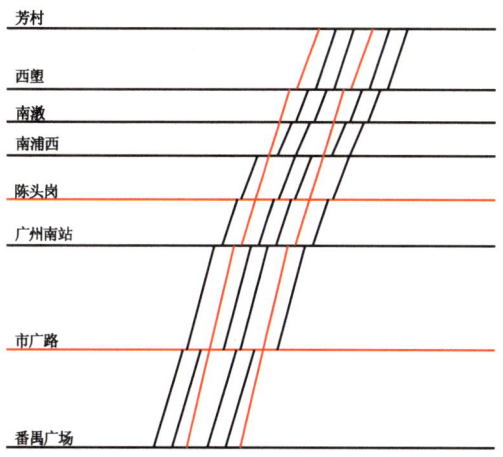

图 8-42 优化停站方案下在市广路站和南浦西站越行时的列车运行图

4. 西塱—芳村区间增设车站对通过能力的影响分析

目前,22 号线共设 8 座车站,分别为番禺广场站、市广路站、广州南站、陈头岗站、南浦西站、南漖站、西塱站和芳村站。考虑到线路周边片区的发展,未来很大概率会在西塱站和芳村站之间增设车站,这会导致快慢车停站方案、区间运行时分等发生变化,进而影响线路通过能力。下面分别按照在西塱站和芳村站之间增设大站和增设小站两种情况讨论对 22 号线通过能力的影响。

1) 增设大站

对于在两站之间增设大站这一情形,快车和慢车均需要停站,此时线路通过能力的影响因素在于停站时间的取值和增设站的列车最小发到间隔时间标准,下面举例说明。以快慢比为 1∶2,快车越行 1 次,在市广路站越行的情况为例,列车运行图如图 8-43 所示。

图 8-44 中蓝色虚线表示在西塱站和芳村站之间增设的大站,数字①～⑥是按发车顺序表示的列车编号。由于列车需要在增设站停站,因此西塱—芳村区间的列车运行线会发生变化,停站带来的影响包括停站时间、列车起停附加时分。西塱—芳村区间的列车停站调整示意如图 8-44 所示。

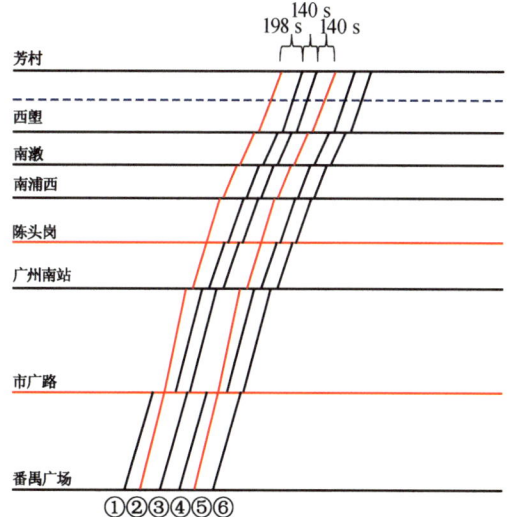

图 8-43 快慢比为 1∶2,快车越行 1 次,在市广路站越行的列车运行图

若不考虑增设站的列车最小发到间隔,由于快车和慢车的起动制动性能相同,以及停站时间相同,则快慢车周期不会发生改变,即不会对线路通过能力产生影响,但是若考虑

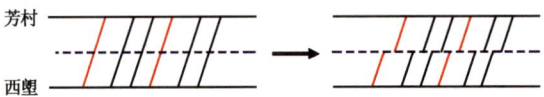

图 8-44 列车停站调整示意

增设站的列车最小发到间隔,则可能会对线路通过能力产生影响。

例如,假设增设站的列车最小发到间隔为 80 s,根据图 8-43,列车①与列车②、列车①与列车③、列车③与列车⑤在终点站的到达间隔分别为 198 s、140 s 和 140 s,这三者构成了一个快慢车周期。考虑列车最小发到间隔,为保证快慢车周期不发生改变,列车②、列车①、列车③在增设站的最大停站时间分别为 118 s、60 s 和 60 s,最终确定的增设站最大停站时间应取三者中的最小值(即 60 s)。由此可见,当停站时间在 60 s 以内时,不会对线路通过能力产生影响。

若停站时间取 70 s,仅改变西塱—芳村区间的列车运行线是不可取的,这样会导致列车①与列车③、列车③与列车⑤在增设站的发到间隔只有 70 s,不满足最小值 80 s 的要求。此时需要通过移动其他区间的列车运行线来保证最小列车发到间隔的要求:列车③的运行线需要整体往右移动 10 s,列车⑤的运行线需要整体往右移动 20 s。由此可见,快慢车周期增大了 20 s,通过能力也会相应地减小。

值得注意的是,在同一停站时间取值和增设站的列车最小发到间隔时间标准下,对于不同越行站、不同快慢车开行比例下的列车运行图,在西塱—芳村区间增设大站对线路通过能力的影响会发生相应的变化,需要结合具体情况具体分析。

2) 增设小站

当在两站之间增设小站时,慢车需要在此停站,而快车则不停站通过。此时增设站也能作为越行站。可见,相较于增设大站,增设小站对线路通过能力的影响相对复杂,因此本书采用计算机模拟法进行计算分析。

假设在西塱站和芳村站中间位置增设小站,增设站的列车最小发到间隔为 80 s,慢车停站时间为 40 s,列车起停附加时均为 10 s,在设定快慢比为 1∶2 的情况下,分别对快车越行 1 次和越行 2 次情况下增设小站后的线路通过能力进行计算机模拟计算,并与未增设小站时的计算结果进行对比。其中,越行 1 次时增设小站与未增设小站线路通过能力计算结果如表 8-33 所列。

表 8-33 越行 1 次时增设小站与未增设小站线路通过能力对比

分类	越行站	$I_{慢快}$/s	$I_{快慢}$/s	$I_{慢慢}$/s	快车扣除系数	通过能力/(列·h^{-1})
未增设小站	市广路	140	169	169	1.41	22.62
	陈头岗	251	140	140	1.79	20.35

(续表)

分类	越行站	$I_{慢快}$/s	$I_{快慢}$/s	$I_{慢慢}$/s	快车扣除系数	通过能力/(列·h^{-1})
增设小站	市广路	140	169	229	1.84	20.09
	陈头岗	251	140	140	1.79	20.35
	增设小站	309	140	140	2.21	18.32

从表 8-33 可以看出，当快车越行 1 次时，在未增设小站情况下，快车在市广路站越行时的线路通过能力最大，为 22.62 列/h；在增设小站情况下，快车在陈头岗站越行时的线路通过能力最大，为 20.35 列/h，而在市广路站越行时的通过能力降至 20.09 列/h。由此可见，在西塱—芳村区间增设小站对越行站的选择和线路通过能力都会产生一定的影响。

快车在市广路站越行时，未增设小站和增设小站两种情况下的列车运行图如图 8-45 和图 8-46 所示。

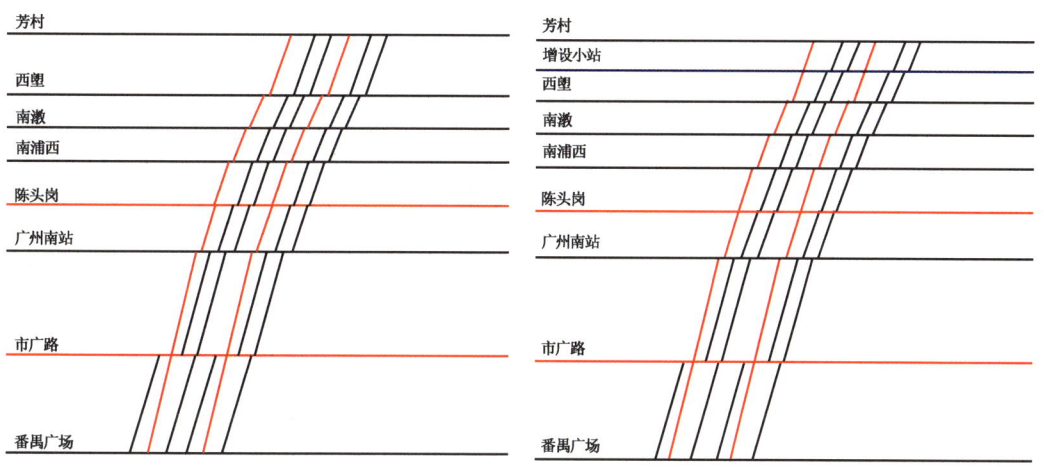

图 8-45　未增设小站在市广路站越行时的列车运行图

图 8-46　增设小站在市广路站越行时的列车运行图

对比图 8-45 和图 8-46 可以看出，增设小站时的运行图周期相对未增设小站时有所增大，结合表 8-33，二者运行图周期相差了 60 s，造成这一差异的原因是起点站两列慢车发车间隔 $I_{慢慢}$ 的不同，未增设小站时 $I_{慢慢}$ 为 169 s，而增设小站后 $I_{慢慢}$ 增至 229 s。经分析，$I_{慢慢}$ 的增加与增设小站直接相关。由于设定慢车停站时间为 40 s，列车起停附加时分均为 10 s，则图 8-47 中第 2 列慢车到达终点站的时间延后了 60 s，对于下一周期运行线的铺画，其制约点在于快车与前一周期最后一列慢车在终点站的到达间隔，因此下一周期整体后移 60 s，这便导致快慢车周期的增加和线路通过能力的减小。

快车越行 2 次时增设小站与未增设小站线路通过能力计算结果如表 8-34 所列。

根据表 8-34 可以看出，快车越行 2 次时，在未增设小站情况下，快车的越行站只有 1 种选择，即市广路站和陈头岗站，此时线路通过能力为 20.35 列/h；在增设小站情况下，由

表 8-34 越行 2 次时增设小站与未增设小站线路通过能力对比

分类	越行站	$I_{慢慢}$/s	$I_{慢快}$/s	$I_{快慢}$/s	快车扣除系数	通过能力/(列·h^{-1})
未增设小站	市广路、陈头岗站	140	140	251	1.79	20.35
增设小站	市广路、陈头岗站	140	140	251	1.79	20.35
	市广路、增设小站	140	140	191	1.36	22.96
	陈头岗、增设小站	140	251	191	2.16	18.54

于增设站为小站,快车的越行方式增多,当快车在市广路站和增设站越行时,线路通过能力最大,为 22.96 列/h,相较于未增设小站时有较大提高,且并未对在市广路站和陈头岗站越行时的线路通过能力产生影响。

当未增设小站时,快车在市广路站和陈头岗站越行时的列车运行图如图 8-47 所示;当增设小站时,快车在市广路站和增设小站越行时的列车运行图如图 8-48 所示。

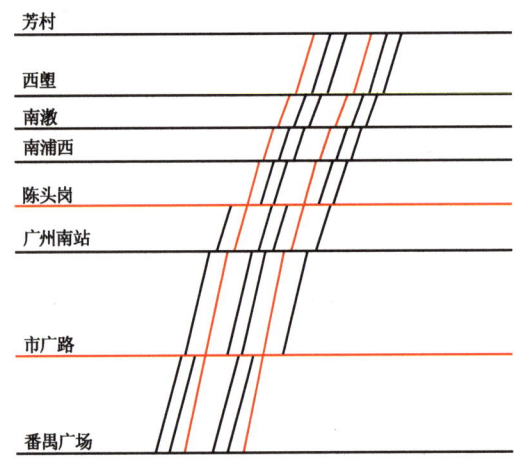

图 8-47 未增设小站时在市广路站和陈头岗站越行时的列车运行图

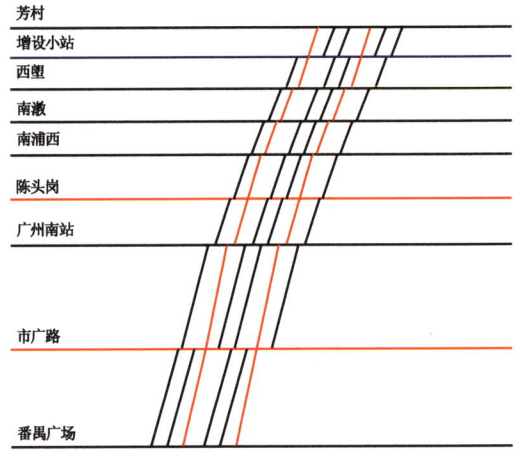

图 8-48 增设小站时在市广路站和增设站越行时的列车运行图

8.3 列车开行方案优化

8.3.1 18 号线列车开行方案优化

1. 车站等级划分与停站方案确定

车站是轨道交通线路上客流集散的场所,各个车站的重要性会因社会环境、经济发展、交通路网和客流需求等因素的不同而存在差异。当客流趋于稳定时,差异主要由车站客流量决定。下面以各个车站早高峰双向客流集散量(表 8-35)为依据,运用本书第 5 章提及的系统聚类法对广州市域快线 18 号线上的车站进行等级划分。

表 8-35　18 号线各站点早高峰双向客流集散量　　　　单位：人/h

车站编号	S_1	S_2	S_3	S_4	S_5	S_6	S_7	S_8	S_9
初期	3 088	12 178	19 990	13 430	3 198	9 384	6 067	14 333	16 640
近期	4 408	16 766	30 301	18 777	4 266	9 764	7 634	16 726	19 158
远期	7 360	27 886	40 472	22 680	5 287	10 593	8 622	20 143	22 315

首先将表 8-35 中的数据代入式(5-1)—式(5-3),计算得到各个车站间的距离矩阵 $\boldsymbol{D}(0)$：

$$\boldsymbol{D}(0)=\begin{bmatrix} 0 & 2.76 & 5.07 & 2.77 & \mathbf{0.18} & 1.27 & 0.64 & 2.63 & 3.15 \\ 0 & 0 & 2.34 & 0.55 & 2.88 & 1.78 & 2.24 & 0.76 & 0.94 \\ 0 & 0 & 0 & 2.33 & 5.17 & 3.97 & 4.50 & 2.57 & 2.13 \\ 0 & 0 & 0 & 0 & 2.86 & 1.64 & 2.18 & 0.36 & 0.54 \\ 0 & 0 & 0 & 0 & 0 & 1.31 & 0.69 & 2.71 & 3.23 \\ 0 & 0 & 0 & 0 & 0 & 0 & 0.64 & 1.43 & 1.94 \\ 0 & 0 & 0 & 0 & 0 & 0 & 0 & 2.02 & 2.54 \\ 0 & 0 & 0 & 0 & 0 & 0 & 0 & 0 & 0.52 \\ 0 & 0 & 0 & 0 & 0 & 0 & 0 & 0 & 0 \end{bmatrix}$$

$\boldsymbol{D}(0)$ 中除 0 以外的最小元素为 $d_{15}=0.18$,表示 S_1 万顷沙站和 S_5 沙溪站在客流集散量等特征上的聚合度最高,因而合并车站 S_1、S_5 为新的一类 S_0,计算新类 S_0 与其他车站之间的距离,得到新的距离矩阵 $\boldsymbol{D}(1)$,重复上述步骤直到所有车站归为两类,其中一类包含车站 S_1、S_5、S_6 和 S_7,另一类包含车站 S_2、S_3、S_4、S_8 和 S_9(图 8-49)。运用 MATLAB 软件编写聚类代码对本案例的聚类过程进行可视化分析,输出聚类图见图 8-49,进一步验证了本书所提计算方法的有效性。

以上为系统聚类过程的数学方法,具体运用时还需结合市域快线、快慢车停站方案等相关理论,以分析聚类结果的现实意义,进而确定市域快线的车站等级划分方案及停站方案。依据前述分析可知,市域快线快慢车停站方案优化需要考虑的核心问题是大站快车应在哪些车站停车,即首先应确定线路上的车站哪些是大站、哪些是小站。计算两组聚类车站各自的客流平均集散量,客流平均集散量大的被定义为大站,另一类被定义为小站。设 P_1 为车站 S_1、S_5、S_6 和 S_7 的客流平均集散量,P_2 为车站 S_2、S_3、S_4、S_8 和 S_9 的客流平均集散量,则 $P_1=7\ 202$(人/h),$P_2=18\ 147$(人/h)。

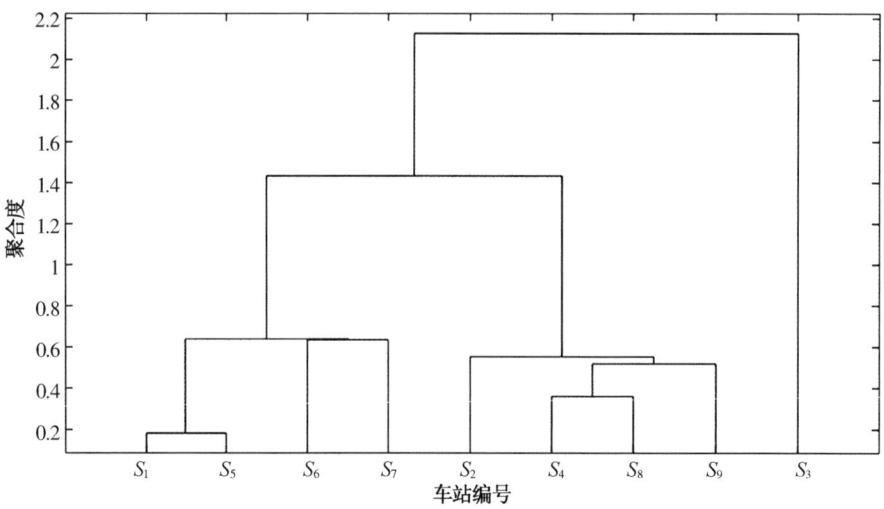

图 8-49　18 号线车站等级聚类

由于万顷沙站、广州东站为 18 号线的起(终)点站,在此不论是快车还是慢车都必须停站,因此将其调整定义为大站。综上分析可知,18 号线的 S_1、S_2、S_3、S_4、S_8 和 S_9 这 6 个车站被定义为大站,仅快车在大站停站。18 号线的车站等级划分结果见表 8-36。

表 8-36　18 号线车站等级划分结果

车站等级	车站名称
大站	万顷沙、番禺广场、广州东站、横沥、南村万博、冼村
小站	沙溪、龙潭、磨碟沙

根据车站等级划分结果,可得 18 号线快慢车模式下列车停站方案,如图 8-50 所示。

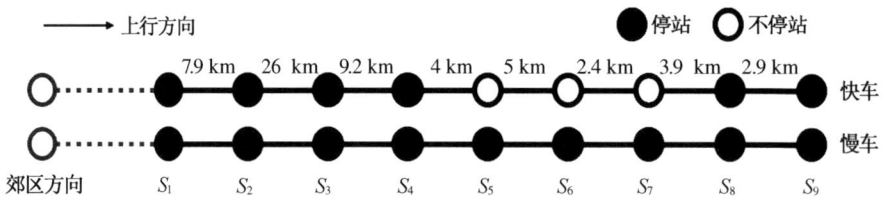

图 8-50　18 号线快慢车停站方案

2. 列车交路方案比选

下面运用要素优化思路确定 18 号线的交路方案。首先,采用式(5-8)确定 18 号线各断面的客流不均衡系数 φ。

表 8-37 所列为 18 号线全线不同时期的最大断面客流量 P_{max};表 8-38 所列为 18 号线全线不同时期的平均断面客流量;18 号线全线不同时期的客流不均衡系数 φ 的计算结果见表 8-39。

表 8-37　18 号线全线不同时期最大断面客流量

时段	初期		近期		远期	
	上行	下行	上行	下行	上行	下行
早高峰/(人·h⁻¹)	15 283	9 507	22 310	12 818	28 535	18 814
晚高峰/(人·h⁻¹)	8 781	14 447	12 667	20 924	17 411	26 444
全日/(人·d⁻¹)	74 541	71 078	114 093	111 863	156 569	151 590

表 8-38　18 号线全线不同时期平均断面客流量

时段	初期		近期		远期	
	上行	下行	上行	下行	上行	下行
早高峰/(人·h⁻¹)	9 854	6 283	14 073	9 106	19 373	11 600
晚高峰/(人·h⁻¹)	6 613	9 227	9 335	13 258	12 290	18 085
全日/(人·d⁻¹)	51 091	49 241	77 145	76 386	116 471	113 965

表 8-39　18 号线全线断面客流不均衡系数 φ

时段	初期		近期		远期	
	上行	下行	上行	下行	上行	下行
早高峰	1.55	1.51	1.59	1.41	1.47	1.62
晚高峰	1.33	1.57	1.36	1.58	1.42	1.46
全日	1.46	1.44	1.48	1.46	1.34	1.33

18 号线除了首末站(万顷沙站和广州东站)外,横沥站、番禺广场站和洗村站这 3 个车站也具备折返条件;结合线路区间长度、停站方案,以及 18 号线各时期的最大断面客流均出现在南村万博—龙潭区间等因素,考虑以番禺广场站作为 18 号线小交路的折返站,并计算番禺广场—广州东站小交路区间断面客流不均衡系数 φ',其中该区间各时期最大断面客流量见表 8-40、平均断面客流量见表 8-41,断面客流不均衡系数结果见表 8-42。

表 8-40　18 号线番禺广场—广州东站区间各时期最大断面客流量

时段	初期		近期		远期	
	上行	下行	上行	下行	上行	下行
早高峰/(人·h⁻¹)	15 283	7 792	22 310	11 529	28 535	13 237
晚高峰/(人·h⁻¹)	8 781	14 447	12 667	20 924	15 082	26 444
全日/(人·d⁻¹)	74 541	71 078	114 093	111 863	156 569	151 590

表 8-41　18 号线番禺广场—广州东站区间各时期平均断面客流量

时段	初期		近期		远期	
	上行	下行	上行	下行	上行	下行
早高峰/(人·h^{-1})	12 120	6 496	17 333	9 586	22 952	11 632
晚高峰/(人·h^{-1})	7 161	1 122	10 169	16 209	12 843	21 301
全日/(人·d^{-1})	56 073	53 099	85 858	84 215	125 126	121 075

表 8-42　18 号线番禺广场—广州东站区间断面客流不均衡系数 φ'

时段	初期		近期		远期	
	上行	下行	上行	下行	上行	下行
早高峰	1.26	1.20	1.29	1.20	1.24	1.14
晚高峰	1.23	1.29	1.25	1.29	1.17	1.24
全日	1.33	1.34	1.33	1.33	1.25	1.25

对比表 8-39 和表 8-42 可知,相同时段同一方向 φ' 均小于 φ,φ' 更趋近于 1,这表明番禺广场—广州东站小交路区间的断面客流量空间分布更均衡,番禺广场站可以考虑作为 18 号线的小交路折返点。因此,18 号线有以下两个初始交路方案。

(1) 单一交路,起终点作为折返站,其余为非折返站,如图 8-51 所示。

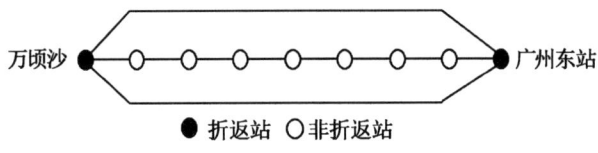

图 8-51　18 号线单一交路示意

(2) 大小交路,小交路区间为番禺广场—广州东站,列车在番禺广场站折返,交路示意如图 8-52 所示。

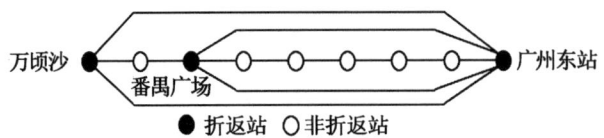

图 8-52　18 号线大小交路示意

下面依据本书 5.2 节中的多目标决策方法,对这两个初始交路方案进行比选(表 8-43)。

表 8-43 18 号线交路方案综合比较

项目	单一交路	大小交路
乘客服务水平	好	略好
行车管理	不复杂	较复杂
运营成本	较低	明显低
工程投资	正常	较高

运用式(5-9)和表 5-1 中约定对准则层各评价指标之间的重要程度进行两两比较,得比较矩阵 $\boldsymbol{A}$:

$$\boldsymbol{A} = \begin{bmatrix} 1 & 5 & 3 & 3 \\ 1/5 & 1 & 1/3 & 1/3 \\ 1/3 & 3 & 1 & 1 \\ 1/3 & 3 & 1 & 1 \end{bmatrix}$$

用和法计算权向量 $\boldsymbol{W}$:

$$\boldsymbol{A} \rightarrow \begin{bmatrix} 0.5357 & 0.4167 & 0.5625 & 0.5625 \\ 0.1071 & 0.0833 & 0.0625 & 0.0625 \\ 0.1786 & 0.2500 & 0.1875 & 0.1875 \\ 0.1786 & 0.2500 & 0.1875 & 0.1875 \end{bmatrix} \rightarrow \begin{bmatrix} 2.0744 \\ 0.3154 \\ 0.0836 \\ 0.0836 \end{bmatrix} \rightarrow \begin{bmatrix} 0.5193 \\ 0.0789 \\ 0.2009 \\ 0.2009 \end{bmatrix} = \boldsymbol{W}$$

进行一致性检验:

$$\lambda_{\max} = \frac{1}{n} \sum_{i=1}^{n} \frac{(\boldsymbol{AW})_i}{\boldsymbol{W}_i} = 4.044$$

$$CI = \frac{\lambda_{\max} - n}{n-1} = 0.015$$

$$CR = \frac{CI}{RI} = \frac{0.015}{0.90} = 0.017 < 0.1$$

式中, n 取 4。经试算 $CR < 0.1$,满足一致性检验要求。其中, RI 为平均随机一致性指标。RI 的取值见表 5-2。

因此,18 号线列车交路方案综合比较即表 8-43 中的各项指标可根据表 5-3 标度法以及式(5-13)和式(5-14),构建判断矩阵 $\boldsymbol{K}$ 并计算两个交路方案的最终评价值 U_i。

$$\boldsymbol{K} = \begin{bmatrix} 0.5 & 0.5 & 0.625 & 0.5 \\ 0.25 & 0.25 & 0.25 & 0.75 \end{bmatrix}$$

$$U = \begin{bmatrix} 0.5 & 0.5 & 0.625 & 0.5 \\ 0.25 & 0.25 & 0.25 & 0.75 \end{bmatrix} \times \begin{bmatrix} 0.519\ 3 \\ 0.078\ 9 \\ 0.200\ 9 \\ 0.200\ 9 \end{bmatrix} = \begin{bmatrix} 0.525\ 1 & 0.350\ 5 \end{bmatrix}$$

综上可知,两种交路方案比选的排序结果:$U_1 > U_2$,即应选单一交路(图 8-51)为 18 号线的最终交路方案。

3. 列车开行对数计算

以前述计算得到的停站方案结果和经由方案比选确定的列车交路方案结果为基础,计算 18 号线的列车开行对数。根据各时段最大断面客流量,运用式(5-15)计算不同时期分时段的列车开行对数 N,其中 $c_p = 1\ 750$ 人/列,因考虑采用单一交路,故只需计算全线所需列车开行数量,计算结果如表 8-44 所列。

表 8-44 18 号线各时期高峰小时列车开行数量　　单位:列/h

时段	λ	初期		近期		远期	
		上行	下行	上行	下行	上行	下行
早高峰	0.8	10.9	6.8	15.8	9.2	20.8	13.4
	0.9	9.7	6.0	14.2	8.1	18.1	12.0
	1.0	8.7	5.4	12.8	7.3	16.3	10.8
晚高峰	0.8	6.3	10.3	9.1	15.0	12.4	18.9
	0.9	5.6	9.2	8.0	13.3	11.1	16.8
	1.0	5.0	8.3	7.2	12.0	10.0	15.1

4. 快慢车开行比例计算

依据站间 OD 数据,运用式(5-16)计算 18 号线的快慢车开行比例。其中,将出行距离大于等于 n 个区间的乘客定义为长途乘客,n 分别取 2~5 进行计算,结果见表 8-45。

表 8-45 18 号线快慢车开行比例计算结果

n	时段	初期	近期	远期
5	高峰	1:12.3	1:13.4	1:12.1
	平峰	1:12.8	1:13.7	1:11.6
4	高峰	1:4.1	1:4.4	1:4.3
	平峰	1:4.6	1:4.8	1:4.5
3	高峰	1:2.4	1:2.4	1:2.4
	平峰	1:2.5	1:2.5	1:2.5
2	高峰	1:1.5	1:1.4	1:1.5
	平峰	1:1.5	1:1.5	1:1.6

18号线全线共设9座车站,若将出行距离大于3个区间的乘客定义为长途乘客,则18号线的快慢车开行比例约为2∶5。

由于18号线客流具有明显的时段性、方向性和潮汐现象特征,因此计算其不同时段、不同方向的快慢车开行比例,见表8-46—表8-48。其中,上行方向指"万顷沙→广州东站"方向;运营时间取6:00—23:00,早高峰时段为7:00—9:00,晚高峰时段为17:00—19:00。

表8-46　18号线早高峰上、下行快慢车开行比例

n	方向	初期	近期	远期
4	上行	1∶3.1	1∶3.4	1∶3.2
	下行	1∶6.4	1∶6.7	1∶7.1
3	上行	1∶1.8	1∶1.8	1∶1.8
	下行	1∶3.6	1∶3.6	1∶3.9
2	上行	1∶1.1	1∶1.0	1∶1.1
	下行	1∶2.4	1∶2.2	1∶2.6

表8-47　18号线晚高峰上、下行快慢车开行比例

n	方向	初期	近期	远期
4	上行	1∶5.5	1∶6.1	1∶6.4
	下行	1∶3.6	1∶3.8	1∶3.7
3	上行	1∶3.2	1∶3.3	1∶3.5
	下行	1∶2.0	1∶2.0	1∶2.0
2	上行	1∶2.0	1∶1.9	1∶2.2
	下行	1∶1.2	1∶1.1	1∶1.2

表8-48　18号线平峰上、下行快慢车开行比例

n	方向	初期	近期	远期
4	上行	1∶4.5	1∶4.7	1∶4.4
	下行	1∶4.7	1∶4.9	1∶4.6
3	上行	1∶2.5	1∶2.5	1∶2.5
	下行	1∶2.5	1∶2.5	1∶2.5
2	上行	1∶1.5	1∶1.4	1∶1.5
	下行	1∶1.7	1∶1.6	1∶1.7

可以发现,18号线不同时段、不同方向的快慢车开行比例相差较大。若车底等条件允

许,可以考虑上、下行采取不同对数、不同比例的精细化运营组织。

5. 18号线开行方案模型优化

下面将讨论运用多目标的数学模型优化广州市域快线18号线快慢车开行方案的方法。

1) 模型参数取值

18号线的相关条件设定如下:

(1) 研究18号线上行方向(万顷沙→广州东站)的开行方案。

(2) 18号线具备越行条件的车站包括南村万博站、沙溪站、龙潭站和磨碟沙站共4个车站。因此,本案例中,$M_k=1$,当且仅当$k=4,5,6,7$时。

其他模型相关参数如表8-49所列。

表8-49 18号线开行方案模型优化已知参数

参数	定义	取值
K	线路车站总数量	9
i	线路车站编号	表6-1
$Q_{i,j}$	车站i与车站j之间的高峰小时客流量,人次/h	
m	线路选型的车辆定员	1 750 人/列
N	线路最大通过能力	24 列/h
T_j	列车在车站j的停站时间	表8-4
L_{ij}	车站i到车站j的区间长度	表8-5
v_1	快车在i站到j站区间内的运行速度	160 km/h
v_2	慢车在i站到j站区间内的运行速度	160 km/h
I	追踪列车间隔时间	表8-6
c_v	列车平均购置费	8 000 万元/列
c	列车平均走行公里费	150 元/km
α	乘客效益的权重系数	0.70
β	企业效益的权重系数	0.30

18号线各站不同类型追踪列车间隔时间取值如表8-50所列。

表8-50 18号线各站不同类型追踪列车间隔时间 单位:min

编号	车站名称	发发	发到	发通	到发	到到	到通	通发	通通
1	万顷沙	2.20	0	0	0	2.20	0	0	0
2	横沥	2.10	0	0	0	2.10	0	0	0
3	番禺广场	2.20	0	0	0	2.20	0	0	0
4	南村万博	2.20	1.30	2	0	2.20	1.30	0.30	1.30
5	沙溪	2.05	1.30	2	0	2.00	1.30	0.30	1.30

(续表)

编号	车站名称	发发	发到	发通	到发	到到	到通	通发	通通
6	龙潭	2.10	1.30	2	0	2.05	1.30	0.30	1.30
7	磨碟沙	2.05	1.20	2	0	2.05	1.30	0.35	1.30
8	冼村	2.00	0	0	0	2.00	0	0	0
9	广州东站	2.20	0	0	0	2.20	0	0	0

2) 模型代入与方案输出

将上述取值代入本书 5.4 节中模型,采用隐枚举法在 MATLAB 软件中编程计算,得出 18 号线快慢车开行方案如下。

(1) 停站方案决策变量 y_k

如图 8-53 所示,当 $y_k=1$ 时,列车停站;当 $y_k=0$ 时,列车不停站。18 号线共 9 座车站,在本优化方案中,快车在万顷沙、横沥、番禺广场、南村万博和广州东站这 5 个车站停车。

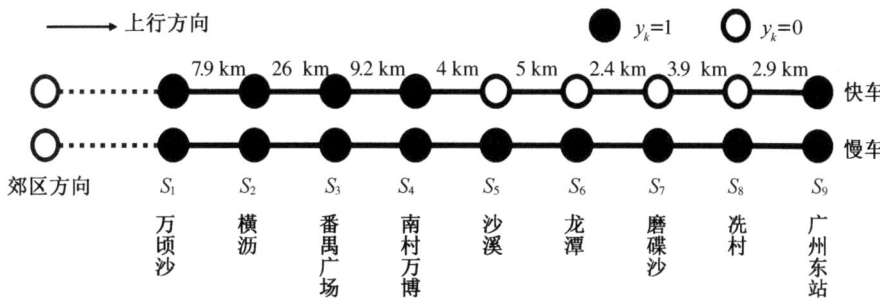

图 8-53　18 号线停站方案决策变量 y_k

(2) 快慢车发车频率决策变量 f_1 与 f_2

计算得出,高峰小时,当快车发车频率 $f_1=5$,慢车发车频率 $f_2=15$ 时,乘客总节省时间最多。在本优化方案中,18 号线的快慢车开行比例为 1∶3。

(3) 越行方案决策变量 M_k

如图 8-54 所示,当 $M_k=1$ 时,列车在该站越行;当 $M_k=0$ 时,列车在该站不越行。18 号线共有 4 座车站具备越行条件,在本优化方案中,快车在沙溪站和磨碟沙站越行慢车。

结合 f_1 与 f_2 的取值,18 号线的快慢车开行比例为 1∶3,快车需要在沙溪站、磨碟沙站越行慢车 2 次。因此,在一个运营周期内,快车和慢车应按照"快车+慢车+慢车+慢车"的顺序组织运行。

(4) 目标函数乘客总节省时间 T

上述快慢车开行方案的乘客总节省时间 T 为 325 h(人均节省时间 1.28 min),总节省时间较长,乘客的出行效率得到了提高。此方案下,慢车全程旅行时间约为 41 min,快车全程旅行时间约为 31 min。相较于慢车,快车的旅行时间缩短了 24.4%。

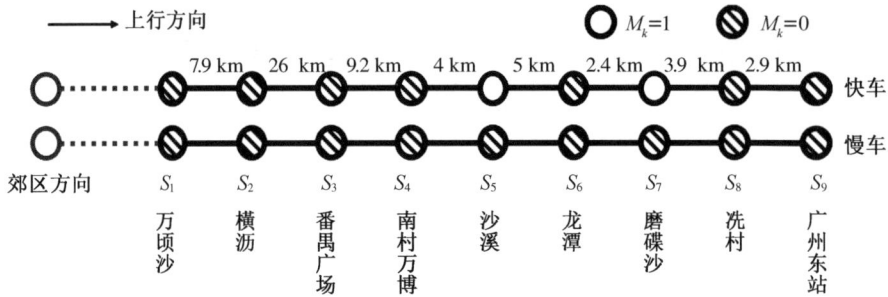

图 8-54　18 号线越行方案决策变量 M_k

8.3.2　22 号线列车开行方案优化

1. 车站等级划分

依据相关客流量数据,以每个车站的总客流量为分类依据,对广州市域快线 22 号线上各车站进行客流节点等级划分。通过系统聚类方法可以将其节点等级划分为两级(表 8-51)。

表 8-51　22 号线车站等级划分结果

车站等级	车站名称
大站	番禺广场、广州南站、西塱、芳村
小站	市广路、南漖、南浦西、陈头岗

2. 列车停站方案分析

初期 22 号线采取站站停模式即可满足番禺广场—芳村的时空目标,故建议采用站站停运营模式以提高沿线各站的乘客服务水平,也避免了行车组织与客流组织的复杂性。近、远期则建议采用大站停与站站停组合运营模式。

图 8-35 所示为推荐的快慢车停站方案。其中,大站停列车停靠番禺广场、广州南站、南浦西、南漖、西塱和芳村这 6 个车站。该模式满足对出行需求、客流特性及时空目标等的相关要求。

图 8-39 所示为依据本书第 5 章中的车站分级方法计算的 22 号线停站方案。其中,大站停列车停靠番禺广场、广州南站、西塱和芳村这 4 个车站,减少了南浦西和南漖这两站。该模式不仅满足对出行需求、客流特性及时空目标等的相关要求;同时,更符合市域快线快慢车组合运营模式对于大站、小站的定义。

3. 开行方案的确定

1) 列车开行对数

22 号线不同时期早高峰断面客流量见表 8-52—表 8-54。

表 8-52 22 号线初期早高峰断面客流量

上行(番禺广场—芳村)			站点	下行(芳村—番禺广场)		
上车人数	断面客流	下车人数		上车人数	断面客流	下车人数
7 596		0	番禺广场	0		6 060
2 166	7 596	884	市广路	1 725	6 060	897
6 873	8 878	5 730	广州南站	3 667	5 232	5 194
421	10 021	994	陈头岗	387	6 759	737
2 172	9 448	370	南浦西	990	7 109	532
2 840	11 250	1 768	南漖	1 082	6 651	2 906
3 151	12 322	5 799	西塱	4 827	8 475	1 150
0	9 674	9 674	芳村	4 798	4 798	0
25 219		25 219	合计	17 476		17 476

表 8-53 22 号线近期早高峰断面客流量

上行(番禺广场—芳村)			站点	下行(芳村—番禺广场)		
上车人数	断面客流	下车人数		上车人数	断面客流	下车人数
13 301		0	番禺广场	0		10 337
3 041	13 301	1 612	市广路	2 923	10 337	1 239
9 494	14 730	9 507	广州南站	5 963	8 653	6 994
485	14 717	1 317	陈头岗	544	9 684	864
2 619	13 885	450	南浦西	1 172	10 004	647
3 349	16 054	2 157	南漖	1 253	9 479	3 485
5 778	17 246	6 993	西塱	5 867	11 711	2 604
0	16 031	16 031	芳村	8 448	8 448	0
38 067		38 067	合计	26 170		26 170

表 8-54　22 号线远期早高峰断面客流量

上行(番禺广场—芳村)			站点	下行(芳村—番禺广场)		
上车人数	断面客流	下车人数		上车人数	断面客流	下车人数
19 480		0	番禺广场	0		13 703
4 135	19 480	2 168	市广路	3 855	13 703	1 595
13 627	21 447	13 450	广州南站	7 576	11 443	9 674
566	21 624	2 050	陈头岗	782	13 541	1 089
3 093	20 140	756	南浦西	1 805	13 848	806
3 562	22 477	2 843	南漖	1 673	12 849	3 852
7 960	23 196	9 244	西塱	7 762	15 028	3 887
0	21 912	21 912	芳村	11 153	11 153	0
52 423		52 423	合计	34 606		34 606

22 号线早高峰初期最大断面客流量为 12 322 人(上行)、8 475 人(下行)，近期最大断面客流量为 17 246 人(上行)、11 711 人(下行)，远期最大断面客流量为 23 196 人(上行)、15 028 人(下行)。根据式(5-15)，分别计算不同时期列车开行数量(c_p = 1 750 人/列)，如表 8-55 所列。

表 8-55　22 号线各个时期高峰小时列车开行数量　　　　　　　　单位：列/h

λ	初期		近期		远期	
	上行	下行	上行	下行	上行	下行
0.8	8.80	6.05	12.32	8.37	16.57	10.73
0.9	7.82	5.38	10.95	7.44	14.73	9.54
1.0	7.04	4.84	9.85	6.69	13.25	8.59

2) 快慢车开行比例

22 号线不同时期早高峰站间 OD 数据见表 8-56—表 8-58。

表 8-56　22 号线初期早高峰站间 OD

早高峰	番禺广场	市广路	广州南站	陈头岗	南浦西	南漖	西塱	芳村	合计
番禺广场	0	884	4 431	336	116	517	773	539	7 596
市广路	1 725	0	1 299	69	20	89	353	336	3 891

(续表)

早高峰	番禺广场	市广路	广州南站	陈头岗	南浦西	南漖	西塱	芳村	合计
广州南站	3 011	656	0	589	230	1 052	2 262	2 740	10 540
陈头岗	111	14	262	0	4	25	176	216	808
南浦西	275	26	660	29	0	85	943	1 144	3 162
南漖	276	28	716	41	21	0	1 292	1 548	3 922
西塱	492	102	1 989	373	281	1 590	0	3 151	7 978
芳村	170	71	1 567	294	230	1 316	1 150	0	4 798
合计	6 060	1 781	10 924	1 731	902	4 674	6 949	9 674	42 695

表 8-57　22 号线近期早高峰站间 OD

早高峰	番禺广场	市广路	广州南站	陈头岗	南浦西	南漖	西塱	芳村	合计
番禺广场	0	1 612	7 694	498	175	798	1 314	1 210	13 301
市广路	2 923	0	1 813	112	23	103	410	580	5 964
广州南站	5 059	904	0	707	247	1 165	2 996	4 379	15 457
陈头岗	196	23	325	0	5	17	176	287	1 029
南浦西	401	31	709	31	0	74	921	1 624	3 791
南漖	369	32	807	28	17	0	1 176	2 173	4 602
西塱	860	129	2 565	397	299	1 617	0	5 778	11 645
芳村	529	120	2 588	408	331	1 868	2 604	0	8 448
合计	10 337	2 851	16 501	2 181	1 097	5 642	9 597	16 031	64 237

表 8-58　22 号线远期早高峰站间 OD

早高峰	番禺广场	市广路	广州南站	陈头岗	南浦西	南漖	西塱	芳村	合计
番禺广场	0	2 168	10 685	815	315	1 177	2 146	2 174	19 480
市广路	3 855	0	2 765	184	29	109	428	620	7 990
广州南站	6 352	1 224	0	1 051	407	1 461	4 211	6 497	21 203
陈头岗	242	38	502	0	5	23	204	334	1 348
南浦西	616	34	1 123	32	0	73	1 026	1 994	4 898
南漖	560	32	1 024	39	18	0	1 229	2 333	5 235
西塱	1 371	139	3 611	509	363	1 769	0	7 960	15 722
芳村	707	128	3 414	509	425	2 083	3 887	0	11 153
合计	13 703	3 763	23 124	3 139	1 562	6 695	13 131	21 912	87 029

运用式(5-16)进行计算,其中运营时间初期取 6:00—22:00,近期取 6:00—23:00,远期取 5:30—23:30,早高峰时段为 7:00—9:00,晚高峰时段为 17:00—19:00,快慢车开行比例计算结果如表 8-59 所列。

表 8-59　22 号线快慢车开行比例计算结果

长途乘客最少乘坐区间数	时间段	初期	近期	远期
6	高峰	1∶59.2	1∶36.0	1∶29.2
	平峰	1∶67.7	1∶39.8	1∶30.7
5	高峰	1∶17.0	1∶13.0	1∶11.2
	平峰	1∶16.7	1∶12.7	1∶10.9
4	高峰	1∶4.4	1∶3.8	1∶3.5
	平峰	1∶4.2	1∶3.7	1∶3.6
3	高峰	1∶2.2	1∶2.2	1∶2.0
	平峰	1∶2.1	1∶2.0	1∶2.0
2	高峰	1∶1.5	1∶1.5	1∶1.4
	平峰	1∶1.3	1∶1.4	1∶1.4

综上计算与分析可知，针对 22 号线的具体情况，若将大于 3 个区间的客流定义为长途乘客，则快慢车开行比例约为 1∶2，其早晚高峰及平峰的上、下行快慢车开行比例计算结果见表 8-60—表 8-62。

表 8-60　22 号线早高峰上、下行快慢车开行比例

长途乘客最少乘坐区间数	方向	初期	近期	远期
4	上行	1∶3.3	1∶3.0	1∶2.6
	下行	1∶5.5	1∶4.7	1∶4.5
3	上行	1∶1.8	1∶1.8	1∶1.7
	下行	1∶2.3	1∶2.3	1∶2.1
2	上行	1∶1.4	1∶1.4	1∶1.3
	下行	1∶1.6	1∶1.7	1∶1.6

注：22 号线上行为番禺广场→芳村，下行为芳村→番禺广场。

表 8-61　22 号线晚高峰上、下行快慢车开行比例

长途乘客最少乘坐区间数	方向	初期	近期	远期
4	上行	1∶4.1	1∶3.9	1∶3.3
	下行	1∶3.8	1∶3.6	1∶3.3
3	上行	1∶2.2	1∶2.0	1∶2.0
	下行	1∶2.0	1∶2.1	1∶1.9
2	上行	1∶1.5	1∶1.7	1∶1.5
	下行	1∶1.3	1∶1.4	1∶1.3

表 8-62　22 号线平峰上、下行快慢车开行比例

长途乘客最少乘坐区间数	方向	初期	近期	远期
4	上行	1∶4.0	1∶3.6	1∶3.6
	下行	1∶4.4	1∶3.7	1∶3.7
3	上行	1∶2.0	1∶2.0	1∶2.0
	下行	1∶2.2	1∶2.0	1∶2.0
2	上行	1∶1.3	1∶1.4	1∶1.4
	下行	1∶1.4	1∶1.4	1∶1.4

8.3.3　两线交路模式及选择

多交路是满足空间需求不均衡的一种运营组织方式。这种方式可增加高断面区段的服务频率，减少这些断面客流的等待时间。其设置原则是基于客流需求分布特征，通过多交路的组合来减少运用车数量，提高车底利用率，从而实现运营成本和服务水平之间的最佳平衡。多交路设置会增加运营组织的难度以及跨区域出行乘客的换乘时间，也容易使乘客难以辨别甚至发生坐错车的状况。

Y 形线路为两条线路在某一节点站合二为一，成为一条线路。Y 形线路典型交路类型可分为独立分段运营和贯通运营两种。若支线与主线间客流交换较少，应在支线单独开行小交路；若支线与主线间客流交换较多，则应开行贯通运营以满足客流需求。此时，主线部分车站列车共线运行，列车运行相互产生影响，运营组织具有一定的难度。因此，研究 Y 形线路列车运行交路的运输组织，对于提高 Y 形线路列车运营组织水平、运输能力和可靠性，以及满足市民出行需要等，都具有重要的理论与实践意义。

18 号线与 22 号线存在共线运营段，是典型的 Y 形线路。由于 18 号线有全程旅时控制在 30 min 以内的运营要求，加之 18 号线建成在先，故 18 号线只考虑贯通交路模式。下面讨论 22 号线贯通和独立运营两种不同方案的利弊。

1. 22 号线交路贯通运营

贯通运营模式是指全线采用大交路运行，该模式有利于支线与共线间乘客的直达出行，减少乘客换乘时间。但该模式对车底运用数、全线列车满载率、运营经济性较为不利。另外，由于共线段发车间隔较小，因而对线路通过能力、起终点站（万顷沙站）折返能力的要求较高。

若 22 号线采用万顷沙—芳村贯通运营方案（图 8-55），会使得南沙组团（万顷沙、横沥）与市广路站、南站组团（广州南站、陈头岗）、荔湾组团（西塱、芳村）之间的交互客流方便出行，减少换乘；但也会使得 18 号线的番禺广场—广州东站、22 号线的番禺广场—芳村两段非共线段的列车间隔时间增大，或者使得非共线段线路通过能力浪费而共线段运能不足的情况出现。同时，也将增加列车车底数，全线满载率偏低，线路运营的经济性降低。

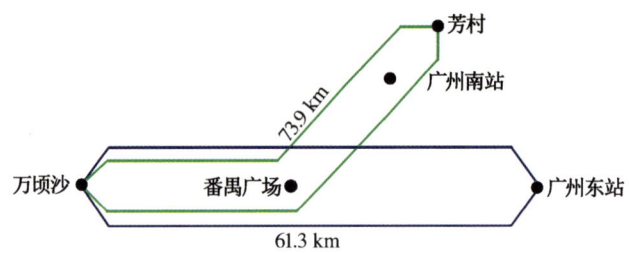

图 8-55 22 号线交路贯通运营示意

若 22 号线贯通运营,则不同时期不同满载率条件下,共线段早高峰时期需要开行的列车数量如表 8-63 所列。

表 8-63 22 号线贯通运营不同时期共线段早高峰列车开行数量　　单位:列/h

λ	初期		近期		远期	
	上行	下行	上行	下行	上行	下行
0.8	19.72	12.89	28.13	17.53	36.95	24.17
0.9	17.52	11.42	25.12	15.58	32.85	21.49
1.0	15.77	10.27	22.60	14.01	29.56	19.34

万顷沙—番禺广场段远期高峰时段推荐能力 21 列/h,预留能力 24 列/h,若 22 号线贯通运营,在满足高峰小时断面客流要求的情况下,万顷沙—番禺广场区段能力紧张;若以共线段能力为限制条件,则会出现近远期番禺广场—芳村区段因列对数小而造成客流压力大的情况。

根据前述分析,22 号线贯通运营,以快慢比 1∶2 为例,列车在途时间约为 2 311 s,万顷沙站的折返时间为 133 s,芳村站的折返时间为 129 s,列车周转时间为 4 884 s。运用式(5-9),结合表 8-52—表 8-54 计算可知,22 号线贯通运营不同时期所需车底数量如表 8-64 所列。

表 8-64 22 号线贯通运营不同时期所需车底数量　　单位:组

λ	初期		近期		远期	
	上行	下行	上行	下行	上行	下行
0.8	12.0	8.2	16.7	11.4	22.6	14.6
0.9	10.6	7.3	14.9	10.1	20.0	12.9
1.0	9.6	6.6	13.4	9.1	18.0	11.7

2. 22 号线交路独立运营

独立运营模式是指主线和支线自成体系、各成交路,列车独立运营,跨区域的客流全部在换乘节点进行换乘。因此,独立运营可理解为主线和支线是两条独立的线路。其优势在于主线和支线形成独立交路,可以根据各自的断面客流组织开行满足各自需要的列车数,可以充分利用各自线路的通过能力。主要缺点如下:

(1) 主、支线独立运营,不利于支线与共线间直达客流的出行,增加了换乘时间。

(2) 换乘车站的换乘客流增多,导致车站运营组织强度增大。

本案例推荐 22 号线番禺广场—芳村段采用独立运营模式(图 8-56),理由如下:

(1) 由于换乘站的客流组织已经具备丰富的运营管理经验,若番禺广场站具备便捷换乘条件,在此站组织换乘也能被广大乘客所接受,且番禺广场站初期换乘客流并不大。

(2) 22 号线未来与 18 号线在番禺广场站呈 X 形交叉,贯通运营方案也与未来的交路方案不一致。

(3) 由于 22 号线独立运营后,可以充分利用两线能力,同时可以增大列车开行密度,从而缩短乘客在途时间,跨线客流在番禺广场站的换乘时间也得到了弥补,在一定程度上不会增加乘客在途总时间。

(4) 采用独立交路模式,除了充分利用两线通过能力外,还可压缩独立段的车底需要数。初期可节省车底数 3~5 组。

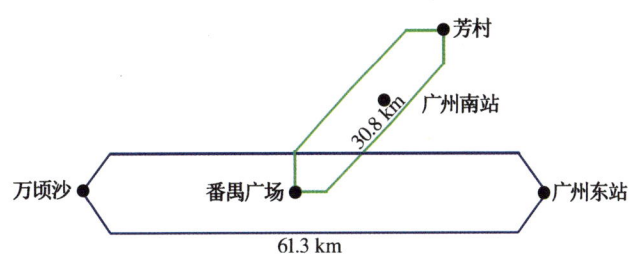

图 8-56　22 号线交路独立运营示意

若 22 号线独立运营,在不同时期不同满载率条件下早高峰小时列车开行数量如表 8-65 所列。

表 8-65　22 号线独立运营不同时期早高峰小时列车开行数量　　单位:列/h

λ	初期		近期		远期	
	上行	下行	上行	下行	上行	下行
0.8	8.80	6.05	12.32	8.37	16.57	10.73
0.9	7.82	5.38	10.95	7.44	14.73	9.54
1.0	7.04	4.84	9.85	6.69	13.25	8.59

若 22 号线独立运营,在满足高峰小时断面客流要求的情况下,万顷沙—番禺广场区段能力可以满足。若以快慢比 1∶2 为例,列车在途时间约为 1 393 s,番禺广场站的折返时间为 137 s,芳村站的折返时间为 129 s,列车周转时间为 3 052 s。运用式(8-3),结合

由表 8-52—表 8-54 计算可知,22 号线独立运营不同时期所需车底数量如表 8-66 所列。

$$n = \frac{\theta \cdot N}{3\,600} \tag{8-3}$$

式中　n ——车底需要数,组;
　　　θ ——列车车底运行周转时间,s;
　　　N ——不同满载率下,不同时期高峰小时列车开行数量,列/h。

表 8-66　22 号线独立运营不同时期所需车底数量　　　　单位：组

λ	初期		近期		远期	
	上行	下行	上行	下行	上行	下行
0.8	7.5	5.1	10.4	7.1	14.1	9.1
0.9	6.6	4.6	9.3	6.3	12.5	8.1
1.0	6.0	4.1	8.4	5.7	11.2	7.3

以 22 号线初期运营为例,独立运营模式可以明显节省车底数,相比贯通运营模式所需车底数减少了 3～5 组,参见表 8-67。但独立运营会形成换乘客流,使得换乘站产生一定的换乘压力。经分析计算,番禺广场站初期换乘客流如表 8-68 所列。由此可知番禺广场站初期换乘压力较小,可考虑独立交路模式。

表 8-67　两种运营模式初期所需车底数量对比分析　　　　单位：组

λ	贯通运营		独立运营		差值(贯通－独立)	
	上行	下行	上行	下行	上行	下行
0.8	12.0	8.2	7.5	5.1	4.5	3.1
0.9	10.6	7.3	6.6	4.6	4.0	2.7
1.0	9.6	6.6	6.0	4.1	3.6	2.5

表 8-68　番禺广场站初期换乘客流

换乘方向	换乘客流/(人·d^{-1})
18 号线→22 号线	9 023
22 号线→18 号线	9 327

3. 不同的运营模式组合方式

结合本书第 5 章分析可知,22 号线有以下 4 种可能的运营模式组合方式:①贯通运营＋慢车;②贯通运营＋快慢车;③独立运营＋慢车;④独立运营＋快慢车,可归纳为贯通运营和独立运营两类,其运营指标的对比分析如表 8-69 所列。

表 8-69　22 号线不同列车交路下运营指标对比

运营指标	贯通运营	独立运营
客流换乘	无须换乘	番禺广场换乘
番禺广场—芳村段列车负荷	列数少,负荷大	列数多,负荷小
万顷沙—番禺广场段能力利用	能力紧张	能力不紧张
车底数量	较多	较少

综上可知,Y 形线路在运营组织中存在客流组织多方向性、非共线段列车运能低、乘客易乘错车等问题。Y 形线路的交路设计应结合客流特征,灵活运用不同的运营模式,并合理布置节点车站配线、确定共线列车开行比例。本书建议 22 号线采用独立运营的交路模式,既可以满足能力要求,也可以避免行车与客流组织的复杂性。同时,由于站站停模式即可满足万顷沙—广州南站的时空目标,建议采用站站停运营模式,以提高沿线各站的服务水平。

8.4　列车开行方案评价

8.4.1　18 号线列车开行方案评价

1. 18 号线初期

1) 可行方案集

18 号线初期设定线路通过能力最低标准为 12 列/h。各项可行方案及其指标计算结果如表 8-70 所列,共有 20 项待评估可行方案,表示为"快慢比-越行站"的形式。

表 8-70　18 号线初期可行方案集

可行方案 (快慢比-越行站)	指标					
	人均出行 总时间 /(min·人$^{-1}$)	换乘客流 /(人·h^{-1})	发车间隔 均衡性	通过能力 负荷	节约 能耗/元	列车车底 数/组
1∶2-南村万博	935	2 594	0.42	0.92	3 200	17
1∶2-沙溪	943	2 529	0.79	0.92	3 200	17
1∶2-龙潭	947	2 461	0.71	0.92	3 200	17
1∶2-磨碟沙	949	2 414	0.33	0.92	3 200	17
1∶2-沙溪、南村万博	950	2 346	0.29	0.71	3 200	17
1∶2-沙溪、龙潭	961	2 250	0.34	0.63	3 200	17

(续表)

可行方案 (快慢比-越行站)	指标					
	人均出行 总时间 /(min·人$^{-1}$)	换乘客流 /(人·h^{-1})	发车间隔 均衡性	通过能力 负荷	节约 能耗/元	列车车底 数/组
1∶2-南村万博、磨碟沙	953	2 284	0.47	0.80	3 200	17
1∶2-南村万博、龙潭	954	2 293	0.35	0.67	3 200	17
1∶2-沙溪、磨碟沙	960	2 240	0.67	0.80	3 200	17
1∶2-龙潭、磨碟沙	959	2 221	0.49	0.80	3 200	17
1∶3-南村万博	955	2 322	0.40	0.80	2 400	16
1∶3-沙溪	960	2 291	0.54	0.80	2 400	16
1∶3-龙潭	963	2 242	0.50	0.80	2 400	16
1∶3-磨碟沙	962	2 241	0.46	0.86	2 400	16
1∶3-沙溪、南村万博	963	2 230	0.26	0.67	2 400	16
1∶3-沙溪、龙潭	970	2 187	0.35	0.67	2 400	16
1∶3-南村万博、磨碟沙	965	2 203	0.47	0.71	2 400	16
1∶3-南村万博、龙潭	967	2 297	0.34	0.67	2 400	16
1∶3-沙溪、磨碟沙	973	2 182	0.57	0.71	2 400	16
1∶3-龙潭、磨碟沙	975	2 165	0.45	0.71	2 400	16

2) 评价权重与量值域

(1) 评价权重

层次分析法主要考虑了评价者的经验和知识,固然重要因素指标权重的排序往往具有较高的合理性,但是仍然无法克服主观因素介入所产生的缺陷。然而,熵权法虽能充分挖掘各评价指标其原始数据本身所包含的信息,得出的结果非常客观,但是却无法反映评价者的经验和知识以及决策者的意见,得到的权重还有可能与实际的重要程度非常不符。故每一轮(初期、近期和远期)评估得到的主观权重值都相同,客观权重则基于数据的变化而变化。

18号线初期方案的评价权重计算结果如表8-71所列。在主观评价中,人均出行总时间指标获得了0.548的较大权重;但是在客观评价中,由于熵权法识别到各方案的出行总时间变化差异相对于指标数值本身较小,可以理解为各方案间无论怎样变换快慢车开行比例、越行站位置和数量,该指标的变化范围都较小,故熵权法赋予了人均出行总时间指标较小的权重。进一步,通过组合赋权方法结合上述两项指标,综合主观和客观评价的优势,得到组合权重。

表 8-71 18 号线初期方案的评价权重

权重	指标					
	人均出行总时间	换乘客流	发车间隔均衡性	通过能力负荷	节约能耗	列车车底数
主观权重	0.548	0.141	0.061	0.183	0.020	0.047
客观权重	0.087	0.048	0.110	0.132	0.312	0.312
组合权重	0.449	0.064	0.063	0.226	0.059	0.138

(2) 量值域

量值域在可拓学中被用来描述指标的合理范围。在本案例中,共有三类指标即人均出行总时间、换乘客流和列车车底数都属于极小型指标(指标数值越小越好),因而其量值域为 $(0, b_{0i}]$ (右边界取本轮评估中所有可行方案的指标最大值),例如"1∶2-南村万博"方案下的换乘客流指标最大,则视作在区间 $(0, 2594]$ 上希望换乘人数越少越好。发车间隔均衡性和节约能耗属于极大型指标(指标数值越大越好),因而其量值域为 $[a_{0i}, +\infty)$ (左边界取可行方案的指标最小值),例如"1∶3-沙溪、南村万博"方案下的发车间隔均衡性指标最小,则视作在区间 $[0.26, +\infty)$ 上希望发车间隔均衡性越大越好。通过能力负荷属于合理型指标,即指标数值落在某一区间 $[a_{0i}, b_{0i}]$ 时为最佳,对于指标数值落在该区间之外的,则是越趋向于该区间,方案的指标性能越好,本书给定的通过能力负荷指标的合理范围为 $[0.50, 0.8]$。18 号线初期方案指标量值域见表 8-72。

表 8-72 18 号线初期方案指标量值域

指标	人均出行总时间	换乘客流	发车间隔均衡性	通过能力负荷	节约能耗	列车车底数
量值域	(0, 975]	(0, 2594]	[0.26, +∞)	[0.50, 0.8]	[2400, +∞)	(0, 17]

3) 评价结果

18 号线初期各可行方案评价结果如表 8-73 所列。

表 8-73 18 号线初期各可行方案评价结果

可行方案 (快慢比-越行站)	关联度						优度值
	乘客方面			企业方面			
	人均出行总时间	换乘客流	发车间隔均衡性	通过能力负荷	节约能耗	列车车底数	
1∶2-南村万博	1.000	0.000	0.305	−0.731	1.000	0.000	0.343
1∶2-沙溪	0.804	0.151	1.000	−0.731	1.000	0.000	0.265
1∶2-龙潭	0.689	0.311	0.857	−0.731	1.000	0.000	0.277

(续表)

可行方案 (快慢比-越行站)	关联度						优度值
	乘客方面			企业方面			
	人均出行总时间	换乘客流	发车间隔均衡性	通过能力负荷	节约能耗	列车车底数	
1∶2-磨碟沙	0.659	0.420	0.133	−0.731	1.000	0.000	0.217
1∶2-沙溪、南村万博	0.636	0.578	0.063	0.559	1.000	0.000	0.509
1∶2-沙溪、龙潭	0.362	0.802	0.149	1.000	1.000	0.000	0.500
1∶2-南村万博、磨碟沙	0.555	0.723	0.400	0.000	1.000	0.000	0.355
1∶2-南村万博、龙潭	0.515	0.703	0.171	0.792	1.000	0.000	0.515
1∶2-沙溪、磨碟沙	0.382	0.826	0.787	0.000	1.000	0.000	0.284
1∶2-龙潭、磨碟沙	0.399	0.869	0.430	0.000	1.000	0.000	0.294
1∶3-南村万博	0.491	0.634	0.266	0.000	0.000	1.000	0.400
1∶3-沙溪	0.375	0.706	0.524	0.000	0.000	1.000	0.352
1∶3-龙潭	0.288	0.819	0.450	0.000	0.000	1.000	0.320
1∶3-磨碟沙	0.313	0.823	0.380	−0.339	0.000	1.000	0.255
1∶3-沙溪、南村万博	0.311	0.848	0.311	0.792	0.000	1.000	0.512
1∶3-沙溪、龙潭	0.125	0.949	0.166	0.792	0.000	1.000	0.434
1∶3-南村万博、磨碟沙	0.250	0.911	0.404	0.559	0.000	1.000	0.435
1∶3-南村万博、龙潭	0.190	0.692	0.157	0.792	0.000	1.000	0.447
1∶3-沙溪、磨碟沙	0.057	0.960	0.595	0.559	0.000	1.000	0.352
1∶3-龙潭、磨碟沙	0.000	1.000	0.356	0.559	0.000	1.000	0.329

表8-73中第2列至第7列为各方案各项指标的规范化关联度,其数值越大,代表该方案的该指标性能越好。对于通过能力负荷指标,由于赋予其[0.5,0.8]的合理型区间,故对于通过能力大于0.8或者小于0.5的,其关联度数值为负数,如"1∶2-南村万博"方案的通过能力负荷指标数值为0.92,则关联度为−0.731。对于其他指标,由于放松了量值域左边界和右边界的数值,故每项方案的每一指标的关联度都为正数。在本书中,关联度的正负性并不影响计算结果,每一个指标的关联度仅具有大小比较的含义。

从优度值结果来看,1次越行情况下"1∶3-南村万博"方案表现较好;2次越行情况下"1∶2-南村万博、龙潭"方案表现较好;当快慢比为1∶2时,"1∶2-南村万博、龙潭"方案表现较好;当快慢比为1∶3时,"1∶3-沙溪、南村万博"方案表现较好;对于人均出行时间指标最小的"1∶2-南村万博"方案,由于其通过能力仅为13列/h,在最低标准为12列/h

的情况下,该方案运行图的调整余地较小,故其优度值仅为 0.343。

综上所述,最佳方案为当快慢比为 1∶2 时,快车在南村万博站、龙潭站各越行 1 次,该方案的优度值达到 0.515,在换乘客流、通过能力负荷、节约能耗方面表现优异。

2. 18 号线近期

1) 可行方案集

18 号线近期设定线路通过能力最低标准为 16 列/h,故对于所有仅越行 1 次的方案而言,其线路通过能力不再达标。各项指标具体数值计算结果如表 8-74 所示,共有 9 项待评估可行方案。

表 8-74　18 号线近期可行方案集

可行方案 (快慢比-越行站)	指标					
	人均出行 总时间 /(min·人$^{-1}$)	换乘客流 /(人·h^{-1})	发车间隔 均衡性	通过能力 负荷	节约 能耗/元	列车车底 数/组
1∶2-沙溪、南村万博	872	3 010	0.51	0.94	3 200	17
1∶2-沙溪、龙潭	882	2 864	0.83	0.84	3 200	17
1∶2-南村万博、龙潭	876	2 929	0.44	0.89	3 200	17
1∶3-沙溪、南村万博	884	2 874	1.30	0.89	2 400	16
1∶3-沙溪、龙潭	893	2 771	0.99	0.89	2 400	16
1∶3-龙潭、磨碟沙	894	2 722	0.65	0.94	2 400	16
1∶3-沙溪、磨碟沙	895	2 741	2.09	0.94	2 400	16
1∶3-南村万博、龙潭	889	2 815	2.75	0.89	2 400	16
1∶3-南村万博、磨碟沙	890	2 782	0.67	0.94	2 400	16

2) 评价权重与量值域

本轮评估的评价权重、量值域确定方法与评估 18 线初期各项方案的确定方法一致,故不再赘述。评价权重的结果见表 8-75,指标量值域结果见表 8-76。

表 8-75　18 号线近期方案评价权重

权重	指标					
	人均出行 总时间	换乘 客流	发车间隔 均衡性	通过能力 负荷	节约 能耗	列车 车底数
主观权重	0.548	0.141	0.061	0.047	0.020	0.183
客观权重	0.148	0.093	0.160	0.183	0.277	0.138
组合权重	0.566	0.092	0.068	0.060	0.039	0.176

表 8-76　18 号线近期方案指标量值域

指标	人均出行总时间	换乘客流	发车间隔均衡性	通过能力负荷	节约能耗	列车车底数
量值域	(0, 895]	(0, 3010]	[0.44, +∞)	[0.50, 0.8]	[2400, +∞)	(0, 17]

3) 评价结果

18 号线近期各可行方案的评价结果如表 8-77 所列。

表 8-77　18 号线近期各可行方案评价结果

可行方案 (快慢比-越行站)	关联度						优度值
	乘客方面			企业方面			
	人均出行总时间	换乘客流	发车间隔均衡性	通过能力负荷	节约能耗	列车车底数	
1∶2-沙溪、南村万博	1.000	0.001	0.029	−3.353	1.000	0.000	0.406
1∶2-沙溪、龙潭	0.545	0.508	0.170	−1.000	1.000	0.000	0.345
1∶2-南村万博、龙潭	0.803	0.282	0.001	−2.111	1.000	0.000	0.393
1∶3-沙溪、南村万博	0.457	0.473	0.372	−2.111	0.000	1.000	0.376
1∶3-沙溪、龙潭	0.094	0.829	0.239	−2.111	0.000	1.000	0.195
1∶3-龙潭、磨碟沙	0.026	1.000	0.090	−3.353	0.000	1.000	0.088
1∶3-沙溪、磨碟沙	0.013	0.934	0.714	−3.353	0.000	1.000	0.116
1∶3-南村万博、龙潭	0.256	0.678	1.000	−2.111	0.000	1.000	0.324
1∶3-南村万博、磨碟沙	0.204	0.792	0.058	−3.353	0.000	1.000	0.167

2 次越行情况下"1∶2-沙溪、南村万博"方案表现较好;当快慢比为 1∶2 时,仍然是"1∶2-沙溪、南村万博"方案表现较好;当快慢比为 1∶3 时,"1∶3-沙溪、南村万博"方案表现较好。在 18 号线近期阶段,几乎所有可行的方案的通过能力都超过了 0.8 的阈值,故其通过能力负荷的关联度均为负数。

综上所述,最佳方案为当快慢比为 1∶2 时,快车在沙溪站、南村万博站各越行 1 次,该方案优度值达到 0.406,在人均出行总时间、节约能耗方面表现优异。

8.4.2　22 号线列车开行方案评价

1. 22 号线近期

1) 可行方案集

22 号线近期设定通过能力最低标准为 14 列/h。各项指标具体数值计算结果如表 8-78 所列,共有 5 项待评估可行方案。

表 8-78　22 号线近期可行方案集

可行方案 (快慢比-越行站)	指标					
	人均出行 总时间 /(min·人⁻¹)	换乘客流 /(人·h⁻¹)	发车间隔 均衡性	通过能力 负荷	节约 能耗/元	列车车底 数/组
1∶1-市广路	792	918	0.37	0.67	2 802	7
1∶1-陈头岗	806	924	0.55	0.67	2 802	7
1∶2-市广路	825	870	0.53	0.64	1 868	8
1∶2-陈头岗	824	865	0.70	0.70	1 868	8
1∶2-市广路、陈头岗	852	884	1.47	0.70	1 868	8

2) 评价权重与量值域

本轮评估的评价权重、量值域确定方法与评估 18 线初期各项方案的确定方法一致，故不再赘述，结果如表 8-79 和表 8-80 所列。

表 8-79　22 号线近期方案的评价权重

权重	指标					
	人均出行 总时间	换乘 客流	发车间隔 均衡性	通过能力 负荷	节约 能耗	列车 车底数
主观权重	0.548	0.141	0.061	0.183	0.020	0.047
客观权重	0.094	0.116	0.323	0.021	0.223	0.223
组合权重	0.482	0.155	0.185	0.037	0.042	0.099

表 8-80　22 号线近期方案指标量值域

指标	人均出行 总时间	换乘客流	发车间隔 均衡性	通过能力负荷	节约能耗	列车 车底数
量值域	(0, 852]	(0, 924]	[0.37, +∞)	[0.50, 0.8]	[1 868, +∞)	(0, 8]

3) 评价结果

22 号线近期各可行方案的评价结果如表 8-81 所列。

1 次越行情况下"1∶1-市广路"方案表现最好；当快慢比为 1∶2 时，"1∶2-陈头岗"方案表现较好。对于 22 号线，初始停站方案中越行站数量较少，越行 2 次的组合较少，且此时人均出行总时间、节约能耗等指标均表现较差。

综上所述，最佳方案为当快慢比为 1∶1 时，快车在市广路站越行 1 次，该方案优度值达到 0.676，在人均出行总时间、通过能力负荷、节约能耗和列车车底数方面表现优异。

表 8-81　22 号线近期各可行方案评价结果

| 可行方案 | 关联度 | | | | | | 优度值 |
| (快慢比-越行站) | 乘客方面 | | | 企业方面 | | | |
	人均出行总时间	换乘客流	发车间隔均衡性	通过能力负荷	节约能耗	列车车底数	
1∶1-市广路	1.000	0.101	0.003	0.978	1.000	1.000	0.676
1∶1-陈头岗	0.775	0.005	0.160	0.978	1.000	1.000	0.582
1∶2-市广路	0.451	0.915	0.146	1.000	0.000	0.000	0.423
1∶2-陈头岗	0.478	1.000	0.304	0.733	0.000	0.000	0.468
1∶2-市广路、陈头岗	0.005	0.683	1.000	0.733	0.000	0.000	0.320

2. 22 号线远期

1）可行方案集

22 号线远期设定通过能力最低标准为 18 列/h。各项指标具体数值计算结果如表 8-82 所列，共有 3 项待评估可行方案。由于 3 项可行方案的快慢比一致，列车周转时间相同，故所需列车车底数量相同。考虑到相同数值的指标纳入评价没有意义以及删除该指标对评价无影响，故舍弃列车车底数这个指标。

表 8-82　22 号线远期可行方案集

| 可行方案 | 指标 | | | | |
(快慢比-越行站)	人均出行总时间 /(min·人$^{-1}$)	换乘客流 /(人·h^{-1})	发车间隔均衡性	通过能力负荷	节约能耗/元
1∶2-市广路	775	1 086	0.70	0.73	2 801.6
1∶2-陈头岗	781	1 066	1.53	0.80	2 801.6
1∶2-市广路、陈头岗	809	1 099	0.93	0.80	1 867.7

2）评价权重与量值域

本轮评估的评价权重、量值域确定方法与评估 18 线初期各项方案的确定方法一致，故不再赘述，结果如表 8-83 和表 8-84 所列。

表 8-83　22 号线远期方案评价权重

| 权重 | 指标 | | | | |
	人均出行总时间	换乘客流	发车间隔均衡性	通过能力负荷	节约能耗
主观权重	0.548	0.141	0.061	0.183	0.02
客观权重	0.181	0.190	0.198	0.250	0.181
组合权重	0.529	0.143	0.064	0.244	0.019

表 8-84　22 号线远期方案指标量值域

指标	人均出行总时间	换乘客流	发车间隔均衡性	通过能力负荷	节约能耗
量值域	(0, 809]	(0, 1 099]	[0.70, +∞)	[0.50, 0.8]	[1 868, +∞)

3）评价结果

22 号线远期各可行方案的评价结果如表 8-85 所列。

表 8-85　22 号线远期各可行方案评价结果

可行方案 (快慢比-越行站)	关联度					优度值
	乘客方面			企业方面		
	人均出行总时间	换乘客流	发车间隔均衡性	通过能力负荷	节约能耗	
1∶2-市广路	1.000	0.394	0.001	1.000	1.000	0.849
1∶2-陈头岗	0.805	1.000	1.000	0.000	1.000	0.653
1∶2-市广路、陈头岗	0.000	0.000	0.274	0.000	0.000	0.018

1 次越行情况下"1∶2-市广路"方案表现最好，且该方案也是综合最佳方案，优度值达到 0.849，在人均出行总时间、通过能力负荷和节约能耗方面表现优异。

8.5　列车运行图分析

8.5.1　18 号线列车运行图分析

1. 静态指标结果

根据本书第 7 章快慢车模式下的列车运行图分析方法，对广州市域快线 18 号线的各项静态指标进行计算，结果如表 8-86—表 8-94 所列。另外，18 号线不同时期早高峰客流及输送能力如图 8-57—图 8-59 所示。

表 8-86　18 号线列车平均技术速度汇总　　　　　　　　　　　　　　　　单位：km/h

方向	大站停	站站停	全类型(1∶2)
上行(万顷沙—广州东站)	132.171	110.309	117.597
下行(广州东站—万顷沙)	131.062	109.756	116.858

注：18 号线大站停以沙溪站越行 1 次为例。

表 8-87　18 号线列车平均旅行速度汇总　　　　　　　　　　　　　单位：km/h

方向	大站停	站站停	全类型(1∶2)
上行(万顷沙—广州东站)	122.203	91.410	101.674
下行(广州东站—万顷沙)	121.255	91.029	101.104

注：18 号线大站停以沙溪站越行 1 次为例。

表 8-88　18 号线列车速度系数 β 汇总

方向	大站停	站站停	全类型(1∶2)
上行(万顷沙—广州东站)	0.925	0.829	0.865
下行(广州东站—万顷沙)	0.925	0.829	0.865

表 8-89　18 号线输送能力

时期	编组数/辆	定员/(人·列$^{-1}$)	单向开行列数/(列·h^{-1})	单向输送能力/(人·h^{-1})
初期	8	1 750	9	15 750
近期	8	1 750	16	28 000
远期	8	1 750	21	36 750

表 8-90　18 号线通过能力和通过能力利用率

时期	单向开行列数/(列·h^{-1})	通过能力/(列·h^{-1})	通过能力利用率
初期	9	24	37.50%
近期	16	24	66.67%
远期	21	24	87.50%

表 8-91　18 号线列车对数统计　　　　　　　　　　　　　　　　　单位：对/d

时期	大站停	站站停	总计
初期	37	77	114
近期	55	132	187
远期	81	162	243

表 8-92　18 号线各站列车服务频率　　　　　　　　　　　　　　单位：对/d

时期	万顷沙	横沥	番禺广场	南村万博	沙溪	龙潭	磨碟沙	冼村	广州东站
初期	114	114	114	77	77	77	77	114	114
近期	187	187	187	132	132	132	132	187	187
远期	243	243	243	162	162	162	162	243	243

表 8-93　18 号线断面运能适应性

时期	列车对数	断面运能适应性（早高峰）
初期	9	0.97
近期	16	0.80
远期	21	0.78

表 8-94　18 号线高峰时段发车率比

时期	大站停	站站停
初期	32.43%	31.17%
近期	29.09%	36.36%
远期	34.57%	34.57%

注：高峰时段为 7:00—9:00 和 17:00—19:00。

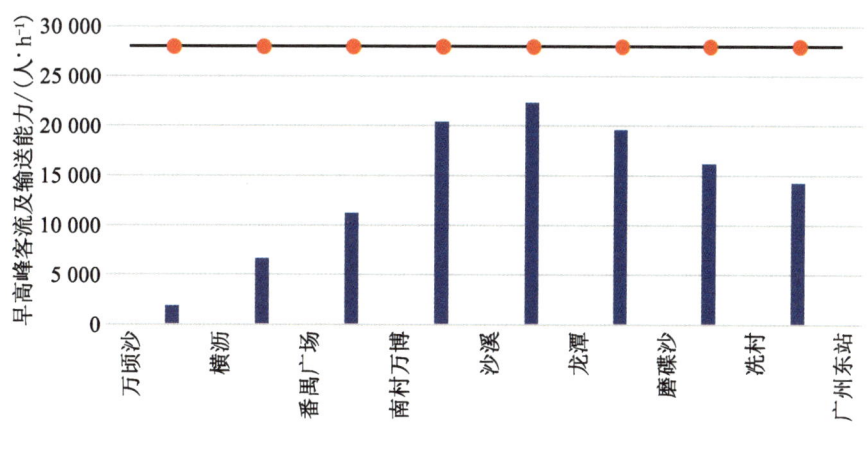

图 8-57　18 号线初期早高峰客流及输送能力

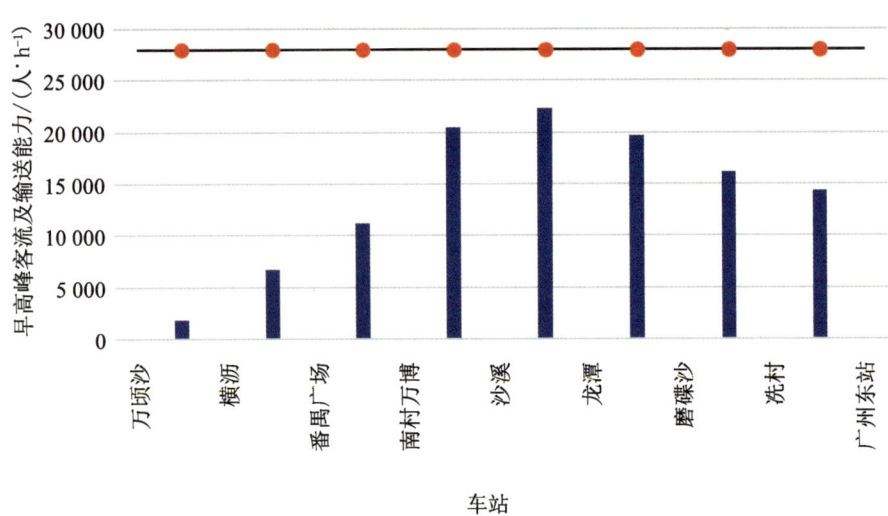

图 8-58　18 号线近期早高峰客流及输送能力

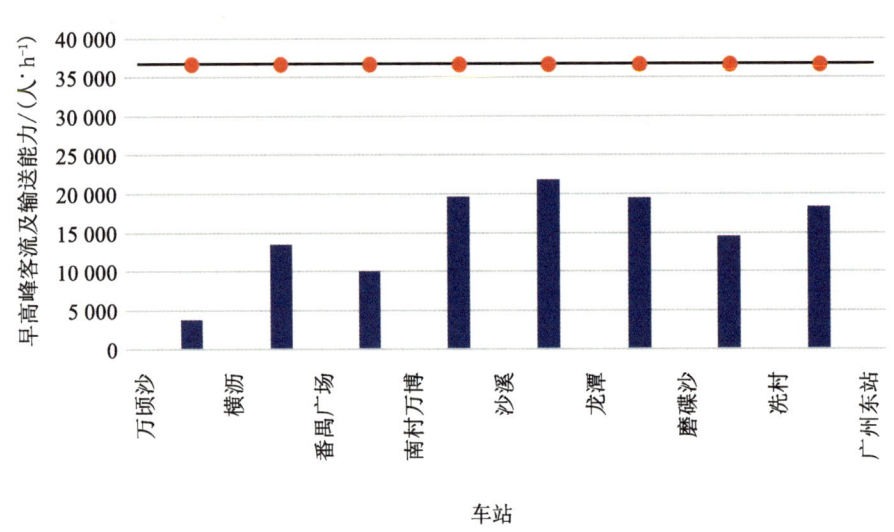

图 8-59　18 号线远期早高峰客流及输送能力

2. 动态指标评价

1) 方案动态指标评价举例及其结果分析

不同开行方案对应的列车运行图不同,得到的运行图动态指标结果也不同。下面以 18 号线上行(万顷沙—广州东站)方向,在独立运营模式下,高峰小时开行 12 列车,快慢比为 1∶2,大站停列车在番禺广场—冼村之间不停站,且在沙溪站越行 1 次作为列车运行初始条件,举例说明 18 号线快慢车运行系统的建立过程,以及系统动态指标的评价方法与结果。

18号线高峰小时列车运行详细方案如图8-60所示，图中 $M_1, M_2, \cdots, M_9$ 依次代表18号线当前车站开往下一车站的运行过程；$M_2', \cdots, M_8'$ 表示对应中间车站各自作业过程(若在该站通过不停站,则对应作业时间为零)；纵向 $P_1, \cdots, P_{12}$ 表示12列车及其开行次序,其中 P_3, P_6, P_9 和 P_{12} 所示黄线代表大站车；黑色实心圆表示列车在该站停车。

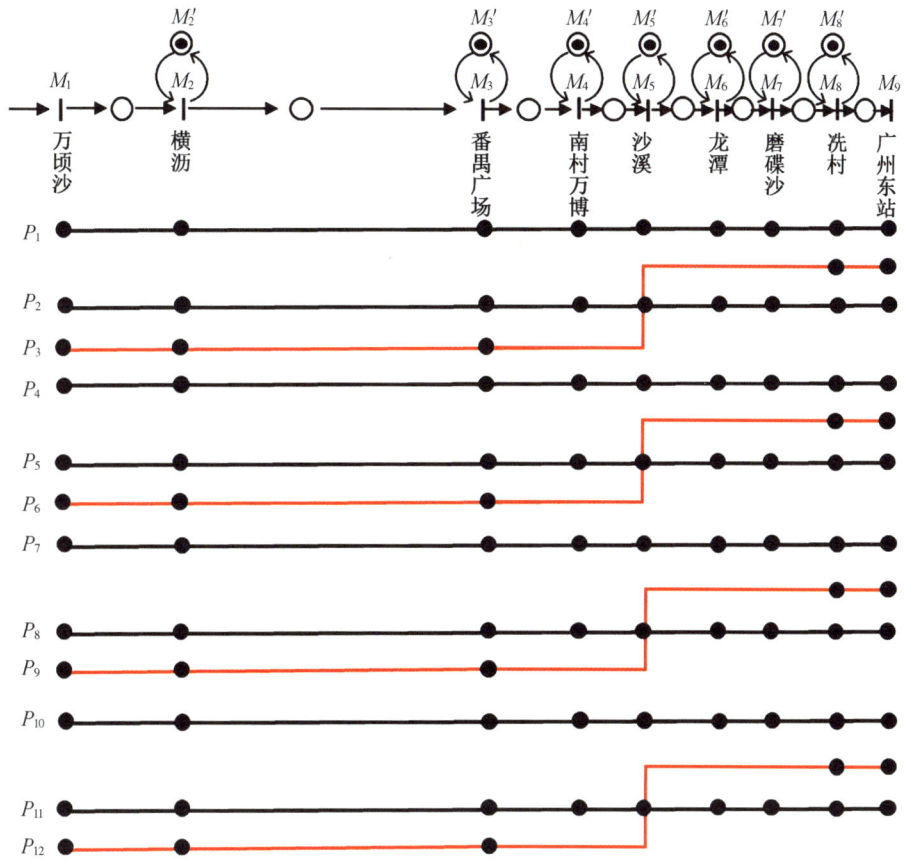

图 8-60 18号线高峰小时列车运行详细方案

$M_1, M_2, M_2', \cdots, M_8, M_8', M_9$ 可理解为"加工机器"，$P_1, P_2, \cdots, P_{12}$ 可理解为"加工零件"，可得 $n=15, m=12$。输入系统初始取值(单位: s)为

$$u = [u_1, \cdots, u_{15}, u_{16}, \cdots, u_{27}]^T = [0, 232, 272, 918, 963, 1\,243, 1\,303, 1\,479,$$
$$1\,514, 1\,714, 1\,764, 1\,905, 1\,950, 2\,132, 2\,182, 0, 381, 658, 900, 1\,281, 1\,558,$$
$$1\,800, 2\,181, 2\,458, 2\,700, 3\,081, 3\,358]^T$$

其中, $u_1, \cdots, u_{15}$ 表示首班车在每个车站的到发时刻(不包括首末站的到站时间), $u_{16}, \cdots, u_{27}$ 表示高峰小时开行12列车的发车时刻。

服务时间矩阵(单位: s)的取值为

$$T = \begin{bmatrix} 232 & 40 & 646 & 45 & 280 & 60 & 176 & 35 & 200 & 50 & 141 & 45 & 182 & 50 & 126 \\ 232 & 40 & 646 & 45 & 280 & 60 & 176 & 35 & 200 & 50 & 141 & 45 & 182 & 50 & 126 \\ 234 & 40 & 648 & 45 & 237 & 0 & 88 & 0 & 112 & 0 & 55 & 0 & 153 & 50 & 128 \\ 232 & 40 & 646 & 45 & 280 & 60 & 176 & 35 & 200 & 50 & 141 & 45 & 182 & 50 & 126 \\ 232 & 40 & 646 & 45 & 280 & 60 & 176 & 35 & 200 & 50 & 141 & 45 & 182 & 50 & 126 \\ 234 & 40 & 648 & 45 & 237 & 0 & 88 & 0 & 112 & 0 & 55 & 0 & 153 & 50 & 128 \\ 232 & 40 & 646 & 45 & 280 & 60 & 176 & 35 & 200 & 50 & 141 & 45 & 182 & 50 & 126 \\ 232 & 40 & 646 & 45 & 280 & 60 & 176 & 35 & 200 & 50 & 141 & 45 & 182 & 50 & 126 \\ 234 & 40 & 648 & 45 & 237 & 0 & 88 & 0 & 112 & 0 & 55 & 0 & 153 & 50 & 128 \\ 232 & 40 & 646 & 45 & 280 & 60 & 176 & 35 & 200 & 50 & 141 & 45 & 182 & 50 & 126 \\ 232 & 40 & 646 & 45 & 280 & 60 & 176 & 35 & 200 & 50 & 141 & 45 & 182 & 50 & 126 \\ 234 & 40 & 648 & 45 & 237 & 0 & 88 & 0 & 112 & 0 & 55 & 0 & 153 & 50 & 128 \end{bmatrix}$$

可以得到该运行方案下 18 号线高峰小时运行图,如图 8-61 所示。

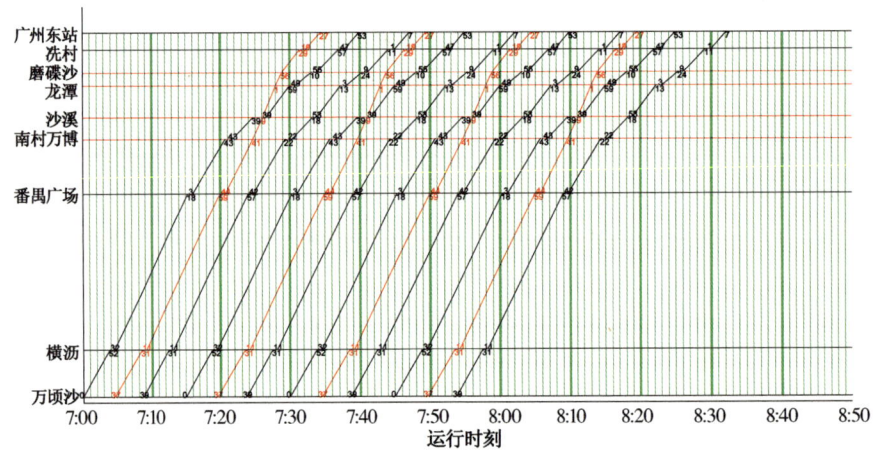

图 8-61 18 号线高峰小时运行图(快慢比为 1 : 2,高峰小时单向开行 12 列车)

反馈矩阵 K 中的反馈元素 K_i 取 0,得到系统输出矩阵 M 为

$$M = \begin{bmatrix} 2\,308 & \varepsilon & \varepsilon & \varepsilon & \varepsilon & \varepsilon & \varepsilon & \varepsilon & \varepsilon & \varepsilon & \varepsilon & \varepsilon \\ 2\,588 & 2\,393 & 2\,116 & \varepsilon & \varepsilon & \varepsilon & \varepsilon & \varepsilon & \varepsilon & \varepsilon & \varepsilon & \varepsilon \\ 2\,450 & 2\,067 & 1\,790 & \varepsilon & \varepsilon & \varepsilon & \varepsilon & \varepsilon & \varepsilon & \varepsilon & \varepsilon & \varepsilon \\ 2\,732 & 2\,592 & 2\,452 & 2\,308 & \varepsilon & \varepsilon & \varepsilon & \varepsilon & \varepsilon & \varepsilon & \varepsilon & \varepsilon \\ 3\,012 & 2\,872 & 2\,732 & 2\,588 & 2\,393 & 2\,116 & \varepsilon & \varepsilon & \varepsilon & \varepsilon & \varepsilon & \varepsilon \\ 2\,874 & 2\,734 & 2\,594 & 2\,450 & 2\,067 & 1\,790 & \varepsilon & \varepsilon & \varepsilon & \varepsilon & \varepsilon & \varepsilon \\ 3\,152 & 3\,012 & 2\,872 & 2\,732 & 2\,592 & 2\,452 & 2\,308 & \varepsilon & \varepsilon & \varepsilon & \varepsilon & \varepsilon \\ 3\,432 & 3\,292 & 3\,152 & 3\,012 & 2\,872 & 2\,732 & 2\,588 & 2\,393 & 2\,116 & \varepsilon & \varepsilon & \varepsilon \\ 3\,294 & 3\,154 & 3\,014 & 2\,874 & 2\,734 & 2\,594 & 2\,450 & 2\,067 & 1\,790 & \varepsilon & \varepsilon & \varepsilon \\ 3\,572 & 3\,432 & 3\,292 & 3\,152 & 3\,012 & 2\,872 & 2\,732 & 2\,592 & 2\,452 & 2\,308 & \varepsilon & \varepsilon \\ 3\,852 & 3\,712 & 3\,572 & 3\,432 & 3\,292 & 3\,152 & 3\,012 & 2\,872 & 2\,732 & 2\,588 & 2\,393 & 2\,116 \\ 3\,714 & 3\,574 & 3\,434 & 3\,294 & 3\,154 & 3\,014 & 2\,874 & 2\,734 & 2\,594 & 2\,450 & 2\,067 & 1\,790 \end{bmatrix}$$

累计计算 8 个高峰小时批次,列车在系统中每一批次的输出时刻连续演化过程如表 8-95 所列,其中每一列表示当前批次列车从系统中被完全释放的时刻,即每列车在当前批次内到达终点站广州东站的时刻。

表 8-95　18 号线快慢车运行系统输出演化过程(快慢比为 1∶2,高峰小时单向开行 12 列车)

k	1	2	3	4	5	6	7	8
P_1	2 308	5 908	9 508	13 108	16 708	20 308	23 908	27 508
P_2	2 774	6 374	9 974	13 574	17 174	20 774	24 374	27 974
P_3	2 450	6 050	9 650	13 250	16 850	20 450	24 050	27 650
P_4	3 208	6 808	10 408	14 008	17 608	21 208	24 808	28 408
P_5	3 674	7 274	10 874	14 474	18 074	21 674	25 274	28 874
P_6	3 350	6 950	10 550	14 150	17 750	21 350	24 950	28 550
P_7	4 108	7 708	11 308	14 908	18 508	22 108	25 708	29 308
P_8	4 574	8 174	11 774	15 374	18 974	22 574	26 174	29 774
P_9	4 250	7 850	11 450	15 050	18 650	22 250	25 850	29 450
P_{10}	5 008	8 608	12 208	15 808	19 408	23 008	26 608	30 208
P_{11}	5 474	9 074	12 674	16 274	19 874	23 474	27 074	30 674
P_{12}	5 150	8 750	12 350	15 950	19 550	23 150	26 750	30 350

依据系统矩阵的简约性计算原理,得出系统闭环输出矩阵 M 为不可简约矩阵,$\lambda = 2\,399$ s。综合以上可得到系统动态指标评价。

(1) 稳态分析

① 不可简约系统的周期性稳态分析。

系统的输出为周期性稳态,且周期参数为 (2 399, 1, 0),即系统在第 1 批次即进入稳态,且输出稳态过程以每 1 批而重复,一个周期时间即为一个 $\lambda = 2\,399$ s。

② 系统能力利用率与稳定性。

该快慢车运行系统实际运行周期 T 为 3 600 s,计算得到系统能力利用率为

$$\rho = \frac{\lambda}{T} = \frac{2\,399}{3\,600} = 0.67$$

表明系统能力尚有一定富余,系统的稳定性良好。

(2) 鲁棒性评价

① 单参数摄动情形的鲁棒性分析。

以下从保证轨道交通系统平均稳态周期稳定的角度出发,考虑系统输出矩阵 M 中只包含一个可摄动元的情形,分析增性摄动情况下单摄动参数的允许摄动范围,令

$$m_{ij}^+ = \begin{cases} \lambda, & i=j \\ \min_{1 \leq k \leq q-1} \{(k+1)\lambda - (M^k)_{ji}\}, & i \neq j \end{cases}$$

K_i 取 0 时,基于上式可得到各个可摄动元的允许摄动上限值组成的矩阵为

$$M^+ = \begin{bmatrix} 2\ 399 & \varepsilon & \varepsilon & \varepsilon & \varepsilon & \varepsilon & \varepsilon & \varepsilon & \varepsilon & \varepsilon & \varepsilon & \varepsilon \\ 2\ 680 & 2\ 399 & 2\ 538 & \varepsilon & \varepsilon & \varepsilon & \varepsilon & \varepsilon & \varepsilon & \varepsilon & \varepsilon & \varepsilon \\ 2\ 820 & 2\ 540 & 2\ 399 & \varepsilon & \varepsilon & \varepsilon & \varepsilon & \varepsilon & \varepsilon & \varepsilon & \varepsilon & \varepsilon \\ 2\ 964 & 2\ 684 & 2\ 822 & 2\ 399 & \varepsilon & \varepsilon & \varepsilon & \varepsilon & \varepsilon & \varepsilon & \varepsilon & \varepsilon \\ 3\ 153 & 2\ 873 & 3\ 011 & 2\ 680 & 2\ 399 & 2\ 538 & \varepsilon & \varepsilon & \varepsilon & \varepsilon & \varepsilon & \varepsilon \\ 3\ 293 & 3\ 013 & 3\ 151 & 2\ 820 & 2\ 540 & 2\ 399 & \varepsilon & \varepsilon & \varepsilon & \varepsilon & \varepsilon & \varepsilon \\ 3\ 437 & 3\ 157 & 3\ 295 & 2\ 964 & 2\ 684 & 2\ 822 & 2\ 399 & \varepsilon & \varepsilon & \varepsilon & \varepsilon & \varepsilon \\ 3\ 626 & 3\ 346 & 3\ 484 & 3\ 153 & 2\ 873 & 3\ 011 & 2\ 680 & 2\ 399 & 2\ 538 & \varepsilon & \varepsilon & \varepsilon \\ 3\ 766 & 3\ 486 & 3\ 624 & 3\ 293 & 3\ 013 & 3\ 151 & 2\ 820 & 2\ 540 & 2\ 399 & \varepsilon & \varepsilon & \varepsilon \\ 3\ 910 & 3\ 630 & 3\ 768 & 3\ 437 & 3\ 157 & 3\ 295 & 2\ 964 & 2\ 684 & 2\ 822 & 2\ 399 & \varepsilon & \varepsilon \\ 4\ 099 & 3\ 819 & 3\ 957 & 3\ 626 & 3\ 346 & 3\ 484 & 3\ 153 & 2\ 873 & 3\ 011 & 2\ 680 & 2\ 393 & 2\ 116 \\ 4\ 239 & 3\ 959 & 4\ 097 & 3\ 766 & 3\ 486 & 3\ 624 & 3\ 293 & 3\ 013 & 3\ 151 & 2\ 820 & 2\ 540 & 2\ 399 \end{bmatrix}$$

以 M 矩阵前两行可摄动元为例,各个可摄动元的允许增性摄动范围如下:$\bar{m}_{11} \in [2\ 308, 2\ 399]$,$\bar{m}_{21} \in [2\ 588, 2\ 680]$,$\bar{m}_{22} \in [2\ 393, 2\ 399]$,$\bar{m}_{23} \in [2\ 116, 2\ 538]$,矩阵其余可摄动元也均可分别对照 M, M^+ 对应数值得出。

可以验证,当各允许摄动参数的取值在上述区间内时,在其他元素保持不变的前提下,必可保证系统平均批稳态周期值恒定不变,即在一定的扰动情形下仍可保证系统运行的一致均衡性。对于所有可能的摄动元 $\bar{m}_{ij} \in [m_{ij}, m_{ij}^+]$,$\lambda$ 均是鲁棒的,鲁棒性准则 $RF(m_{ij})$ 函数均成立,即 $RF(m_{ij}) = (\bar{\lambda} - \lambda)/(\bar{m}_{ij} - m_{ij}) \equiv 0$。

考察刻画稳态参量 λ 相对于系统矩阵各元素 m_{ij} 的鲁棒性准则 $RM(m_{ij})$,得到系统矩阵的单元素鲁棒性度量结果为

$$RM = \begin{bmatrix} 0.039 & - & - & - & - & - & - & - & - & - & - & - \\ 0.036 & 0.003 & 0.199 & - & - & - & - & - & - & - & - & - \\ 0.151 & 0.229 & 0.340 & - & - & - & - & - & - & - & - & - \\ 0.085 & 0.035 & 0.151 & 0.039 & - & - & - & - & - & - & - & - \\ 0.047 & 0.000 & 0.102 & 0.036 & 0.003 & 0.199 & - & - & - & - & - & - \\ 0.146 & 0.102 & 0.215 & 0.151 & 0.229 & 0.340 & - & - & - & - & - & - \\ 0.090 & 0.048 & 0.147 & 0.085 & 0.035 & 0.151 & 0.039 & - & - & - & - & - \\ 0.057 & 0.016 & 0.105 & 0.047 & 0.000 & 0.102 & 0.036 & 0.003 & 0.199 & - & - & - \\ 0.143 & 0.105 & 0.202 & 0.146 & 0.102 & 0.215 & 0.151 & 0.229 & 0.340 & - & - & - \\ 0.095 & 0.058 & 0.145 & 0.090 & 0.048 & 0.147 & 0.085 & 0.035 & 0.151 & 0.039 & - & - \\ 0.064 & 0.029 & 0.108 & 0.057 & 0.016 & 0.105 & 0.047 & 0.000 & 0.102 & 0.036 & 0.000 & 0.000 \\ 0.141 & 0.108 & 0.193 & 0.143 & 0.105 & 0.202 & 0.146 & 0.102 & 0.215 & 0.151 & 0.229 & 0.340 \end{bmatrix}$$

从鲁棒性度量结果可定量获取各摄动位置元素的鲁棒性特征,其中符号"-"表示该位置元素不属于摄动元,系统元素非零数值表征允许发生摄动的程度,其数值越大,表示鲁棒性越好。

② 稳定性余量分析。

该快慢车运行系统实际运行周期 T 为 3 600 s,计算当前系统稳定性余量 Δ_1:

$$\Delta_1 = T - \lambda = 3\,600 - 2\,399 = 1\,201\text{ s}$$

表明该运行系统尚有 1 201 s 稳定性余量,对晚点的敏感程度较低。

(3) 恢复矩阵

① 零元素占比。

当前系统列车运行图恢复矩阵 $\boldsymbol{R}$ 是个 96×96 的方阵,其中 0 元素的个数 n_0 为 468,计算该恢复矩阵零元素占比 $P(0)$:

$$P(0) = (n_0/n^2) \times 100\% = (468/96^2) \times 100\% = 5.08\%$$

恢复矩阵中 0 元素比例越大稳定性越差,表明当前方案运行图的稳定性良好。

② 零元素集中程度。

将恢复矩阵划分为子矩阵,方便计算 $D(0)$,本研究取 $\lambda = 2$,$N_s = 3 \times 3 = 9$。计算该恢复矩阵零元素集中程度 $D(0)$:

$$D(0) = n_1/n_0 = 163/1\,024 = 0.16$$

零元素集中程度越小,运行图的稳定度越好,表明当前方案运行图的稳定性良好。

③ 平均缓冲时间。

对于恢复矩阵的值为实数的情况,计算平均缓冲时间 T_a:

$$T_a = \sum_{i=1}^{n}\sum_{j=1}^{n} r_{ij}/N = 714.8\text{ s}$$

说明当前运行方案发车事件存在约 715 s 平均缓冲时间,前者发车事件的延迟对后者的影响将随缓冲时间的增大而减小,当前运行图的平均缓冲时间较为充分。

2) 18 号线多方案动态指标评价及其结果分析

随着客流的逐步增加,在初期、近期和远期的开行对数是逐步增加的,由于远期方案高峰时段线路通过能力 21 列/h 已接近饱和,而其他方案达不到该通过能力,故其运行方案相对固定,没有可供比较的更多方案。为此,根据本书第 5 章中计算得到的 18 号线初期和近期高峰时段的开行对数范围,以快慢比为 1∶2,按照越行站位置和越行次数的不同,总结在高峰小时单向分别开行 9 列车、12 列车、15 列车的情况下全运行方案动态指标,以及快慢比为 1∶3 在高峰小时单向分别开行 12 列车和 16 列车的情况下各方案的动态指标,并做出评价。

首先,考察广州市域快线 18 号线上行(万顷沙—广州东站)方向,在独立运营模式下,初期高峰小时单向开行 9 列车,快慢比为 1∶2 时,快车分别在南村万博站、沙溪站、龙潭站和磨碟沙站越行 1 次,得到最小周期 λ、系统能力利用率 ρ 和稳定性余量 Δ_1,如表 8-96 所列。需要说明的是,高峰小时单向开行 9 列车不考虑越行 2 次的运行方案,因为若要保证 2 列慢车在越行站的等待时间最短,则快车与其后列慢车的发车间隔将大于 10 min,这不符合市域快线高峰运营规范。

表 8-96　18 号线运行方案比较(快慢比为 1∶2,高峰小时单向开行 9 列车)

越行站	最小周期 λ/s	系统能力利用率 ρ	稳定性余量 Δ_1/s
南村万博	2 379	0.661	1 221
沙溪	2 393	0.665	1 207
龙潭	2 378	0.661	1 222
磨碟沙	2 464	0.684	1 136

从表 8-96 可得,在初期高峰小时单向开行 9 列车,快慢比为 1∶2 的情况下,当越行站设置为龙潭站时,系统的最小周期指标是最小的,系统能力利用率最低,稳定性最好,稳定性余量最大,鲁棒性最好。进一步确定运行图恢复矩阵的性能,相关参数如表 8-97 所列。

表 8-97　18 号线运行图恢复矩阵比较(快慢比为 1∶2,高峰小时单向开行 9 列车)

越行站	零元素占比 $P(0)$	集中程度 $D(0)$	平均缓冲时间 T_a/s
南村万博	5.91%	0.12	843.4
沙溪	6.94%	0.15	873.8
龙潭	6.77%	0.16	866.6
磨碟沙	6.37%	0.16	859.2

注:计算 $D(0)$ 时,此处取 $\lambda=2$,$N_s=3\times3=9$。

从表 8-97 可得,18 号线在初期高峰小时单向开行 9 列车,快慢比为 1∶2 的情况下,当越行站设置为南村万博站时,运行图的零元素占比最小,前后发车事件的关联更小,不易发生延误;当越行站设置为南村万博站时,零元素的集中程度最小,发生延误时的传播范围相对较小;当越行站设置为沙溪站时,运行图的平均缓冲时间最多,即发生延误时对后续列车的发车事件影响相对较小。

表 8-96 和表 8-97 罗列了最小周期 λ、系统能力利用率 ρ、稳定性余量 Δ_1、零元素占比 $P(0)$、集中程度 $D(0)$ 和平均缓冲时间 T_a 共 6 个指标。由于前 3 个指标均只受到最小周期 λ 的影响,为了对 18 号线运行图进行综合评价,将最小周期 λ、零元素占比 $P(0)$、集

中程度 $D(0)$ 和平均缓冲时间 T_a 这 4 类因素以归一化方法进行无量纲化处理后,以这 4 类因素的重要度相同作为标准(即重要度矩阵为[0.25, 0.25, 0.25, 0.25])。在处理时以零元素占比得分越小越好、集中程度得分越小越好、平均缓冲时间得分越大越好和最小周期得分越小越好的原则进行 min-max 标准化处理,处理后的得分介于(0, 1)之间,得分越高说明该因素的表现越好,综合评价结果见表 8-98。

表 8-98　18 号线运行图评价(快慢比为 1∶2,高峰小时单向开行 9 列车)

越行站	零元素占比得分	集中程度得分	平均缓冲时间得分	最小周期得分	综合得分
南村万博	1.00	1.00	0.00	0.99	0.75
沙溪	0.00	0.24	1.00	0.83	0.52
龙潭	0.17	0.00	0.77	1.00	0.48
磨碟沙	0.56	0.00	0.52	0.00	0.27

注:计算 $D(0)$ 时,此处取 $\lambda = 2, N_s = 3 \times 3 = 9$。

对于 18 号线列车运行图的评价,在综合考虑了零元素占比、集中程度、平均缓冲时间和最小周期这 4 个指标后,得到在南村万博站越行 1 次的情况下快慢车运行图的综合评价最好的结果。因此,在初期 3 列快车、6 列慢车配比,系统能力富余的情况下,推荐快车在南村万博站越行 1 次。

根据本书第 5 章开行方案的计算,当满载率较高时,高峰小时单向开行 9 列车不足以满足客流需求,因此对于在快慢比为 1∶2,高峰小时单向开行 12 列车的情况做进一步分析,对比在不同越行位置,越行 1 次或 2 次的全方案动态指标。综合评价方法同上,得分越高说明该因素的表现越好,综合评价结果见表 8-99。

表 8-99　18 号线运行图评价(高峰小时单向开行 12 列车)

快慢比	越行站	$P(0)$	$D(0)$	T_a/s	λ/s	综合得分
1∶2	南村万博	4.43%	0.14	710.0	2 399	0.73
	沙溪	5.08%	0.16	714.8	2 399	0.59
	龙潭	4.90%	0.17	700.3	2 399	0.49
	磨碟沙	4.77%	0.15	698.5	2 464	0.45
	南村万博、沙溪	5.21%	0.14	681.7	2 396	0.56
	南村万博、龙潭	5.99%	0.13	713.0	2 379	0.75
	南村万博、磨碟沙	5.64%	0.13	713.7	2 464	0.50
	沙溪、龙潭	6.12%	0.13	703.5	2 395	0.63
	沙溪、磨碟沙	6.68%	0.16	728.5	2 464	0.27
	龙潭、磨碟沙	5.69%	0.14	695.9	2 468	0.37

(续表)

快慢比	越行站	P(0)	D(0)	T_a/s	λ/s	综合得分
1∶3	南村万博	4.23%	0.13	706.9	2 386	0.83
	沙溪	4.72%	0.15	702.4	2 393	0.66
	龙潭	4.72%	0.13	689.0	2 386	0.70
	磨碟沙	4.49%	0.14	682.4	2 464	0.45
	南村万博、沙溪	4.82%	0.13	675.6	2 396	0.62
	南村万博、龙潭	5.40%	0.15	699.2	2 386	0.57
	南村万博、磨碟沙	5.14%	0.15	707.0	2 464	0.40
	沙溪、龙潭	5.50%	0.15	686.4	2 395	0.47
	沙溪、磨碟沙	5.92%	0.14	709.7	2 464	0.43
	龙潭、磨碟沙	5.18%	0.16	680.1	2 468	0.23

注：计算 $D(0)$ 时，此处取 $\lambda=2, N_s=3\times3=9$。

比较表 8-98 和表 8-99，若高峰小时单向开行 12 列车，在快慢比为 1∶2 的情况下，由于系统通过能力富余，与单向开行 9 列车越行 1 次全运行方案对比，在南村万博站越行仍然为最优选择。同时，考虑越行 2 次的运行方案，从表 8-99 综合得分可得到，在沙溪站、磨碟沙站越行 2 次的方案为最差方案，说明这种越行位置组合下的列车运行图对列车运行正点率的要求最高。在南村万博站、龙潭站越行 2 次的方案得分与在南村万博站越行 1 次的方案得分近似，因此在快慢比为 1∶2、高峰小时单向开行 12 列车的运行条件下，推荐选择在南村万博站越行 1 次，或选择在南村万博站、龙潭站各越行 1 次，共越行 2 次。

同时，若高峰小时单向开行 12 列车，也可按照快慢车 1∶3 的比例开行，同样对比越行 1 次和越行 2 次不同越行位置组合全运行方案，可得到南村万博站为最优方案。综合对比 1∶2 和 1∶3 两种快慢车开行比例下的最优方案，快慢比为 1∶3 在南村万博站越行 1 次、高峰小时单向开行 12 列车时的方案为最优方案。

为满足客流需求，广州市域快线 18 号线近期高峰小时单向需开行 16 列车，此时快慢比为 1∶3。若采用快慢比为 1∶2，则近期高峰小时单向可开行 15 列车，以上方案均在本书第 5 章对应的合理开行方案列范围内。因此，表 8-100 和表 8-101 分别汇总了快慢比为 1∶2、高峰小时单向开行 15 列车和快慢比为 1∶3、高峰小时单向开行 16 列车的各方案运行图动态指标评价结果。综合评价方法同上，得分越高说明该因素的表现越好。

需要说明的是，无论越行位置和快慢比如何选择，只越行 1 次的运行方案通过能力都小于 15 列/h，因此对于高峰小时单向开行 15（或 16）列车的运行图，只存在越行 2 次的 6 种越行站组合方案。

表 8-100　18 号线运行图评价(快慢比为 1∶2,高峰小时单向开行 15 列车)

越行站	$P(0)$	$D(0)$	T_a/s	λ/s	综合得分
南村万博、沙溪	4.17%	0.11	554.7	2 608	0.67
南村万博、龙潭	4.80%	0.13	574.6	2 608	0.59
南村万博、磨碟沙	4.51%	0.13	573.7	2 608	0.67
沙溪、龙潭	4.90%	0.13	567.2	2 608	0.40
沙溪、磨碟沙	5.35%	0.15	580.6	2 608	0.33
龙潭、磨碟沙	4.55%	0.13	560.0	2 608	0.45

注：计算 $D(0)$ 时,此处取 $\lambda=2, N_s=3\times 3=9$。

表 8-101　18 号线运行图评价(快慢比为 1∶3,高峰小时单向开行 16 列车)

越行站	$P(0)$	$D(0)$	T_a/s	λ/s	综合得分
南村万博、沙溪	3.61%	0.11	501.7	2 748	0.80
南村万博、龙潭	3.93%	0.13	506.8	2 748	0.61
南村万博、磨碟沙	3.86%	0.14	513.9	2 748	0.69
沙溪、龙潭	4.13%	0.13	498.9	2 748	0.40
沙溪、磨碟沙	4.44%	0.16	511.2	2 748	0.29
龙潭、磨碟沙	3.88%	0.13	494.2	2 748	0.40

注：计算 $D(0)$ 时,此处取 $\lambda=2, N_s=4\times 4=16$。

表 8-100 和表 8-101 反映出的评价结果基本一致。从综合得分可以看出,在沙溪站、磨碟沙站各越行 1 次的运行方案得分仍然为最低,说明该方案对列车运行正点率的要求最高。在越行 2 次的运行方案中,在南村万博站和沙溪站各越行 1 次或在南村万博站和磨碟沙站各越行 1 次这两种方案较优。因此,在快慢比为 1∶2、高峰小时单向开行 15 列车或在快慢比为 1∶3、高峰小时单向开行 16 列车的运行条件下,推荐选择在南村万博站、沙溪站越行 2 次或在南村万博站、磨碟沙站越行 2 次。

综合表 8-98—表 8-101 可以得到如下结论：当高峰小时开行对数较少时,倾向于选择越行 1 次；当高峰小时开行对数较多时,倾向于选择越行 2 次,且无论是越行 1 次还是越行 2 次,都推荐在南村万博站首先越行。

8.5.2　22 号线列车运行图分析

1. 静态指标结果

根据本书第 7 章快慢车模式下的列车运行图分析方法,对广州市域快线 22 号线的各项静态指标进行计算,结果如表 8-102—表 8-110 所列。另外,22 号线不同时期早高峰客流及输送能力如图 8-62—图 8-64 所示。

表 8-102　22号线列车平均技术速度汇总　　　　　　　　　　单位：km/h

方向	大站停	站站停	全类型(1∶1)
上行(番禺广场—芳村)	101.119	91.601	96.360
下行(芳村—番禺广场)	101.119	91.601	96.360

注：22号线大站停以市广路站越行1次为例。

表 8-103　22号线列车平均旅行速度汇总　　　　　　　　　　单位：km/h

方向	大站停	站站停	全类型(1∶1)
上行(番禺广场—芳村)	84.927	70.108	77.518
下行(芳村—番禺广场)	84.927	70.108	77.518

注：22号线大站停以市广路站越行1次为例。

表 8-104　22号线列车速度系数 β 汇总

方向	大站停	站站停	全类型(1∶1)
上行(番禺广场—芳村)	0.840	0.765	0.804
下行(芳村—番禺广场)	0.840	0.765	0.804

表 8-105　22号线输送能力

时期	编组数/辆	定员/(人·列$^{-1}$)	单向开行列数/(列·h^{-1})	单向输送能力/(人·h^{-1})
初期独立	8	1 750	6	10 500
近期	8	1 750	14	24 500
远期	8	1 750	18	31 500

表 8-106　22号线通过能力和通过能力利用率

时期	单向开行列数/(列·h^{-1})	通过能力/(列·h^{-1})	通过能力利用率
初期独立	6	24	25.00%
近期	14	24	58.33%
远期	18	24	75.00%

表 8-107　22号线列车对数统计　　　　　　　　　　　　　　单位：对/d

时期	大站停	站站停	总计
初期独立	0	77	77
近期	81	81	162
远期	103	103	206

表 8-108　22 号线各站列车服务频率　　　　　　　　　　　　　单位：对/d

时期	番禺广场	市广路	广州南站	陈头岗	南浦西	南漖	西塱	芳村
初期独立	77	77	77	77	77	77	77	77
近期	162	81	162	81	162	162	162	162
远期	206	81	206	81	206	206	206	206

表 8-109　22 号线断面运能适应性

时期	列车对数	断面运能适应性(早高峰)
初期独立	6	1.17
近期	14	0.70
远期	18	0.74

表 8-110　22 号线高峰时段发车率比

时期	大站停	站站停
初期独立	—	31.17%
近期	34.57%	34.57%
远期	34.95%	34.95%

注：高峰时段为 7:00—9:00, 17:00—19:00。

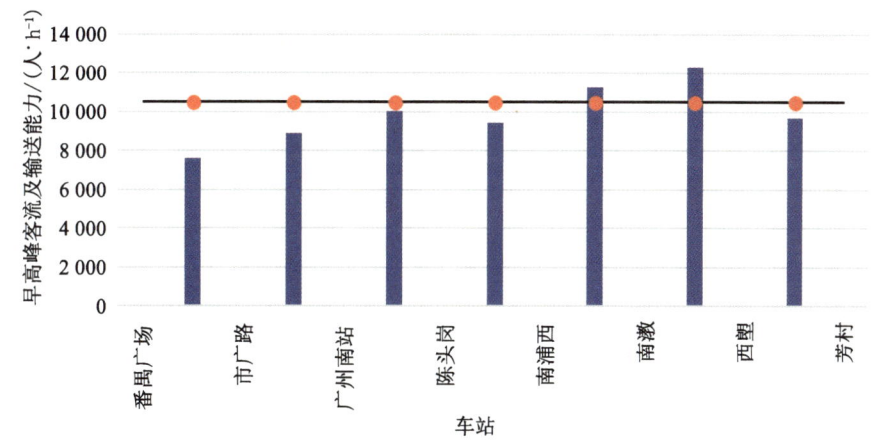

图 8-62　22 号线初期早高峰客流及输送能力

2. 动态指标评价

1) 方案动态指标评价举例及其结果分析

以下以广州市域快线 22 号线上行(番禺广场—芳村)方向，在近期独立运营模式下，高峰小时单向开行 14 列车，快慢比为 1∶1，大站停列车在市广路站和陈头岗站通过，不办理停站作业，且在市广路站越行 1 次为列车运行初始条件，举例说明 22 号线快慢车运行系统的建立过程，以及系统动态指标的评价方法与结果。

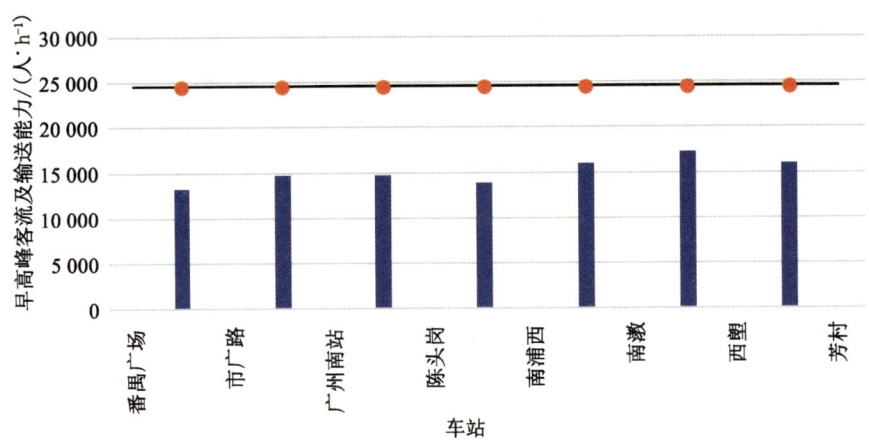

图 8-63　22 号线近期早高峰客流及输送能力

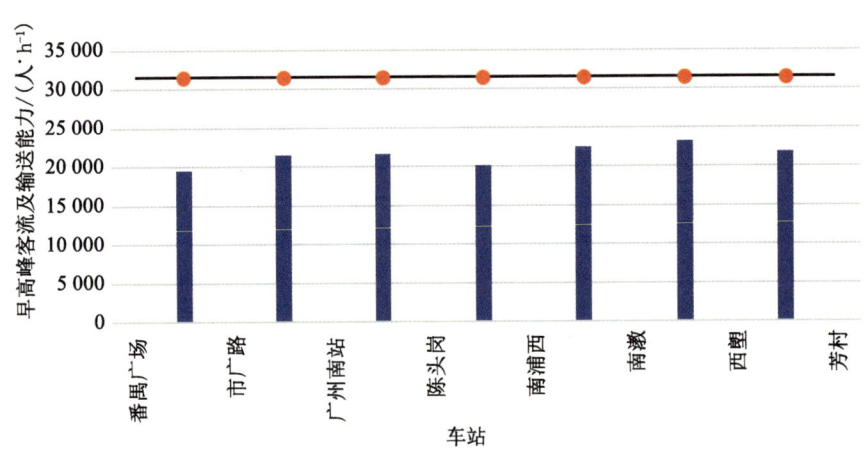

图 8-64　22 号线远期早高峰客流及输送能力

2) 方案结果分析

22 号线高峰小时列车运行详细方案如图 8-65 所示,图中 $M_1, M_2, \cdots, M_8$ 依次代表 22 号线当前车站开往下一车站的运行过程;$M'_2, \cdots, M'_7$ 表示对应中间车站各自作业过程(若在该站通过不停站,则对应作业时间为零);纵向 $P_1, \cdots, P_{14}$ 表示 14 列车及其开行次序,其中 $P_2, P_4, P_6, P_8, P_{10}, P_{12}, P_{14}$ 所示黄线代表大站车;黑色实心圆表示列车在该站停车。

$M_1, M_2, M'_2, \cdots, M_7, M'_7, M_8$ 可理解为"加工机器",$P_1, P_2, \cdots, P_{14}$ 可理解为"加工零件",可得 $n=13, m=14$。输入系统初始取值(单位:s)为

$$u = [u_1, \cdots, u_{13}, u_{14}, \cdots, u_{27}]^T = [0, 242, 347, 535, 605, 722, 845, 880, 982,$$
$$1\ 022, 1\ 138, 1\ 193, 1\ 364, 0, 140, 514, 654, 1\ 028, 1\ 168, 1\ 542, 1\ 682, 2\ 056,$$
$$2\ 196, 2\ 570, 2\ 710, 3\ 084, 3\ 224]^T。$$

其中,$u_1, \cdots, u_{13}$ 表示首班车在每个车站的到发时刻(不包括首末站的到站时间),$u_{14}, \cdots, u_{27}$ 表示高峰小时开行 14 列车的发车时刻。

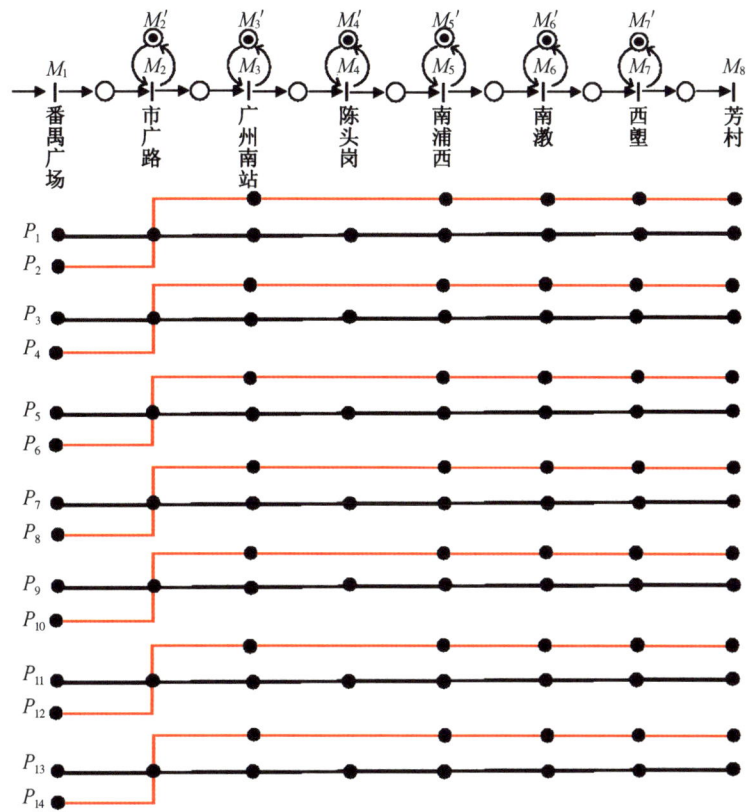

图 8-65　22 号线高峰小时列车运行详细方案

服务时间矩阵（单位：s）的取值为

$$T = \begin{bmatrix} 242 & 35 & 229 & 70 & 129 & 35 & 134 & 35 & 102 & 40 & 116 & 55 & 171 \\ 207 & 0 & 188 & 70 & 117 & 0 & 123 & 35 & 102 & 40 & 116 & 55 & 171 \\ 242 & 35 & 229 & 70 & 129 & 35 & 134 & 35 & 102 & 40 & 116 & 55 & 171 \\ 207 & 0 & 188 & 70 & 117 & 0 & 123 & 35 & 102 & 40 & 116 & 55 & 171 \\ 242 & 35 & 229 & 70 & 129 & 35 & 134 & 35 & 102 & 40 & 116 & 55 & 171 \\ 207 & 0 & 188 & 70 & 117 & 0 & 123 & 35 & 102 & 40 & 116 & 55 & 171 \\ 242 & 35 & 229 & 70 & 129 & 35 & 134 & 35 & 102 & 40 & 116 & 55 & 171 \\ 207 & 0 & 188 & 70 & 117 & 0 & 123 & 35 & 102 & 40 & 116 & 55 & 171 \\ 242 & 35 & 229 & 70 & 129 & 35 & 134 & 35 & 102 & 40 & 116 & 55 & 171 \\ 207 & 0 & 188 & 70 & 117 & 0 & 123 & 35 & 102 & 40 & 116 & 55 & 171 \\ 242 & 35 & 229 & 70 & 129 & 35 & 134 & 35 & 102 & 40 & 116 & 55 & 171 \\ 207 & 0 & 188 & 70 & 117 & 0 & 123 & 35 & 102 & 40 & 116 & 55 & 171 \\ 242 & 35 & 229 & 70 & 129 & 35 & 134 & 35 & 102 & 40 & 116 & 55 & 171 \\ 207 & 0 & 188 & 70 & 117 & 0 & 123 & 35 & 102 & 40 & 116 & 55 & 171 \end{bmatrix}$$

可以得到该运行方案下 22 号线高峰小时运行图,如图 8-66 所示。

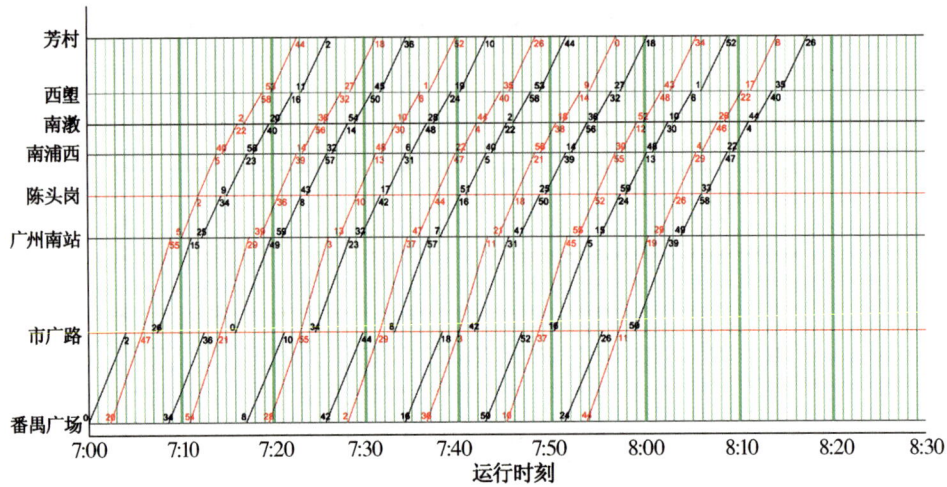

图 8-66　22 号线高峰小时运行图(快慢比为 1∶1,高峰小时单向开行 14 列车)

反馈矩阵 K 中的反馈元素 K_i 取 0,得到系统输出矩阵 M 为

$$M = \begin{bmatrix}
1\,562 & 1\,422 & \varepsilon & \varepsilon & \varepsilon & \varepsilon & \varepsilon & \varepsilon & \varepsilon & \varepsilon & \varepsilon & \varepsilon & \varepsilon & \varepsilon \\
1\,364 & 1\,224 & \varepsilon & \varepsilon & \varepsilon & \varepsilon & \varepsilon & \varepsilon & \varepsilon & \varepsilon & \varepsilon & \varepsilon & \varepsilon & \varepsilon \\
1\,842 & 1\,702 & 1\,562 & 1\,422 & \varepsilon & \varepsilon & \varepsilon & \varepsilon & \varepsilon & \varepsilon & \varepsilon & \varepsilon & \varepsilon & \varepsilon \\
1\,702 & 1\,562 & 1\,364 & 1\,224 & \varepsilon & \varepsilon & \varepsilon & \varepsilon & \varepsilon & \varepsilon & \varepsilon & \varepsilon & \varepsilon & \varepsilon \\
2\,122 & 1\,982 & 1\,842 & 1\,702 & 1\,562 & 1\,422 & \varepsilon & \varepsilon & \varepsilon & \varepsilon & \varepsilon & \varepsilon & \varepsilon & \varepsilon \\
1\,982 & 1\,842 & 1\,702 & 1\,562 & 1\,364 & 1\,224 & \varepsilon & \varepsilon & \varepsilon & \varepsilon & \varepsilon & \varepsilon & \varepsilon & \varepsilon \\
2\,402 & 2\,262 & 2\,122 & 1\,982 & 1\,842 & 1\,702 & 1\,562 & 1\,422 & \varepsilon & \varepsilon & \varepsilon & \varepsilon & \varepsilon & \varepsilon \\
2\,262 & 2\,122 & 1\,982 & 1\,842 & 1\,702 & 1\,562 & 1\,364 & 1\,224 & \varepsilon & \varepsilon & \varepsilon & \varepsilon & \varepsilon & \varepsilon \\
2\,682 & 2\,542 & 2\,402 & 2\,262 & 2\,122 & 1\,982 & 1\,842 & 1\,702 & 1\,562 & 1\,422 & \varepsilon & \varepsilon & \varepsilon & \varepsilon \\
2\,542 & 2\,402 & 2\,262 & 2\,122 & 1\,982 & 1\,842 & 1\,702 & 1\,562 & 1\,364 & 1\,224 & \varepsilon & \varepsilon & \varepsilon & \varepsilon \\
2\,962 & 2\,822 & 2\,682 & 2\,542 & 2\,402 & 2\,262 & 2\,122 & 1\,982 & 1\,842 & 1\,702 & 1\,562 & 1\,422 & \varepsilon & \varepsilon \\
2\,822 & 2\,682 & 2\,542 & 2\,402 & 2\,262 & 2\,122 & 1\,982 & 1\,842 & 1\,702 & 1\,562 & 1\,364 & 1\,224 & \varepsilon & \varepsilon \\
3\,242 & 3\,102 & 2\,962 & 2\,822 & 2\,682 & 2\,542 & 2\,402 & 2\,262 & 2\,122 & 1\,982 & 1\,842 & 1\,702 & 1\,562 & 1\,422 \\
3\,102 & 2\,962 & 2\,822 & 2\,682 & 2\,542 & 2\,402 & 2\,262 & 2\,122 & 1\,982 & 1\,842 & 1\,702 & 1\,562 & 1\,364 & 1\,224
\end{bmatrix}$$

累计计算 8 个高峰小时批次,列车在系统中每一批次的输出时刻连续演化过程如表 8-111 所列,其中每一列表示当前批次列车从系统中被完全释放的时刻,即每列车在当前批次内到达终点站芳村站的时刻。

表 8-111 22 号线快慢车运行系输出演化过程(快慢比为 1∶1,高峰小时单向开行 14 列车)

k	1	2	3	4	5	6	7	8
P_1	1 562	5 162	8 762	12 362	15 962	19 562	23 162	26 762
P_2	1 364	4 964	8 564	12 164	15 764	19 364	22 964	26 564
P_3	2 076	5 676	9 276	12 876	16 476	20 076	23 676	27 276
P_4	1 878	5 478	9 078	12 678	16 278	19 878	23 478	27 078
P_5	2 590	6 190	9 790	13 390	16 990	20 590	24 190	27 790
P_6	2 392	5 992	9 592	13 192	16 792	20 392	23 992	27 592
P_7	3 104	6 704	10 304	13 904	17 504	21 104	24 704	28 304
P_8	2 906	6 506	10 106	13 706	17 306	20 906	24 506	28 106
P_9	3 618	7 218	10 818	14 418	18 018	21 618	25 218	28 818
P_{10}	3 420	7 020	10 620	14 220	17 820	21 420	25 020	28 620
P_{11}	4 132	7 732	11 332	14 932	18 532	22 132	25 732	29 332
P_{12}	3 934	7 534	11 134	14 734	18 334	21 934	25 534	29 134
P_{13}	4 646	8 246	11 846	15 446	19 046	22 646	26 246	29 846
P_{14}	4 448	8 048	11 648	15 248	18 848	22 448	26 048	29 648

依据系统矩阵的简约性计算原理,得出系统闭环输出矩阵 M 为不可简约矩阵,$\lambda = 2\,027$ s。综合以上可得到系统动态指标评价。

(1) 稳态分析

① 不可简约系统的周期性稳态分析。

系统的输出为周期性稳态,且周期参数为 $(2\,027, 1, 0)$,即系统在第 1 批次即进入稳态,且输出稳态过程以每 1 批而重复,一个周期时间即为一个 $\lambda = 2\,027$ s。

② 系统能力利用率与稳定性。

该快慢车运行系统实际运行周期 T 为 3 600 s,计算得到系统能力利用率为

$$\rho = \frac{\lambda}{T} = \frac{2\,027}{3\,600} = 0.57$$

表明系统能力尚有一定富余,系统的稳定性良好。

(2) 鲁棒性评价

① 单参数摄动情形的鲁棒性分析。

以下从保证轨道交通系统平均稳态周期稳定的角度出发,考虑系统输出矩阵 M 中只包含一个可摄动元的情形,分析增性摄动情况下单摄动参数的允许摄动范围,令

$$m_{ij}^+ = \begin{cases} \lambda, & i=j; \\ \min_{1 \leqslant k \leqslant q-1} \{(k+1)\lambda - (M^k)_{ji}\}, & i \neq j. \end{cases}$$

K_i 取 0 时,基于上式可得到各个可摄动元的允许摄动上限值组成的矩阵为

$$M^+ = \begin{bmatrix}
2\,027 & 2\,690 & \varepsilon & \varepsilon & \varepsilon & \varepsilon & \varepsilon & \varepsilon & \varepsilon & \varepsilon & \varepsilon & \varepsilon & \varepsilon & \varepsilon \\
2\,632 & 2\,027 & \varepsilon & \varepsilon & \varepsilon & \varepsilon & \varepsilon & \varepsilon & \varepsilon & \varepsilon & \varepsilon & \varepsilon & \varepsilon & \varepsilon \\
2\,772 & 2\,970 & 2\,027 & 2\,632 & \varepsilon & \varepsilon & \varepsilon & \varepsilon & \varepsilon & \varepsilon & \varepsilon & \varepsilon & \varepsilon & \varepsilon \\
2\,912 & 3\,110 & 2\,632 & 2\,027 & \varepsilon & \varepsilon & \varepsilon & \varepsilon & \varepsilon & \varepsilon & \varepsilon & \varepsilon & \varepsilon & \varepsilon \\
3\,052 & 3\,250 & 2\,772 & 2\,912 & 2\,027 & 2\,632 & \varepsilon & \varepsilon & \varepsilon & \varepsilon & \varepsilon & \varepsilon & \varepsilon & \varepsilon \\
3\,192 & 3\,390 & 2\,912 & 3\,052 & 2\,632 & 2\,027 & \varepsilon & \varepsilon & \varepsilon & \varepsilon & \varepsilon & \varepsilon & \varepsilon & \varepsilon \\
3\,332 & 3\,530 & 3\,052 & 3\,192 & 2\,772 & 2\,912 & 2\,027 & 2\,632 & \varepsilon & \varepsilon & \varepsilon & \varepsilon & \varepsilon & \varepsilon \\
3\,472 & 3\,670 & 3\,192 & 3\,332 & 2\,912 & 3\,052 & 2\,632 & 2\,027 & \varepsilon & \varepsilon & \varepsilon & \varepsilon & \varepsilon & \varepsilon \\
3\,612 & 3\,810 & 3\,332 & 3\,472 & 3\,052 & 3\,192 & 2\,772 & 2\,912 & 2\,027 & 2\,632 & \varepsilon & \varepsilon & \varepsilon & \varepsilon \\
3\,752 & 3\,950 & 3\,472 & 3\,612 & 3\,192 & 3\,332 & 2\,912 & 3\,052 & 2\,632 & 2\,027 & \varepsilon & \varepsilon & \varepsilon & \varepsilon \\
3\,892 & 4\,090 & 3\,612 & 3\,752 & 3\,332 & 3\,472 & 3\,052 & 3\,192 & 2\,772 & 2\,912 & 2\,027 & 2\,632 & \varepsilon & \varepsilon \\
4\,032 & 4\,230 & 3\,752 & 3\,892 & 3\,472 & 3\,612 & 3\,192 & 3\,332 & 2\,912 & 3\,052 & 2\,632 & 2\,027 & \varepsilon & \varepsilon \\
4\,172 & 4\,370 & 3\,892 & 4\,032 & 3\,612 & 3\,752 & 3\,332 & 3\,472 & 3\,052 & 3\,192 & 2\,772 & 2\,912 & 2\,027 & 2\,632 \\
4\,312 & 4\,510 & 4\,032 & 4\,172 & 3\,752 & 3\,892 & 3\,472 & 3\,612 & 3\,192 & 3\,332 & 2\,912 & 3\,052 & 2\,632 & 2\,027
\end{bmatrix}$$

以 M 矩阵前两行可摄动元为例,各个可摄动元的允许增性摄动范围如下:$\bar{m}_{11} \in [1\,562, 2\,027]$,$\bar{m}_{12} \in [1\,422, 2\,690]$,$\bar{m}_{21} \in [1\,364, 2\,623]$,$\bar{m}_{22} \in [1\,224, 2\,027]$,矩阵其余可摄动元也均可分别对照 M,M^+ 对应数值得出。

可以验证,当各允许摄动参数的取值在上述区间内时,在其他元素保持不变的前提下,必可保证系统平均批稳态周期值恒定不变,即在一定的扰动情形下仍可保证系统运行的一致均衡性。对于所有可能的摄动元 $\bar{m}_{ij} \in [m_{ij}, m_{ij}^+]$,$\lambda$ 均是鲁棒的,鲁棒性准则 $RF(m_{ij})$ 函数均成立,即 $RF(m_{ij}) = (\bar{\lambda} - \lambda)/(\bar{m}_{ij} - m_{ij}) \equiv 0$。

考察刻画稳态参量 λ 相对于系统矩阵各元素 m_{ij} 的鲁棒性准则 $RM(m_{ij})$,得到系统矩阵的单元素鲁棒性度量结果为

$$RM = \begin{bmatrix} 0.298 & 0.892 & - & - & - & - & - & - & - & - & - & - & - & - \\ 0.930 & 0.656 & - & - & - & - & - & - & - & - & - & - & - & - \\ 0.505 & 0.745 & 0.298 & 0.851 & - & - & - & - & - & - & - & - & - & - \\ 0.711 & 0.991 & 0.930 & 0.656 & - & - & - & - & - & - & - & - & - & - \\ 0.438 & 0.640 & 0.505 & 0.711 & 0.298 & 0.851 & - & - & - & - & - & - & - & - \\ 0.610 & 0.840 & 0.711 & 0.954 & 0.930 & 0.656 & - & - & - & - & - & - & - & - \\ 0.387 & 0.561 & 0.438 & 0.610 & 0.505 & 0.711 & 0.298 & 0.851 & - & - & - & - & - & - \\ 0.535 & 0.730 & 0.610 & 0.809 & 0.711 & 0.954 & 0.930 & 0.656 & - & - & - & - & - & - \\ 0.347 & 0.499 & 0.387 & 0.535 & 0.438 & 0.610 & 0.505 & 0.711 & 0.298 & 0.851 & - & - & - & - \\ 0.476 & 0.644 & 0.535 & 0.702 & 0.610 & 0.809 & 0.711 & 0.954 & 0.930 & 0.656 & - & - & - & - \\ 0.314 & 0.449 & 0.347 & 0.476 & 0.387 & 0.535 & 0.438 & 0.610 & 0.505 & 0.711 & 0.298 & 0.851 & - & - \\ 0.429 & 0.577 & 0.476 & 0.620 & 0.535 & 0.702 & 0.610 & 0.809 & 0.711 & 0.954 & 0.930 & 0.656 & - & - \\ 0.287 & 0.409 & 0.314 & 0.429 & 0.347 & 0.476 & 0.387 & 0.535 & 0.438 & 0.610 & 0.505 & 0.711 & 0.298 & 0.851 \\ 0.390 & 0.523 & 0.429 & 0.556 & 0.476 & 0.620 & 0.535 & 0.702 & 0.610 & 0.809 & 0.711 & 0.954 & 0.930 & 0.656 \end{bmatrix}$$

从鲁棒性度量结果可定量获取各摄动位置元素的鲁棒性特征,其中符号"—"表示该位置元素不属于摄动元,系统元素非零数值表征允许发生摄动的程度,其数值越大,表示鲁棒性越好。

② 稳定性余量分析。

该快慢车运行系统实际运行周期 T 为 3 600 s,计算当前系统稳定性余量 Δ_1:

$$\Delta_1 = T - \lambda = 3\,600 - 2\,027 = 1\,573 \text{ s}$$

表明该运行系统尚有 1 573 s 稳定性余量,对晚点的敏感程度较低。

(3) 恢复矩阵

① 零元素占比。

当前系统列车运行图恢复矩阵 R 是个 98×98 的方阵,其中 0 元素的个数 n_0 为 427,计算该恢复矩阵零元素占比 $P(0)$:

$$P(0) = (n_0/n^2) \times 100\% = (427/98^2) \times 100\% = 4.45\%$$

恢复矩阵中 0 元素比例越大稳定性越差,表明当前方案运行图的稳定性良好。

② 零元素集中程度。

将恢复矩阵划分为子矩阵,方便计算 $D(0)$,本研究取 $\lambda = 2$,$N_s = 7 \times 7 = 49$。计算该恢复矩阵零元素集中程度 $D(0)$:

$$D(0) = n_1/n_0 = 31/196 = 0.16$$

零元素集中程度越小,运行图的稳定度越好,表明当前方案运行图的稳定性良好。

③ 平均缓冲时间。

对于恢复矩阵的值为实数的情况,计算平均缓冲时间 T_a:

$$T_a = \sum_{i=1}^{n}\sum_{j=1}^{n} r_{ij}/N = 618.6 \text{ s}$$

说明当前运行方案发车事件存在约 619 s 平均缓冲时间,前者发车事件的延迟对后者的影响将随缓冲时间的增大而减小,当前运行图平均缓冲时间较为充分。

3) 22 号线多方案动态指标评价及其结果分析

22 号线初期采用站站停模式,本书不对此作评价。随着客流的逐步增加,在近期和远期的开行对数是逐步增加的。为此,根据本书第 5 章中计算得到的 22 号线初期和近期高峰时段的开行比例范围,按照市广路站或陈头岗站两种越行位置选择的不同,若按快慢比为 1∶2,高峰小时单向分别在近期开行 14 列车,远期开行 18 列车的情况,以及快慢比为 1∶1,高峰小时单向分别在近期开行 15 列车,远期开行 18 列车的情况,总结全运行方案下的动态指标并作出评价。

首先,考察广州市域快线 22 号线上行(番禺广场—芳村)方向,在近期独立运营模式下,以高峰小时单向开行 14 列车,快慢比为 1∶1,且在市广路站或在陈头岗站越行 1 次作为列车运行初始条件,整理 22 号线快慢车两种越行方案的运行图最小周期和恢复矩阵相关指标的比较情况,如表 8-112 所列。

表 8-112 22 号线运行图比较(快慢比为 1∶1,高峰小时单向开行 14 列车)

	越行站方案	市广路站	陈头岗站
最小周期相关指标	最小周期 λ/s	2 027	2 027
	系统能力利用率 ρ	0.56	0.56
	稳定性余量 Δ_1/s	1 573	1 573
恢复矩阵相关指标	零元素占比 $P(0)$	4.45%	4.23%
	集中程度 $D(0)$	0.16	0.21
	平均缓冲时间 T_a/s	618.6	608.3

注:计算 $D(0)$ 时,此处取 $\lambda = 2, N_s = 7 \times 7 = 49$。

从表 8-112 可得,22 号线在近期高峰小时单向开行 14 列车,快慢比为 1∶1 的情况下,两种越行位置的选择不会影响到最小周期的大小,因此需要进一步确定运行图恢复矩阵的性能。22 号线在近期高峰小时单向开行 14 列车,快慢比为 1∶1 的情况下,当越行站设置为陈头岗站时,运行图的零元素占比更小,前后发车事件的关联更小,不易发生延误;当越行站设置为市广路站时,零元素的集中程度更小,发生延误时的传播范围相对较小;运行图的平均缓冲时间更多,即发生延误时对后续列车的发车事件影响相对较小。因此,综合来看,在近期 7 列快车、7 列慢车配比,系统能力富余的情况下,推荐快车在市广路站越行1次。

若快慢比为1∶2,则近期高峰小时单向需开行15列车,整理22号线快慢车两种越行方案的运行图最小周期和恢复矩阵相关指标的比较情况,如表8-113所列。

表8-113　22号线运行图比较(快慢比为1∶2,高峰小时单向开行15列车)

越行站方案		市广路站	陈头岗站
最小周期相关指标	最小周期 λ/s	2 167	2 167
	系统能力利用率 ρ	0.60	0.60
	稳定性余量 Δ_1/s	1 433	1 433
恢复矩阵相关指标	零元素占比 $P(0)$	3.61%	3.59%
	集中程度 $D(0)$	0.18	0.21
	平均缓冲时间 T_a/s	555.3	544.7

注:计算 $D(0)$ 时,此处取 $\lambda=2, N_s=7\times7=49$。

从表8-113可得,22号线在近期高峰小时单向开行15列车,快慢比为1∶2的情况下,两种越行方案运行图最小周期相关指标数值相同;当越行站设置为市广路站时零元素集中程度更小,发生延误时的传播范围相对较小,运行图的平均缓冲时间更多,即发生延误时对后续列车的发车事件影响相对较小,仅有零元素占比一项指标市广路站略弱于陈头岗站。因此,综合来看,在近期5列快车、10列慢车配比,系统能力富余的情况下,推荐快车在市广路站越行1次。

随着客流的逐步增加,对远期方案作进一步的分析。在快慢比为1∶1或1∶2的情况下,对高峰小时单向开行18列车的情况进行进一步方案比较,两种越行站选择对应运行图的最小周期和恢复矩阵相关指标的比较情况,如表8-114所列。

表8-114　22号线运行图比较(高峰小时单向开行18列车)

快慢车比例		1∶1		1∶2	
越行站方案		市广路站	陈头岗站	市广路站	陈头岗站
最小周期相关指标	最小周期 λ/s	2 587	2 587	2 587	2 587
	系统能力利用率 ρ	0.72	0.72	0.72	0.72
	稳定性余量 Δ_1/s	1 013	1 013	1 013	1 013
恢复矩阵相关指标	零元素占比 $P(0)$	3.46%	3.29%	3.10%	2.99%
	集中程度 $D(0)$	0.15	0.18	0.16	0.21
	平均缓冲时间 T_a/s	413.6	410.9	404.9	395.3

注:计算 $D(0)$ 时,此处取 $\lambda=2, N_s=7\times7=49$。

从表8-114可以看出,当采用相同快慢比时,两个越行方案的运行图最小周期一致,在市广路站越行的方案其恢复矩阵的集中程度更低,缓冲时间更多。因此,综合来看,在高峰小时单向开行18列车的情况下,不论是快慢比为1∶1还是快慢比为1∶2,都推荐在市广路站越行的运行图方案。

另外,若选择越行站为市广路站,对比不同快慢车开行比例可以看出,快慢比为1∶2的情况下,除最小周期相关指标保持不变以外,恢复矩阵的相关指标即零元素占比、平均缓冲时间和零元素集中程度均弱于快慢比为1∶1的情况。因此,当远期高峰小时单向开行18列车时,推荐在市广路站越行,且快慢车开行比例采用1∶1。

9 总结与展望

9.1 总结

在市域快线快慢车模式下线路通过能力影响因素方面,本书的主要研究内容如下:

(1) 梳理总结了快慢车模式线路通过能力的特点和表示方法。结合快慢车模式运输组织的特点,总结了在通过能力计算方面市域快线与地铁线路、既有铁路和高速铁路之间的差异,并从客流区段选取、计算时段确定、快慢车开行比例和服务质量4个方面出发,考虑如何表示快慢车模式线路通过能力,并给出表述方法。

(2) 明确了快慢车模式线路通过能力的计算原则。为使计算结果具有更好的应用价值,在计算快慢车模式线路通过能力时,需遵循适应性、动态性、实用性和准确性4项原则,为后文研究提供了原则上的指导。

(3) 分析了快慢车模式线路通过能力影响因素。从运输需求、设施设备和行车组织3个方面对通过能力影响因素进行了分析和阐述:在研究线路通过能力时应充分结合实际运输需求;设施设备包括了线路条件、越行站设置和列车性能;行车组织包括了追踪列车间隔时间、快慢车开行比例、越行方式、停站时间、快车停站比例、快车追踪比例和折返能力等。

在市域快线快慢车模式下线路通过能力计算方法方面,本书的主要研究内容如下:

(1) 研究了基于扣除系数的快慢车模式线路通过能力计算方法。分别研究了快车扣除系数和停站扣除系数,分别讨论了在理想和非理想情况下的快车扣除系数。其中,理想情况基于提出的9点假设,而非理想情况则考虑了快慢车区间最高运行速度不等、慢车停站时间不固定、时间间隔标准不同、快车无法全速越行这4种更为一般的情形,并提出了一般情况下和周期铺画时基于扣除系数的线路通过能力计算方法。

(2) 研究了基于计算机模拟的快慢车模式线路通过能力计算方法。结合通过能力的计算特点和计算原则,建立了以一定的快慢车开行比例下运行周期最小为目标的数学模型,针对越行1次和越行2次的情况提出了模型求解步骤,并研究了通过列车运行线调整来提高线路通过能力的步骤,据此还编写了相应的求解程序。

在市域快线快慢车模式下列车开行方案优化方面,本书的主要研究内容如下:

(1) 市域快线运营特征。市域快线作为一种大运量、长距离的市域轨道客运系统,具有以下特征:①站间距较大且分布不均,平均站间距为3~8 km;②线路运能大且跨度范围广,输送能力为10 000~50 000人/h;③各站客流分布不均,且多以通勤客流为主,具有明显的潮汐性。

(2) 快慢车开行方案设计。以市域快线的线路条件和客流条件为基础,同时受线路通过能力(含折返站能力)、越行站配置、车底需要数等因素影响,需要优化确定列车的开行交路与列车停站方案、快慢车开行比例和列车越行方案等核心要素。本书对开行方案的核心要素进行了逐一定量优化，并提出了优化快慢车开行方案的思路和方法。其中，停站方案和车站分级优化运用了系统聚类思想，列车交路比选运用了多目标决策相关理论。

(3) 市域快线快慢车开行方案模型优化。本书从乘客出行及企业运营两个维度出发，分析了快慢车开行方案各组成因素的优化方法。同时，本书提出了快慢车开行方案优化模型，分析了快慢车模式下市域客流的 OD 分类与乘客选择行为，并依据乘客出行起讫点的不同，将客流 OD 分为 4 类，建立了基于多项 Logit 的乘客选择行为模型；以此为基础，在一定的列车交路方案条件下，研究了乘客总节省时间最多、企业运营成本最小的快慢车开行方案优化模型，并设计了基于隐枚举法的求解算法来进行模型求解。

(4) 市域快线开行方案的评价方法。要素优化与模型优化是两种不同的开行方案优化方法，二者均可得到若干开行方案的可行解，并最终从两种思路得到的不同开行方案中，选出更适合现场操作、乘客效益及企业效益更高的开行方案。本书构建了从乘客效益与企业效益两个维度出发的市域快线快慢车开行方案三级综合评价指标体系，其中包括列车运行停站比、节点服务频次、通过能力利用率、列车运营成本等 12 个评价指标，并设计了基于 Vague 集的 TOPSIS 评价方法，对不同停站方案、不同开行比例、不同交路设计的开行方案进行了综合评价。

在市域快线快慢车模式下列车开行方案评价方面，本书的主要研究内容如下：

(1) 对快慢车模式下开行方案的综合性能进行了评估，从乘客和企业两个维度设计了开行方案评价指标体系。其中，乘客维度的指标结合了 OD 客流，综合考虑了不同开行方案下全体出行者的效益。乘客方面的指标有人均出行总时间、换乘客流和发车间隔均衡性，其中人均出行总时间、换乘客流的指标计算是基于多项 Logit 模型的客流分配结果；企业方面的指标有通过能力利用率、节约能耗和列车车底数。

(2) 综合运用可拓学原理，以开行方案乘客服务和企业成本最佳为目标，系统设计了开行方案的评价与决策模型。通过设立首轮评价指标的硬性条件筛选出可行方案；通过关联度直观地描述各个开行方案偏离最佳方案的程度，并根据优度计算结果提出了建议开行方案。此外，基于组合赋权的可拓学优度评价方法更符合实际，更容易得到最优解且客观性强，为决策者从众多待选方案中选出满意的方案提供了科学依据。

(3) 方案评价案例分析。在广州市域快线 18 号线和 22 号线的案例中，18 号线初期推荐方案为快慢比为 1∶2，在南村万博站和龙潭站越行；18 号线近期推荐方案为快慢比为 1∶2，在沙溪站和南村万博站越行；22 号线近期推荐方案为快慢比为 1∶1，在市广路站越行；22 号线远期推荐方案为快慢比为 1∶2，在市广路站越行。

在市域快线快慢车模式下列车运行图分析方法方面，本书的主要研究内容如下：

(1) 针对快慢车模式下的列车运行图，结合静态和动态两个方面构建了综合评价体系。静态指标旨在分析运行图铺画的列车是否满足沿线全日及高峰的客运需求。在静态指标达标的基础上建立动态评价指标。动态指标旨在分析列车运行图能否实现周期性循环运行,且在面临延误时是否具有良好的稳定性。这是对列车运行图质量"好坏"的动态评价。

（2）为考察快慢车方案的系统稳态特征,借助 max-plus 代数语言构建市域快线快慢车运行系统闭环模型,以一段计划开行快慢车的市域快线为案例,从变量输入到系统输出演化求解了列车运行动态转移的全过程,并通过状态转移变量矩阵的求解结果生成列车运行时刻表,分析该系统的稳定性和鲁棒性,实现了 max-plus 代数法在快慢车运行系统方面的应用,为快慢车运行计划编制和系统鲁棒性分析提供了新模型。在编制快慢车运行计划时,应满足系统稳定性和鲁棒性的要求。鲁棒性较差的车站一旦发生晚点,将极易对后续列车的运行产生干扰。因此,可通过鲁棒性分析来评价运行图的可行性和稳定性,从而指导实际运营工作。

9.2 展望

对于快慢车模式下线路通过能力影响因素的研究,未来展望内容如下:

根据快慢车运输组织模式特点提出的通过能力表示方法和计算原则不一定能够完全满足实际运营的需要,还有待进一步的完善和补充,需结合市域快线快慢车模式实际运营情况作具体深入分析。

对于快慢车模式下线路通过能力计算方法的研究,未来展望内容如下:

（1）对于快车扣除系数的推导主要是基于理想情况下的相应假设,而在实际快慢车运营过程中很难满足理想情况下的多个假设,这在一定程度上影响了扣除系数的计算准确性。同时,虽然本书对非理想情况下的快车扣除系数也做了相应研究,但主要是针对某一特定情形,而实际往往是多种非理想情况的组合,这也使得扣除系数的计算公式难以具备较好的普遍适用性。

（2）本书采用计算机模拟法求解通过能力仅考虑了越行 1 次和越行 2 次这两种情况,还难以求解更多次数越行的线路通过能力。同时,本书提出的方法是以列车运行图周期铺画为前提的,而在实际运营过程中快慢车不一定以周期形式开行,并且可能存在更多次数的越行。因此,利用计算机模拟法求解通过能力还有待进一步的优化研究。

对于快慢车模式下列车开行方案优化的研究,未来展望内容如下:

（1）对于本书中模型优化的部分,市域快线快慢车开行模式是基于一条线路上单一交路前提下的,并没有考虑网络环境下存在复杂交路的情况。未来的研究可以向成网条件下多种交路形式的快慢车运营优化拓展。

（2）本书在进行开行方案优化时,大多只考虑了高峰小时列车开行对数及快慢车开行比例。由于市域快线以通勤客流为主,高峰时段与平峰时段的客流特征存在较大差异,后续应细化不同时期的开行方案。

对于快慢车模式下列车开行方案评价的研究,未来展望内容如下:

快车与慢车的客流数据由 OD 原始数据经 Logit 客流分配而来,这也是评价数据的核心。未来可结合出行调查拟合精确的出行成本函数的参数,或采用仿真方法模拟客流数据,以提供更加切实、可靠的评价数据。此外,快慢车评估体系也可作进一步拓展,如运营成本因素(车站改造费用)、服务水平因素(列车拥挤度、OD 可达性)、运营效率因素(客流匹配率)等。

对于快慢车模式下列车运行图分析方法的研究,未来展望内容如下:

在应用 MATLAB 软件编写模型求解程序时,由于每个中间站映射为到达、出发 2 个车站作业点,列车状态转移变化点较多,计算矩阵规模很大,导致求解时间相应增加。目前,max-plus 模型仅限于满足已知运行方案要素下生成快慢车运行时刻表并对系统稳态特性进行评价。未来可以深入 max-plus 模型在快慢车系统鲁棒性优化和列车运行调整方面的应用研究。

参考文献

［1］JOHN F DUE. The evolution of suburban and radial previous rail passenger transportation in the United States[J]. The Quarterly Review of Economics and Finance,1997,2(37):469-489.

［2］DRECHSLER G. Light railway on conventional railway tracks in Karlsruhe, Germany[C]// Proceedings of the Institution of Civil Engineers Transport,1996.

［3］GRAVA S. Urban transportation systems[M]. New York:McGraw-Hill,2003.

［4］WILCOCK D C,STOETZEL J R. Contracting commuter rail services-an industry overview[C]// Proceedings of the 2013 Rail Conference,2013.

［5］BASU D,HUNT J D. Valuing of attributes influencing the attractiveness of suburban train service in Mumbai city:a stated preference approach[J]. Transportation Research Part A:Policy & Practice,2012,46(9):1465-1476.

［6］Kuby M,Barranda A,Upchurch C. Factors influencing light-rail station boardings in the United States[J]. Transportation Research Part A:Policy and Practice,2004,3(28):223-247.

［7］陈祥.城轨交通市域线多车种运营模式研究[J].现代城市轨道交通,2010(6):50-52.

［8］郑翔,王莹,孙元广,等.城市轨道交通快、慢车运营组织模式研究综述[J].交通工程,2018,18(4):38-42.

［9］赵壹,谭小土,陈福贵,等.城市轨道交通快慢车运营模式综合评价体系研究[J].铁道标准设计,2017,61(9):65-67,75.

［10］李志强.市域快速轨道快慢车运行组织与实践[J].交通企业管理,2019,34(3):81-83.

［11］向红.地铁快慢车模式研究体系的建立[J].铁道工程学报,2014,31(8):101-104.

［12］谭小土.简析国内外市域快慢车共线运营模式[J].科技创新与应用,2014(8):264.

［13］周庆瑞.世界城市轨道交通快慢车组合运行模式简析[J].都市快轨交通,2013,26(2):18-22.

［14］Cambridge M A.. Planning and controls system:a framework for analysis[D]. Cambridge:Harvard University,1965.

［15］BUSSIECK M R,KREUZER P,ZIMMERMANN U T. Optimal lines for railway systems[J]. European Journal of Operational Research,1997.96(1):54-63.

［16］王印富,雷志厚.城市轨道交通行车组织方法的探讨[J].铁道工程学报,2001(4):59-63.

［17］SUH W,CHON K S,RHEE S M. Effect of skip-stop policy on a korean subway system[J]. Transportation Research Record Journal of the Transportation Research Board,2002,1793(1):33-39.

［18］GHOSEIRI K,SZIDAROVSZKY F,ASGHARPOUR M J. A muti-objective train scheduling model and solution [J]. Transportation Research Part B: Methodological, 2004, 38(10): 927-952.

[19] 宋键,徐瑞华,缪和平. 市域快速轨道交通线开行快慢车问题的研究[J]. 城市轨道交通研究, 2006(12): 23-27.

[20] 刘丽波,叶霞飞,顾保南. 东京私铁快慢车组合运营模式对上海市域轨道交通线的启示[J]. 城市轨道交通研究, 2006(11): 38-41.

[21] MIGNONE A, ACCADIA G. Operations research models for programming support of cadenced timetables [J]. Strumenti di ricerca operativa per il supporto alla programmazione di servizi cadenzati, 2010, 65(1): 9-29.

[22] 周庆瑞. 世界城市轨道交通快慢车组合运行模式简析[J]. 都市快轨交通, 2013, 26(2): 18-22.

[23] 高德辉,胡春斌,宗晶. 区域快速轨道交通快慢车运营方案的研究[J]. 铁道运输与经济, 2014, 36(2): 73-78.

[24] 孙元广,史海欧. 市域线快慢车组合运营模式研究与实践[J]. 都市快轨交通, 2013, 26(2): 14-17.

[25] 汤珏,陈福贵. 地铁快慢车模式越行点的确定方法研究[J]. 铁道工程学报, 2014, 31(10): 89-93.

[26] CAO Z, YUAN Z, LI D. Estimation method for a skip-stop operation strategy for urban rail transit in China [J]. Journal of Modern Transportation, 2014, 22(3): 174-182.

[27] 徐吉庆. 深圳地铁13号线快慢车组合运营方案研究[J]. 城市轨道交通研究, 2018, 21(12): 47-51, 55.

[28] 肖慎. 城市轨道交通快慢车运输组织研究[D]. 成都: 西南交通大学, 2018.

[29] 孙元广,冉昕晨,杨帆航,等. 城市轨道交通快慢车开行方案设计与评价研究[J]. 铁道科学与工程学报, 2018, 15(1): 233-239.

[30] VUCHIC V. Urban public transportation: system and technology[M]. New Jersey: Prentice-Hall Inc, 1981.

[31] 徐瑞华,陈菁菁,杜世敏. 城轨交通多种列车交路模式下的通过能力和车底运用研究[J]. 铁道学报, 2005, 27(4): 6-10.

[32] 倪少权,左大杰,王慈光. 高速铁路越行站分布对通过能力的影响[J]. 中国铁道科学, 2005(3): 7-10.

[33] 张国宝,傅嘉,刘明姝. 城轨列车非站站停车及派生的越行问题研究[J]. 都市快轨交通, 2005, 18(5): 18-22.

[34] 徐瑞华,徐浩,宋键. 城市轨道交通列车共线运营的通过能力和延误[J]. 同济大学学报(自然科学版), 2005(3): 301-305.

[35] ABRIL M, Barber F, Ingolotti L, et al. An assessment of railway capacity[J]. Transportation research, Part E: Logistics and transportation review, 2008, 44E(5): 774-806.

[36] LANDEX A. Methods to estimate railway capacity and passenger delays[D]. Copenhagen: Technical University of Denmark, 2008.

[37] 方亚玲,冷长征. 通道分工方案对线路通过能力的影响[J]. 交通与运输, 2008(0z1): 104-107.

[38] HARROD S. Capacity factors of a mixed speed railway network[J]. Transportation Research Part E: Logistics and Transportation Review, 2009, 45(5): 830-841.

[39] 潘寒川,杨涛. 市域轨道交通快慢车组合运营的通行能力研究[J]. 城市轨道交通研究, 2009(10):

48-51.

[40] 屈明月,黄树明. 城市轨道交通快慢车方案研究[J]. 铁道运输与经济,2012,34(4):79-82.

[41] 郑金子,刘军. 不同运输组织模式下京沪高铁通过能力的研究[J]. 交通运输系统工程与信息,2012,12(4):22-28.

[42] 张乾睿,江志彬. 上海轨道交通16号线快慢车通过能力技术分析[J]. 地下工程与隧道,2016(2):30-32,51.

[43] 张玲. 关于计算铁路区间通过能力的图解法[J]. 铁道学报,1985(2):70-78.

[44] KHISTY C J. Transportation engineering[M]. New Jersey:Prentice-Hall Inc,1990.

[45] FRANSOO J C, BERTRAND J WILL M. An aggregate capacity estimation model for the evaluation of railroad passing constructions[J]. Transportation Research Part A:Policy and Practice,2000,34(1):35-49.

[46] 赵丽珍. 高速铁路区间通过能力计算与分析[J]. 中国铁道科学,2001,22(6):54-58.

[47] 朱家荷,汤奇志,赵春雷,等. 铁路区间通过能力计算方法的变革[J]. 铁道运输与经济,2005(7):72-76.

[48] Burdett R. L., Kozan E. Techniques for absolute capacity determination in railways[J]. Transportation Research Part B:Methodological,2006,40(8):616-632.

[49] 苏顺虎,田长海,陈治亚. 客运专线通过能力的分析计算[J]. 中国铁道科学,2008,29(5):119-124.

[50] 曲思源,徐行方,张怡. 城际铁路高峰时段通过能力计算方法研究[J]. 交通运输系统工程与信息,2011,11(2):142-148.

[51] WANG L, QIN Y, XU J, et al. Capacity determination approach of railway section in speed restriction conditions[J]. Journal of Tongji University (Natural Science),2014,42(6):880-886,936.

[52] 陈福贵,汤珏. 地铁快慢车模式系统能力损失原则研究[J]. 铁道工程学报,2014,31(12):96-100.

[53] CHEN T, SHAO Q N, HUANG Q, et al. Model and algorithm for maximum carrying capacity of high-speed railway passenger station during peak hoursp[J]. China Railway Science,2015,36(6):128-134.

[54] DING X B, ZHANG S R, LIU Z G, et al. The analysis and calculation method of urban rail transit carrying capacity based on express-slow mode[J]. Mathematical Problems in Engineering:Theory, Methods and Applications,2016(1):1-9.

[55] 吕苗苗,倪少权,陈钉均. 高速铁路通过能力计算方法研究[J]. 交通运输工程与信息学报,2016,14(1):19-24.

[56] 张守帅,田长海,闫海峰. 扣除系数法在高速铁路通过能力计算中的适应性[J]. 交通运输系统工程与信息,2017,17(2):148-153,159.

[57] 陈卫东. 平均最小列车间隔时间计算法的适用性研究[D]. 成都:西南交通大学,2017.

[58] 赵源,丁小兵,徐行方. 快慢车模式下城市轨道交通线路通过能力分析与计算方法[J]. 城市轨道交通研究,2018,21(10):16-20.

[59] 汤莲花,徐行方. 快慢车模式下轨道交通市郊线路通过能力计算[J]. 同济大学学报(自然科学版),2019,47(7):1022-1030.

[60] 赵东,胡思继.高速铁路客流区段通过能力计算新方法研究[J].铁道学报,2018,40(9):1-6.

[61] 魏玉光,夏阳,赖艺欢.城市轨道交通线路通过能力计算方法研究[J].中国铁道科学,2018,39(2):112-118.

[62] 蔡文.物元模型及其应用[M].北京:科学技术文献出版社,1994.

[63] TANG L H, XU X F. Optimization for operation scheme of express and local trains in suburban rail transit lines based on station classification and bi-level programming[J]. Journal of Rail Transport Planning & Management, 2022, 21: 1-12.

[64] TANG L H, D'Ariano A, XU X F, et al. Scheduling local and express trains in suburban rail transit lines: mixed-integer nonlinear programming and adaptive genetic algorithm[J]. Computers and Operations Research, 2021, 135: 1-26.

[65] 丁小兵,徐行方.基于在途时间的快慢车停站方案优化算法[J].城市轨道交通研究,2016,19(6):55-60,66.

[66] 汤莲花,徐行方.国外典型都市圈市域铁路发展及启示[J].中国铁路,2018(9):107-113.

[67] 汤莲花,徐行方.基于双层规划的市郊轨道交通多交路快慢车开行方案优化研究[J].交通运输系统工程与信息,2018,18(3):152-159.

[68] 汤莲花,徐行方.快慢车模式下市郊乘客乘车路径选择行为研究[J].武汉理工大学学报(交通科学与工程版),2018,42(6):947-951.

[69] 仇婉约,徐行方.市域铁路大站列车停站方案建模分析[J].综合运输,2018,40(6):48-51.

[70] 郑翔,王辉,徐行方,等.快慢车模式下市域轨道交通开行方案综合评价研究[J].华东交通大学学报,2020,37(6):58-67.

[71] 曹崇阁,徐行方,郑翔.基于系统聚类的市域轨道交通快慢车停站方案[J].交通与运输,2021,37(3):41-44.

[72] 徐行方,刘薇,鲁玉,等.市域线路快慢车运行图评价体系研究[J].综合运输,2021,43(8):69-76.

[73] 郑翔,李晨林,徐行方.基于扣除系数的快慢车模式下线路通过能力计算[J].城市轨道交通研究,2022,25(1):38-42,48.

[74] 郑翔,徐行方,刘薇,等.基于Max-plus代数法的市域铁路快慢车运行特性[J].城市轨道交通研究,2023,26(9):1-7,14.